suncolor

suncolor

蔡崇達

suncolor
三采文化

目錄

contents

推薦序／

一本關於「根」的書

——作家、文學評論家　李敬澤

這是一部關於底部的書。

在個人的生命裡、在我們的共同生活中，那些在底部暗自運行、從根本上支撐著我們的信念；那些讓我們在有限的選擇和浩大的無常中站立著、向前走去的力量；那些讓我們最終相信生活和生命自有意義的、內心的神靈。

樹意識不到它的根，樹枝和樹葉歡快地迎向天空，但樹的生長、伸展其實來自於它的根。泥土中的力量引領我們向上。

所以，《命運》最終是關於「根」的。耐心的、千迴百轉的講述，是一次遠行——向著我們的根、向著我們精神的故鄉和遠方。

開篇

她就站在命運的入海口
回望著人生的每條溪流
流經過，如何的山谷

我阿太哪曾想過，自己能活到九十九歲。

關於死亡這事，從六七十歲開始，她便早早做準備。哪家的老人要去世了，但凡和她稍微認識，她就老愛往人家家裡跑，拉了把竹椅，坐在老人身邊。那老人看她，她便看那老人；那老人想說話，她就陪著說話；那老人閉眼，她也打盹。

她是耐著好奇的，抓著老人狀態好點的時候，總要假裝不經意地問：「你知不知道自己要走啊？是不是從腳趾頭開始失去感覺？會覺得疼嗎？」

在其他地方可能覺得這樣問很是冒犯，但在我老家，正常到好像去人家家裡打圈牌。而那些不久人世的老人，雖然覺得這樣煩人，但大部分也接受，因為他們中的許多人，也這麼幹過。

在我老家，離世真是個技術活。

不知道從什麼時候開始的習俗，老人是不能在自己房子外離開的，也不能在房間裡離開。最正確的離世只有一種：一旦老人確定要離開人間了，就得當即要求子孫們把自己的床搬到廳堂正中間——就在家裡，靈魂才不會走散。閩南家家戶戶都供奉著神明，就在廳堂裡，在神明的注視下離開，靈魂才能升天。

因此，老人們到了一定年紀，就開始參與死亡偵探賽，聚在一起，琢磨著身體的各種徵兆，切磋著各種杯弓蛇影的線索。像等在百米衝刺起跑線旁的運動員，豎起耳朵，隨時聽命運發出的槍聲。出遠門、甚至離自己家遠點更是萬萬不能，但凡有點死亡的靈感，便要趕緊跑回家來，躺下反覆確定看看，是不是它來了。

這畢竟不是容易的事情，但好像大部分人都是有驚無險地安然死去了。也有錯得離奇的，比如我家那條巷子入口處的那個老人。

第一次他病懨懨地宣布，自己必須把床挪出來了，有親友甚至從馬來西亞趕回來。一開始當然是哭天搶地，各種不捨，後來發現死亡好像很有耐心，每個人心懷感激地抓住機會，輪流著追溯他參與過的人生。但死亡給的時間太寬裕了，故事翻箱倒櫃地講了再講，費上十幾天，最終還是講完了。此後，便是無盡的焦慮——怎麼死亡還沒來？——以至於竟然不知道如何相處。老人沉默地躺，親人沉默地守，守了整整一個月，老人實在躺不住了。他悻悻地，在眾目睽睽之下從廳堂裡的床上下來，默默走出了家門，蹲在門口，抽了口菸。

老人很不服氣，惦念著一定要有一次乾脆俐落、漂亮的死亡。終於，他感覺時間到了，第二次宣布自己要離世了。親人委婉地表達懷疑，老人篤定得很自信，甚至有種輸不起的惱怒。親人們萬般無奈。老人的床是可以順著他的意思搬到廳堂的，只是緊閉著家門，諱莫如深，甚至不讓鄰居的小孩來串門。畢竟萬一再沒成功死去，又是一樁尷尬事。但，這件事情終究還是悄悄傳開了。傳開的原因，是小鎮上的人又隔了一個月還看到那個老人，大家心照不宣，知道又發生了一次失敗的嘗試。

這種失敗，有種莫名的羞恥感。一段時間裡，大家見到那老人總想安慰，好像安慰一個長得很大還尿床的小孩。

老人第三次睡在自家廳堂，依據的倒是親人們的判斷。畢竟老人是肉眼可見地衰弱下去，如漏氣的球一般，每隔一個時辰就癟了一點。雖然目標是讓老人按照習俗標準地離去，但親友們甚至街坊們莫名緊張，如同這是老人人生最重要的一次考試或賽事。

小朋友下了課，拿著作業往他家裡跑；男人們下了工，端著飯碗也往他家跑。大家陪著他，為他鼓勁。這次老人終於成功離開了。他腳一蹬的那刻，大家竟然不約而同為他開心地歡呼，繼而突然意識到，人真的走了，才愣愣地墜入巨大的沉默和悲傷中。

這悲傷真是無處排解，而且夾雜著懊惱和憤怒。最後辦葬禮的時候，有人還是越想越不舒服，拿著香對著他的照片抱怨：「誰讓你離開得這麼不專業，害我們都無法好好告別。」這種抱怨在即將送老人入土時達到頂點。祭祀的師公說：「吉時已到，入土⋯⋯」

有人在那兒憤怒、激動、不甘地喊：「我幹，我幹……」土一埋，那人又氣又惱，癱在地上，喃喃地罵著：「我他媽還沒告別啊。」坐在墓地邊，嗚嗚地哭了半天。

我阿太說，她真想認識第一個提出這個習俗的人，這人真是又壞又聰明又善良。在這麼大的命題面前，誰還顧得上和妯娌拌口角，和兒子爭對錯？人間的事情不重要，甚至按照這種方法離世能否真的升天也不重要。重要的是，在面向巨大的、未知的恐怖時，這裡有條明確的路。有條明確的路，多難走都會讓人很心安。

因為這條路，我老家住著的應該是全天下最緊張的老人。有時候我會恍惚，好像整個小鎮是個巨大的人生學校，每一個即將離去的老人家裡，都是一個課堂。這群開心的老人，嚴肅認真地前來觀摩一場場即將舉辦的葬禮，一起研習最後的人生課程。

阿太一度覺得自己是被死亡遺忘的人。

從六七十歲參加這個「死亡觀摩團」，一直到九十九歲，我阿太猜了二三十年，死亡這傢伙卻死活不來。

一開始她是和閨密們手挽著手去觀摩的。成群結隊勾肩搭背，像一起去上學的幼稚園小朋友，嘰嘰喳喳，打打鬧鬧。

人老到將死的程度，有多少財富多少故事都不重要，最終還是回到了每個人的性格本色。小氣的、膽小的、照顧欲強的……大家越活越直接，也好像越活越回去。

其中我阿太厭煩粗嗓子的阿花；阿花一說話，就像是有人胡亂敲著聲音脆亮的鑼，明明說著很開心的事情，卻總讓人煩。她最喜歡膽小的阿春；阿春比她小三歲，平時蹦蹦跳跳的，好像真以為自己是八歲的小姑娘。阿春很好奇人腳蹬那下是怎麼樣的，但偏偏又很膽小。每次卡著時間死抓硬拉，硬是把大家夥兒拉來觀摩，但最關鍵的時刻，她偏偏有奇怪的直覺，貓一般小聲地叫一下，捂著耳朵躲在阿太背後瑟瑟發抖，還忍不住好奇：「死之前身體會抖嗎？會發出什麼叫聲？」

阿春卻是阿太那個團最早「畢業」的小夥伴。其實過程很稀鬆平常，阿太一大早去敲門，問她要不要一起去菜市場的路邊攤吃早餐，家裡人說：「今天早上發現她很不對，就把她的床搬到廳堂裡了。」

阿太愣了一下，「哦」了一聲，沒往廳堂裡看，轉身就走。她平靜地說：「阿春愛吃麵線糊，我去菜市場買點給她吃。」

再回來的時候，阿春已經走了。阿太把麵線糊放她床頭，從此再不去她家。

同一個「觀摩團」的小夥伴，一個個成功地躺到廳堂裡，一個個順順利利地腳一蹬走了，而自己卻一次次被留下了。最後剩下的，還有那個粗嗓子的阿花。

這樣的事情多了，阿太莫名有種留級生的心態。

她很嫌棄地看著她本來厭惡的阿花，說：「我怎麼就得和妳留下來？」聽口氣就知道，這其中有雙重的憤怒。

那時候的阿花八十多歲了，嗓子還是粗粗的，只是聲音不再飽滿，感覺就像是生鏽的鑼敲出來的聲音：「就要我陪妳唄。」兀自笑得歡欣雀躍的。

最後一次和阿花結伴的時候，阿太是有直覺的。她心裡一陣莫名慌，追著阿花說：「妳得比我晚走，記得啊。」

阿花笑得鑼鼓喧天：「它要來了，我和它打架總可以吧？我邊打還要邊喊：『不行啊，我怎麼能現在走啊？要走，我必須和那個蔡屋樓一起走。』」

哐哐哐，阿花笑得停不下來。

當天晚上阿太被叫醒——阿花還是走了。阿太連夜趕去她家裡，看著阿花死得一副肥嘟嘟、開心溢出的表情，內心憤憤地篤定：她肯定沒和死亡理論。她肯定沒說要和我一起走。想來想去，實在氣不過，偷偷掐了她一把，才罵罵咧咧地邊抹眼淚邊走回家。

自那之後，阿太便落單了。新的「觀摩團」她也不想參加，偶爾拄著拐杖，繞著小鎮走，一個個去看曾經的小夥伴的家。

阿太想：所以她們究竟去哪兒了呢？她們開心嗎？

然後又想：我是做錯了什麼嗎？還是我要完成什麼才能離開？邊走邊想，就是一整天。

阿太越念叨，死亡倒真像是久違的遠房親戚，總是要人惦記著：哎呀，到底什麼時候來啊？

念叨了一年又一年，孫子行完成年禮了，孫子結婚了，孫子有孩子了，孫子的孩子成年了……死亡還沒來。而阿太對它的念叨，也像呼吸一樣自然了。

生火準備做飯的時候在念叨，給曾孫子換尿布的時候在念叨，吃完飯菜塞牙縫了，剔牙的時候也在念叨，以至於我認真地努力回想自己記憶的起點，我人生記住的第一句話，真真切切就是阿太在說：「哎呀，它怎麼還沒來？」

小的時候我一度以為，這個「它」只是某個親戚，不理解阿太的糾結，好奇地問：「是誰啊？誰還沒來啊？」

阿太一開始還避諱在我面前說「死」這個字。開心的時候，阿太會說：「是個喜歡捉迷藏的小朋友。」生氣的時候，阿太會說：「一個沒有信譽的壞蛋。」

長到五六歲的時候，我知道阿太等不來的那個它，是死亡。我的好奇變成了：「阿太，妳為什麼要等死啊？」

阿太嘴一咧：「因為它該來了還不來啊。」

既然我會問了，阿太在我面前也開始肆無忌憚地描繪她見過的死亡，和我——一個六歲小孩——交流死亡來臨前的徵兆。比如瀕死的時候，人的眼睛會突然變得很大，皮膚會突然變得光滑，所以當一個老人突然變好看了，就差不多了；比如，其實那時候的身體是更敏感的，連偏癱許久的腿都能感知到風吹過的那薄薄冰意；比如，其實那時候是感覺皮膚底下、身體裡面像是有什麼在燃燒的……

最最重要的是：人真的是有靈魂的，所以最後腳總要蹬一下。蹬一下的時候，如果足夠靈，肉眼都可以看到什麼飛出來了，人的身體瞬間空了。

阿太描繪時很激動，手舞足蹈的。我其實沒有對這個說法提出疑問，但阿太堅持要拉我去看一下真實的死亡，因為，她認為，「相信人有靈魂很重要，你的一生心裡才有著落」以及「知道怎麼死，才知道怎麼活」。

我總不敢去，想著法子躲，但還是被阿太騙去了。那天，她笑咪咪地問我：「要不要陪阿太去街上順便看個老朋友啊？還有花生糖隨意吃。」

我走到那戶人家門口，確實擺了許多桌子，桌子上放著可以隨意拿的花生糖——這顯然就是等候一個人離世的樣子。往裡看，果然看到廳堂裡的床。我嚇得哇哇大叫，轉身想跑。

阿太的手像老鷹一樣，緊緊把我按住，說：「我老朋友快來了，等等啊。」

我縮在阿太的懷抱裡，和所有人一道安靜、悲傷地等著那個人的死亡來臨。就在一瞬間，果然看到那人的腳用力地蹬了一下，像是有什麼在跳出肉體，然後那人真的像個放了氣的氣球一下子癟了，癟成了一具平躺著的皮囊。

大家都知道他走了。

眾人一起號哭，我也驚恐難過地跟著號哭。我真的「看見」他離開了。

阿太緊緊抱著我，安撫著被嚇壞的我，指著天上笑著說：「哭什麼啊？這說明他還在，只是飛走了。這還不好啊？」

所以，當九十九歲的阿太興高采烈地給在北京的我打電話，說：「我要走啦。我真的要走啦！你趕緊回老家一趟。」

我愣了一會兒，最終還是哈哈大笑：「阿太，我怎麼就不信呢？」

「愛信不信，你以為我不會死啊？」阿太啪一下掛了電話，似乎發了很大的脾氣。讓她生氣的可能是：怎麼這麼看不起你阿太啊？都追蹤死亡這麼多年了，難道連這點本事都沒有？

從高速公路拐下來，就是沿江修築的路。

沿著路，順著水流的方向往海邊開，一路直直的，當車窗前迎來一片碎銀一般的光，便是要拐彎了。一旦陸地不得不兜住，路不得不拐彎，便是快到入海口了。

我阿太的家就在這入海口。

我從小就特別喜歡這段路。人跟著水流，流到大海，然後就留守在告別它的地方。小時候吃飯早，阿太愛在吃完晚飯後拉我到這兒遛彎。她帶著我就站在這入海口，恰好太陽也要沉入海裡，一汪紅通通的光在遠處的海中暈開，一直往河流的方向氤氳，直到整條河流都金黃金黃的。

那時候我總以為就是這樣：海接了夕陽的顏料，傳遞給了河流。一條河流接著另一條河流，河流又接上山間的溪流，溪流又接上一個個知道名字、不知道名字的池塘，大家就這樣一起在大地上金黃金黃起來。

我以為，每天全世界的江海河流，都要熱熱鬧鬧、歡欣雀躍地完成這麼一次傳遞。阿太特別喜歡站在入海口，往陸地回望。她瞇著眼睛，好像看得見匯入大海的每條河流，以及匯成河流的每條小溪。她還教會我，要細緻看，才看得到這江河湖海的祕密：在入海口，有條隱約的線，像是跑步比賽的終點線。線這邊，水是一條條一縷縷游來的。仔細辨別，甚至還看得到不一樣的顏色和不一樣的性格——有的急有的緩，有的歡快有的滯重——最終突然都在越過那條線的一瞬，全部化開了，融合成共同的顏色和共同的呼吸。那便是海了。

阿太說，潮一漲一跌，就是全世界奔波的水們，終於可以在這裡安睡了。

當我再次抵達那個被玫瑰花叢包裹的院子的時候，阿太正坐在院子中間，像座島嶼。包圍著她的，是阿太一生至今依然留在身邊的物品。她把一輩子的東西都翻找出來，攤開在院子裡。

海邊的房子總需要有個院子，院子裡可以曬製魚乾或紫菜。阿太圍著院子種了一圈玫瑰。「空氣就會變甜，還可以防賊。」阿太說。每次到阿太家，總可以呼吸到又甜又鹹的空氣。

那些物品散落在整個院子裡，像是阿太用一輩子收穫的魚乾或者紫菜，躺在陽光裡，舒服地等著被阿太檢視。阿太一個個認真端詳，回憶這些物品是如何來到她身邊，構成了她人生的哪個故事。

聽到有人推開門的聲音，阿太歪著頭，瞇著眼，喊了聲：「黑狗達嗎？我要走了哦！」

庭院中間的阿太，壽斑爬滿了全身，皺出的溝壑像海浪，一浪一浪在她身上延展。年紀越大，皮膚卻莫名地越發光亮起來，陽光一照，像是披了一身海上的波光。

阿太牙齒全掉了，不開口說話的時候，像是氣鼓鼓一般，一張嘴，聲音還沒有出來前，總感覺她準備哈哈大笑，但聲音一出來，卻平淡到讓你覺得，像在婚宴上端上來了一道開水。經歷了九十九年，阿太最終什麼情緒的佐料都懶得加。

我嬉皮笑臉，邊把行李放下邊回嘴：「反正阿太妳會一直在的。」

她也不和我爭論，繼續收拾著東西。

「這次我很確定我要死了哦！到了我這個時候你就會知道，人要死的時候，第一個登門拜訪的，是記憶。這些記憶會來得很突然，胡蹦亂跳，有時候還會大嚷大叫。不要慌，一定要睜眼睛看，看清楚它們。看清楚它們的頭、它們的腳、它們的肚子，就會知道，它們不是跳蚤，不是來咬你煩你的，它們就像一隻隻小狗，來陪你的。要對它們笑，越歡迎它們，來陪你的記憶會越多，路上就越不孤單。」

我聽得有點難過了，說：「阿太妳不會走的。」

阿太像沒聽見我的話，繼續說：

「人一輩子，會認識很多朋友。一出生就可以認識飢餓、認識占有，然後八九歲你會開始認識憂傷、認識煩惱。十幾歲你會開始認識欲望、認識愛情，然後有的人開始認識責任、認識眷念、認識別離、認識痛苦。你要記得，它們都是很值得認識、很值得尊重的朋友。

「等你再過個幾十年，你會認識衰老。衰老這個傢伙，雖然名字聽著很老，但其實很調皮。它會在你記憶裡，關上一盞盞燈，你會發現自己的腦子一片片開始黑。有時候你可能只是在炒菜，突然想：哎呀，我哪部分很重要的記憶好像被偷偷關掉了。可能你在上廁所，突然察覺，好像有什麼被偷了。你慢慢會很緊張、很珍惜。當有一個讓你有幸福感的故事出現，你努力告訴自己一定要記住，但是哪一天你會突然想：要記住的是什麼事情啊？然後當你生氣的時候，抬頭看看，衰老那傢伙已經在笑嘻嘻地看著你了。

「反而，死亡是個不錯的傢伙。當它要來了，它會把燈給你打開。因為死亡認為，這些記憶，都是你的財富。死亡是非常公平，但可能欠缺點幽默感的朋友。」

我眼眶紅了，說：「阿太妳不會走的。」

阿太感覺到我開始相信她要走了，咧開嘴笑得很開心。「我叫你回來，是想送你我這雙眼睛。」

阿太指了指自己的眼睛；她的眼睛濁黃濁黃，像是一攤陽光。

「我告訴你一個祕密。我難過的時候，閉上眼，就可以看到自己飛起來，輕輕跳出軀殼，直直往上飄。浮到接近雲朵的位置，然後往下看啊，會看得見你的村莊在怎麼樣一塊地上，你的房子在怎麼樣一個村裡，你的家人和你自己在怎麼樣一個房子裡，你的人生在一個怎麼樣的地方。會看到，現在面對的一切，在怎麼樣的命運裡。然後會看到命運的河流，它在流動著，就會知道，自己浸泡在怎麼樣的人生裡。這雙眼睛是我的命運給我的。看到足夠的大地，就能看到足夠的自己。」

淚水已經模糊了我的眼睛。我確信，阿太看到她的死亡了。

阿太不耐煩地擦去我的眼淚，不想我打斷她的講述。我正對著她的眼睛，像面對著夕陽。

阿太繼續說著：「死亡這傢伙多好，把記憶全帶回來了。你看，它們現在就圍繞著咱們，和咱們一起在這院子裡曬著太陽。」

我好像看到了阿太的記憶們，也看到了阿太的死亡。我看到她的死亡很高貴、很有禮節、風度翩翩。它的早早到來，在於它認為，讓一個人手忙腳亂地離開，總是那麼失禮。阿太好像已經和它交上了很好的朋友，她坐在那兒，坐在死亡為她點亮的所有記憶裡面。那些記憶，一片一片，像是安靜的海面，一閃一閃。

阿太要開始講她的人生了。她就站在自己命運的入海口，回望生命裡的每條溪流。她瞇上眼的樣子，又像在回味某道好吃的菜。「我的命運可有趣了。」阿太說，然後把身子一癱，像是個在陽光沙灘上曬著太陽伸懶腰的年輕人。

「我十五歲那一年，我阿母把我帶到一個神婆家裡算命。那個神婆看著我說：『這孩子啊，可憐啊，到老無子無孫無兒送終。』我阿母惱極了。『說什麼啊？』那神婆重複道：『無子無孫無兒送終。』我阿母顧不上對方自稱是神明附身，把手帕一扔便要去打她。不想，被那神婆一把抓住，嗔怪著一推：『是妳要問的，又不是我要說的。』那神婆轉身想離開——我本來無所謂這種神神叨叨的事情，但看到阿母被欺負了，也生氣，追著那個神婆問：『誰說的？』

「神婆轉過身，說：『命運說的。』

「然後我捋起袖子，兩手往腰間一叉，腳一跺，說：『那我生氣了，我要和他吵架了。』」

阿太說這話的時候，自己笑開了。我知道她看到了，看到了八十多年前那個氣鼓鼓的自己。

我也看到了。

回憶一

層層浪

你們就此沒有過去，
只有將來

我十二歲那會兒，我阿母每天都要去燒香問卜。

倒不是求神明，更像是去找神明們討說法的。

早上六七點，她挎上竹籃，放一袋粿子，抓一把香，便要出門了。我和我阿妹——你太姨——就趕緊追了出來，跟在後面。

我阿母纏過腳，穿的鞋比十二歲的我穿的大不了多少，走路走得格外用力，左右左右一扭一扭，兩隻手跟著像船槳擺動起來。

我和我阿妹一左一右追著她走，太遠，總感覺要被拋下了；太近，隨時要被手甩到。我們仨，看上去像是一個羅漢領著哼哈二將，又或者佘太君領著楊門小女將，只差沒喊：「衝啊！」

雖然看著這配備，就可以篤定是去燒香的，但總有人不相信地問：「這是去哪兒啊？」

「拜神去。」阿母的回答像支箭，在提問者的語氣詞結束前，就當即射到了耳根。

我也是那一年才知道，為什麼咱們這廟多；因為人生需要解決的問題真多，一個神明，不夠。

廟都是沿著海邊修的，像是圈著海的一個個哨所。

從我娘家出門右轉，第一座廟是夫人媽廟。夫人媽是床母，男歡女愛以及小孩的事情歸她管。廟裡牆壁上畫滿了二十四孝，還有些壁畫，平時是用紅布遮著的，只有新郎新娘結婚那天才能挑起紅布看。

第二個是媽祖娘娘廟。媽祖娘娘的廟裡，總是雞飛狗跳的。鄉鄰們處理漁獲的時候在那兒，打牌的時候在那兒，到了飯點端著飯菜也都聚到廟裡吃，邊吃邊相互逗鬧著。我阿母在那兒問卜的時候，總要被打斷——有人嬉嬉笑笑地突然衝到媽祖娘娘面前嚷著：「媽祖娘娘評評理，是不是我看上去就比她腰細屁股大？」另外一個人追來：「媽祖娘娘會笑妳老來傻，這麼大年紀還不正經。」

我問過阿母，這媽祖娘娘管什麼。阿母回答：「媽祖娘娘就是大家的阿母。」

第三座廟是關帝爺廟。正中間是關帝爺捧書夜讀的神像，左邊的牆壁上鐫刻著「春秋」，右邊是「大義」。神殿層層疊疊的梁柱上垂下一盞盞油燈，看起來星星點點的，像星空。

第四座廟是三公爺廟。他整個臉都是黑的，據說是因為幫皇帝試毒藥中毒而亡，因而升天當神的。他管的好像是世間的公正。

第五座是孔夫子廟，第六座是觀音殿，第七座是……

我最不喜歡去的，是這最後一座大普公廟。大普公廟就在入海口——我後來的婆家這邊。

這廟裡除了大普公，還有黑白無常以及一尊黑狗的神像。按照咱們這裡的說法，有些人死後還會因為眷念、仇恨、不甘等而不願意離開，這些靈魂留在人間總要搞出點事情。大普公的職責就是普渡眾生，幫著他們升天。

據說一年到頭，大普公都在走街串巷，尋找窩在某些隱密角落的靈魂，把他們一個個哄小孩般哄到自己的廟裡來。但升天儀式一年只有一次，那就是七月的最後一天，其他時候，大普公搜尋來的靈魂就都暫時住在廟裡。

也不知道是不是心理暗示，我總覺得那座廟涼颼颼的，又莫名有種擁擠感——畢竟這麼多靈魂和大普公擠在這麼一座小小的廟裡，該多不方便。我因此覺得大普公的神像總是一副愁眉苦臉的樣子。

只有七月才說得上熱鬧。七月一開月，整座廟陸續排滿紙紮的馬。到了七月的最後一日，把所有紙馬一起拿到廟前的廣場上，一匹匹擺好，頭朝西邊的方向，再一匹匹點燃。按照咱們這兒的說法，這一匹匹馬馱著一個個靈魂就此飛天了。

燒紙馬的時候，鎮上總有人要來圍觀，眼睛死死盯著一匹匹燃燒的紙馬，好像真的在辨認，是誰騎上了這些馬。

有人喊著：「看到了，看到了！他升天了。」哭得梨花帶雨。有人如釋重負：「總算走了啊。」我看不到他們眼裡的東西，但我看到了他們，千姿百態的。我在想，或許他們看到的從來就是他們心裡想的；或許，人從來只能看到自己心裡想的。

阿母確實看上去太不像去拜拜的人了，她兀自往前衝，嘴裡還總要咬牙切齒地念叨著：「不應該啊？憑什麼啊？我不服啊……」

每到一座廟，就把那袋粿子一放，點上三炷香，鬧鬧洩洪般，劈里啪啦說著想問的事情，然後拉著我們坐在長椅上，自己卻突然很爽快地閉上眼睛，真真切切地打起盹來，留下我和我阿妹定定地坐在位子上。

我阿母打盹是為了等神明。按照咱們這兒的說法，你燒香和神明說了事情，祂得花時間去調查去研究。如果趕時間，至少也要給神明十五分鐘；如果不趕時間，最好等半個小時以上。

除了媽祖廟，大部分廟是很安靜的。偶爾有人邊燒香邊喃喃地和神明說點什麼，剩下的就只有外面的蟲鳴和海浪聲。微風推著臃腫的香霧緩緩地在廟裡遊走，很是催眠。難怪鎮上那些睡不好覺的人，晚上總愛來廟裡打地鋪。

我一度懷疑我阿母就是來廟裡睡一個個覺的。夜裡在家，她總是一聲嘆息接著一聲嘆息，直到天亮。

幾乎恰恰半小時，阿母就會突然醒來，自說自話：「給祂的時間夠多了吧？」

其實也不用我耳朵尖，特意去聽什麼，阿母問起神明來，簡直是用吼的。

一開始是關於我阿爸的：「孩子的阿爸還活著嗎？在哪兒？會回來嗎？」

後來變成關於自己的：「我是不是做錯什麼了？我為什麼要遭受這些？什麼時候是個頭啊？」

再後來甚至還會有關於這世界的：「人生值得過下去嗎？我為什麼要活著？這世界會好嗎？」

自懂事後，我就沒見過我阿爸了，而我阿妹從落地那刻就沒見過他。我阿妹喜歡逮住阿母不在，並且我發呆的時候，冷不丁甩出來問：「所以阿爸長什麼樣？」

她一問，我就趕緊跑。

不是不回答，是因為，我懷疑我記得的阿爸，是自己想像的。因為那個阿爸，一會兒像掌舵的王舵哥，一會兒像賣肉的蘇肉榮，有時候還會像開理髮店的剃頭張。

我後來想到一個方法：可以從自己身上找阿爸。

我有段時間老愛盯著銅鏡看，銅鏡裡朦朦朧朧的五官，剔除掉我阿母遺傳的部分，應該都是阿爸的吧。我用毛筆偷偷畫下來，留著大約半張臉的線索，然後盯著我阿妹的臉，又添了二三分。

我把畫摺疊好藏在內襯的兜裡，感覺好像找到了我阿爸。

我覺得我找到我阿爸了。

我阿母用的占卜方式，一開始是擲筊——將兩塊有陰陽兩面的木片，隨機從空中拋下，根據陰陽面的不同組合，來表達神明的贊成、否定和不置可否。

阿母擲起筊來，愣是問出了當街吵架的氣勢。木片兩面陰，代表神明否定。我阿母會接：「我怎麼就不信呢？」木片兩面陽，代表神明不置可否。「您不能不說話啊！」木片一陰一陽，表達肯定。「您肯定什麼啊？您說啊……」

阿母言詞激烈地詢問時，我總會抬頭看神明。

這一尊尊神明，無論哪個宗教哪個來源哪種神通，眼睛總是半乜著，都是注視著你，慈祥悲憫的樣子。

看著神像的眼睛，我總覺得祂在可憐我阿母，還感覺祂在可憐我。

我一感覺祂是在可憐我，我總會想哭。

我不知道阿母在這樣的眼睛注視中，為什麼還能生龍活虎地和神明吵架。

阿母的問卜實在太打擾人了，後來有位廟公建議她還是用抽籤詩的方式。為了說服我阿母，廟公說了一個道理：因為這世間的道理，故事才能講得清楚。

其實我還挺喜歡抽籤詩的。小竹筒裡裝滿了竹籤，每根竹籤有對應的籤詩號，邊反覆強調著自己想問的事情，邊晃動竹筒，直到跳出一根，然後再擲筊去確定是否便是神明想說的話。抽中的籤對應的是一個個故事，有神話故事、民間傳說、歷史演義……

拿到對應的故事，如果實在不理解說的什麼道理，可以去找廟公或者廟婆解籤。

廟裡總有看廟的廟公或者廟婆，都有各種來歷。有的人是附近村裡的私生子，入不了族譜，又沒有人收留；有的是流浪漢，跟著自己命運的境遇兜兜轉轉到這兒；還有根本不知道過去的人。只要他們敢在神像面前宣稱「神明叫我留下來伺候」，然後在村民的見證下當場問卜，連中三次，便是神的旨意了。他原來世間的身分和故事從此一筆勾銷，唯一的身分就是這個廟的人了。他的職責就是打掃寺廟，以及講解神明的回答。

我阿母就此，從爭吵式擲筊，變成了爭吵式解籤。

「為什麼這個故事就說明這個道理呢？這個道理和我有什麼關係呢？」爭論著急了，還對廟公人身攻擊：「你這個自己日子都過不明白的人，有什麼資格勸我？」

廟公一聽愣了，自己躲到一邊抽菸去了。有次一個廟婆還被我阿母懟到哭了起來，嘶喊著：「我都躲這裡了，為什麼還要被這麼折磨？」我阿母倒大度了，輕拍著那廟婆安慰著：「這人生就是這樣的。」

好像把人弄哭的，真的不是她，是人生。

阿母正忙著和廟公廟婆爭論得臉紅脖子粗，我和我阿妹就把籤詩拿出來一段段讀，日復一日，我真切地覺得像是神明在和我說故事。我後來甚至還感覺聽到了神明的聲音。我把籤詩偷偷帶回家，塞在自己的枕頭裡。自此，我看著別的孩子被阿爸扛在肩膀上走過，我心裡總會想：有什麼了不起的？我還有神明每天和我說睡前故事呢！

進一座廟，要一個說法，帶走一個故事，然後再去下一個廟討取一個新的故事。

我當時怎麼都想不到，阿母這樣的征程，能夠日復一日、年復一年地進行下去。

我那時候跟在她後面走，會忍不住想：為什麼她對自己的人生這麼不解？又或者，命運真的可以理解嗎？為什麼要執著去找答案？

阿母總有莫名的直覺。有次我在胡亂想著，她突然停下來，上半身轉過來，下半身死死定住，一副無可奈何但又很生氣的樣子：「我也是第一次過人生，我也不懂。妳們不要希望我教妳們什麼。」

原本已經轉身回去繼續趕路了，感覺不解氣，再轉身過來，對著我吼：「總之，就是不要像我。」然後用了一個我沒有想到的詞語解釋：「我被卡住了。」

阿母怎麼被卡住的，她沒有再說，但是到處有人說。

這個海邊小鎮的人，哪有什麼精神生活？但人真不能只是靠吃東西活著的，一個人生命中的雞毛蒜皮和酸甜苦辣，就是別人有滋有味的精神養料。

當我走過菜市場、走過街道、走過廟宇，聽到不同的竊竊私語，自然就知道了全部的故事。所以我知道阿母說的是實話。阿母確實是被卡住了，而且是她和整個家族的幾代人，因為她——或者說，從她開始——一起被卡住了。

我阿母可能是他們那代人，小鎮裡唯一纏腳的姑娘了。

纏腳在其他地方可能不算什麼，在咱們海邊這兒，可不是小事；那意味著就是鐵定心要當「陸地」的人。

生在海邊的人，總喜歡叫自己討海人——向海討生活的人。

討海人無論站在哪兒，都覺得是站在船上；討海人覺得土地下面還是海，覺得土地隨時會像甲板一樣搖晃的。不纏腳的人掌面寬，腳才抓得住甲板。

而纏腳的人，把自己的腳尖擠壓成這樹根一般細細長長的一條，在海邊人看來，就是惡狠狠地宣布，要斷了和大海的關係。這可太叛逆了。

一定要給我阿母纏腳的是我爺爺，這在當時真是個轟動鄉里的事情。纏腳師傅據說是我爺爺騎著送胭脂水粉的三輪車，從泉州城裡載過來的。

我爺爺可是入了咱們這裡童謠的大人物。你聽過「胭脂粉，搖貨郎，三輪車，呼呼響」嗎？講的就是我爺爺，講的就是現在停在咱院子裡的那輛三輪車。

我爺爺原來和他阿爸、阿爸的阿爸、阿爸的阿爸的阿爸一樣，都是裝卸工。

家族遺傳風溼病，腳伸進海水就刺骨地疼。生在土地長不出糧食的地方，又偏偏碰不了海水，家族裡的幾代人個個腦袋各種不服氣，個個想法子試各種人生，最終，都是當上了港口的裝卸工——海邊唯一不用下水又相對掙得多一點的工作。

你看他們不怕出力不怕髒，因為下不了海，只能當裝卸工。是命運把他們按在這個角色裡的。所以，以後你看到誰被按在哪個角色裡，無論你喜不喜歡那個角色，無論那個角色多討人厭多髒，你還是要看到按在他身上的那個命運的手指頭。說不定命運的手指頭一鬆，他就馬上脫離那個角色了。

前幾代人的命運雖然彆扭，但也不至於無路可走。雖然風溼病從這一代完好地傳給下一代，卻終究神奇地總能代代單傳，總可以有男丁，而男丁無論如何還可以走當裝卸工這條狹窄的路。

這個神奇的傳統，成了這個家族唯一能藉此自我安慰，甚至可以可憐地炫耀的點。這個家族的人因此在生孩子這個問題上特別好事，有人結婚，就跟著問：「什麼時候生小孩？」哪戶人家懷上了、懷多久了，這家族的人上上下下瞭若指掌，因為他們休息、吃飯、睡覺前聊的都是這些事情。掐準了時間，哪個人要生了，這家族肯定有人早早在候著。甚至後來小鎮的人乾脆不計算自己懷上孩子的時間，只要看到那家族有人搬個小板凳，放在自家門口，他們就知道，自家的孩子該生了。

而這戶人家要的，就是孩子出生了，探頭去看看，是男孩還是女孩。是男孩，咧嘴一笑：「運氣不錯啊。」是女孩，咧嘴一笑：「下次會是男的。」

因此，這個家族曾經一度就這樣成為令人看不起又討厭的家族。

然而，就是這麼個家族，突然在我爺爺那一代，奇特的境遇消失了——我爺爺也只生了一個小孩，就我阿母一個女兒。

據說我阿母出生的時候，我太爺爺和我爺爺先是一愣，然後是我太爺爺拍了拍大腿，用說戲的腔調嚷著：「這不，老天爺在和我們開玩笑啊。」指著我爺爺奶奶說：「你們再努力就是了。」好像他用這種腔調，就可以強迫老天爺承認這真是開玩笑。

但是第二年，奶奶的肚子沒動靜；第三年，沒有起色。

我太爺爺是拖到第五年，才領著我爺爺偷偷去隔壁鎮子看醫生的。此前沒找醫生，或許是不敢，又或許一直僥倖著——人對自己害怕的事情總會這樣。隔壁鎮子離咱們這走路十幾里，我聽說的是，我太爺爺領著我爺爺，一路哭了十幾里走回來的，邊哭邊喊著：「香火要斷啦，香火要斷啦！」

在咱們這兒，這香火的延續可太重要了。

咱們這兒，相信人肯定是有靈魂的。去世後，無論升天、入地府還是遊蕩在人間，都還是要吃飯、還是要花錢、還是要生活的。比如過那條河，也會有河鬼出來討買路錢。能給這些靈魂財富和食物的，只有他們的後代。

只有一代傳一代，每一代都有人勤勤懇懇地按照規定的節日燒香燒金紙，祖宗的靈魂們生活才有著落。自然，越多子孫燒，燒的金紙越多，這祖宗的靈魂就越闊。

所以我太爺爺的難過，還帶著重重的擔憂：我怎麼能讓我的父親、我的爺爺、我的祖宗都一起挨餓呢？我死了以後怎麼辦啊？我要如何向他們解釋啊？

廳堂正中供奉著神明們，兩旁擺著的是祖宗們的牌位。看完醫生回來後，我太爺爺回家一看到廳堂，頭就往下低。自此，低著頭進門，低著頭出門，低著頭吃飯，低著頭發呆；睡覺沒辦法低著頭，就用兩隻手捂著臉。

我爺爺和我太爺爺說：「你沒做錯什麼，你不要一直低著頭。」

我太爺爺和我爺爺說：「我也不知道為什麼，但我就是錯了。」

我估計，我太爺爺應該還有無法說理的錯愕：人生這麼漫長，自己也勤勤懇懇地走，怎麼把全家族的路都走斷了？

我估計，我太爺爺應該還有無法說理的委屈：這老天，怎麼說變就變？哪怕給個提示，或者來個解釋也好。

那種想不明白的事情，就如同卡在胸口的魚骨，不致命，但就是卡著，而且會越卡越深。卡得越深，胸口越疼，太爺爺的胸部就越是習慣性縮著，頭就自然越來越低了，直到頭低到都可以直接撞到門檻石了。

我自然沒見過太爺爺，只是聽我爺爺說過，當時他看著我太爺爺走路，心裡那個慌。像頭老邁的牛，直直往前杵，把自己撞得頭破血流。

我太爺爺那麼多年來第一次臉朝天，就是他要走的那一天。他當時就躺在自己撞到的門檻邊上，瞇著眼睛，死死盯住太陽，好像他把這一輩子本來應該悠閒曬著的太陽都補回來了。

我爺爺一進門就喊：「阿爸啊。」

我太爺爺一聽喊聲，應了句：「在這兒啊。」

淚水就汩汩地流，然後說了兩句話。

一句是：「嘿嘿，你說，活成這樣和誰講理去？」

一句是：「金紙燒多點。」

說完腳一蹬，一邊哭一邊笑著，走了。

我爺爺說，那時候第一反應還真不是難過，是帶著某種被羞辱的悲憤：我太爺爺活得算什麼玩意兒，死得又算什麼玩意兒？

我爺爺知道太爺爺的意思：他怕以後沒有人燒金紙，他想一次性多帶點過去。

我爺爺明白了這個意思，但內心更是不滿地責怪：就這麼認了，到地府後繼續挨這無窮無盡難受的日子？

所以，給太爺爺燒金紙的時候我爺爺哭，吃飯的時候哭，睡覺的時候哭……哭著去拉屎，哭著去給我阿母餵飯，哭著去搬運。邊哭邊搬運的時候一踉蹌，肩上的麻袋子和人一起摔在地上，地上的水瞬間就紅了。我爺爺以為是自己流血了，坐在那灘血紅裡繼續嗚嗚地哭。

直到他聽到旁邊還有個人哭，一抬頭是貨主，邊哭還邊跺著腳：「哎呀哎呀，你沒流血啊！是我流血啊，我的胭脂沒了啊！」

「什麼是胭脂？」我爺爺哭著問。

「就是城裡那些婆娘抹著好看的啊，金貴金貴的。」貨主哭著回。

「我沒錢，我命賠你。」我爺爺想著，反正自己的命也不值錢。

那貨主白了我爺爺一眼：「我用錢可以買的命可多了，你的我不要。」

我爺爺莫名像被雷劈了一樣，開竅了。

據我阿母的說法，自那之後，我爺爺不哭了。一開始是靠每天搬運的時候偷點胭脂出去賣，賣著賣著，就託人從南洋買來那輛三輪車，也和南洋的進口商敲定了胭脂成本價，自此開始走街串巷地賣胭脂了。

其實，這小鎮沒有人關心我爺爺為什麼突然不哭了，也沒有人在乎我爺爺只生了個女兒，大家的生活各有一片望不到頭的汪洋，誰是發自內心管他人的風波的？就是有整個家族的男人一起出大海全部沒了，這樣的故事大家最多也就討論個四五天。小鎮的男人對我爺爺這個人在乎的是：怎麼這傢伙突然有錢了？女人在乎的是：有沒有什麼最新的胭脂？

但我爺爺見人，總要提起自己只生了女兒這件事情。他已經找到了新的理解方式：「我生女兒，就是老天要給我們家族安排全新的故事啦！就此要轉大運啊！」

至於家族的香火？「招，招個人入贅不就好了，反正我有錢了。」說完之後，我爺爺還是會惋惜：「可惜我阿爸看不懂命運。他不知道，和說書一樣，故事總有起承轉合的嘛。轉啦轉啦！」我爺爺樂呵呵地喊：「我們家族的故事從我開始轉啦！」

自有了這樣的認識，我爺爺活得特別有奔頭，騎著三輪車，搖著撥浪鼓，用自己發明的腔調喊著：「胭脂——啊，水粉！胭脂——啊，水粉！」見著俊俏的小男孩，便要開心地停下來，咧開嘴問：「哎呀，你是哪家的崽啊？」每天傍晚都要站到小鎮最高的石頭上去，瞇著眼，像仔細地打量著屬於自己的稻田一樣。好像整個小鎮光著屁股到處跑的男孩，都是他的女婿候選人。

我曾經在發呆時想像過我阿母的童年，想著想著，覺得可真是彆扭。兩三歲的時候，我爺爺就每天想著讓她和不同的人訂娃娃親，以至於到最後每次看到我爺爺領著我阿母走過來，有男孩子的家人就趕緊讓自己孩子躲進屋。阿母五六歲的時候，我爺爺就每天晚上給她一個個分析不同男孩子的家庭和性格。他甚至隨身帶著兩個帳本，一個是胭脂水粉的帳本，一個是小鎮上所有適齡男孩子的名冊。每個名字下面，還寫著他不斷觀察後做的批註。遇上特別喜歡的，我爺爺還特意在上面用最上等的胭脂把名字塗紅。

我爺爺的魔怔持續了十幾年，於小鎮來說，像是看了部長達十幾年的連續劇。終於，隨著我阿母長到十六歲，大家都知道，故事的高潮要來了。

果然，我阿母十六歲生日那一年，剛開年，我爺爺便把整個房子的梁柱都刷了一遍漆；緊接著把廳堂的家具全扔了，換了一套全新的海南黃花梨；最後把門楣的那塊刻有堂號的石雕換了，換成有鏤空雕花的，還描上了大金字。

女孩子成年禮是不能請客的，我爺爺買了一堆糧油，家家戶戶地送。然後我阿母十六歲的生日一過，我爺爺拿出他的名冊，排好了他認為的等級，把小鎮的媒婆都叫來，分了各自的片區，各自辦事去了。

咱們這兒，結婚一般都是靠相親，相親一般一上來就問：「你是討大海還是討小海的啊？」

咱們這兒，人生就分為這兩種。

這個問題很重要；想過不同人生的人，生活是過不到一起的。你看咱們這兒，妻子叫「某」，找某的過程，就是找自己的過程。找不到自己前，千萬不要找妻子；你找到的某不是你自己，你們早晚會分離的。

總說靠海吃海，其實靠海也不得不吃海。咱們這兒，土地被海水淹漬太久了，紅紅的、鹹鹹的，除了地瓜和花生，其他作物都不讓活。咱們這兒，一出生，大海就尖著嗓子問人們：「你打算怎麼和我相處啊？你打算怎麼活啊？」咄咄逼人、嘮里嘮叨的，成千上萬年地念著。你仔細去聽聽，海水一漲一退，一呼一吸，潮水上來嘩啦嘩啦的，下去嘩啦嘩啦的，問的都是這個問題。

這世界最嘮叨的，就是咱們這兒的海了。

討小海的人，膽怯也好，知足也罷，也可能因膽怯而知足，也可能因為知足而膽怯。總之惦念著人間的這點小煙火，就趁著海水的漲跌，跑到退潮後的濕地裡，收拾些小魚小蝦小蟹小貝。可以沒有船，要有也是小船，就沿著大陸架搜尋自己生活的可能，半步雷池不越。

海好像也願意犒勞這樣的人。只要你按照它劃定的地盤、劃定的時間去找，它總會留一份合理的口糧在海土裡。有時候藏在海土的一個細孔裡，有時候埋在沙子底下，有時候就在一片礁石的背面。這樣的人生，早出晚歸的，像固定時間和海做遊戲的玩伴，也像種田的農民。累是累了點，但每天早晨都是面對基本確定的人生，每個晚上都可以擁著自家家人入睡。

討大海的人不一樣。討大海的人，心裡裝的都是那嘮里嘮叨的海浪聲：「你怎麼活啊？你怎麼活啊？」還是尖著嗓子的。這樣的人走出家門就會往海那邊看，地面對他們來說就是休息站，他們實際的家在海上，他們活在海浪聲裡——你怎麼活啊？

這樣的人最終都會謀得出海的工作，或許運貨去其他國家，或者去深海處捕大魚。這樣的人出門一趟得半年甚至一兩年，一趟回來的收穫能吃個兩三年。這樣的人出門往往一趟比一趟遠，一趟比一趟冒險。這樣的人最終很少能把自己的墳墓真正地留在地面上，所以他們經常隨身帶著神明的塑像；實在遇險回不來了，就對著神明喊：「記得把我帶回去啊！」然後自己就安然隨著船被海一口吞了。

我爺爺只給了媒婆一個條件：「咱們就要討小海的人。畢竟還希望他以後不討海了，隨我搖撥浪鼓去。」

我阿母倒真沒有什麼特別的叛逆，她是厭煩著父親那生硬的意圖，但她從小就知道，自己出生在一個怎樣命運的家族裡。在這樣的家族裡，我爺爺必然會有這樣的偏執，她的命運肯定要往這個方向推的。就如同暗潮推著浪，一個個浪頭就這樣推推搡搡地往前走。但她就是想和我爺爺的意圖稍微槓一下，顯得自己不至於太沒自我，哪怕最終只是激起一點小浪花。她莫名在心裡定了個規矩：來的人我先拒絕三十個，此後的再認真看。

為什麼是三十個？那也只是隨便蹦出來的數字。

我阿母十六歲生日一過，隔天，我爺爺早早起床，假裝若無其事地舒展身體，憋著藏不住的笑意，換上新製的衣裳，泡上山裡剛來的鐵觀音，打開家裡的大門，然後急匆匆地坐回廳堂正中的位子，蹺著二郎腿，頭一晃一晃，腳跟著一抖一抖，樂滋滋地等著上門的人。他事先交代好了，就讓我阿母按照習俗躲在二樓的閣樓裡，閣樓有個小窗，可以窺見廳堂裡的情況。他強調自己很尊重我阿母的意思，提醒說，只要一看上眼，就敲敲木梁，他就允了。

我爺爺自信，這十幾年來，他日復一日地分析一個個候選人給我阿母聽，我阿母總會知道如何辨別的。

第一天來的人真是多，二十個總該有的，其中幾個還是我爺爺冊子上特意用胭脂標出的、心尖尖上的人。這些人在門口排著隊，輪流在爺爺樂呵呵的注視中走進來，在爺爺樂呵呵的注視中坐下。

大部分人應該是特意收拾過的，是一整年難得的清爽。他們笑著給我爺爺奉上茶，笑著等我爺爺的問題。我爺爺每看一個，都要先自己樂呵一陣。問的問題，翻來覆去就這幾個：「打算生多少個小孩啊？都可以隨我們家姓吧？」

等來的當然是肯定的回答。

然後我爺爺就不斷地說著好好好，笑咪咪地看著對方，默默地等樓上的動靜。但偏偏左等右等，等不來我阿母敲柱子的聲音。我爺爺假裝被茶水嗆到咳嗽，閣樓上沒有回應；假裝水一不小心弄濕了衣服，起身回房換衣服，閣樓上沒回應；假裝回房的時候，不小心磕到柱子，閣樓上還是沒有回應。

一個接一個的人過去了，我爺爺的臉笑僵了，心情也實實在在地僵了。等到晚上門一關，我爺爺跑到閣樓下方，踢著那根木柱，著急地問：「就沒看上？一個都沒看上？」

其實，我阿母在閣樓上偷偷睡著了，聽見我爺爺嚷，趕緊探出頭，認真地點點頭。

「那個蔡三沒看上？妳看那腿，比我粗壯一倍，孩子將來隨他，個個都壯啊！」

我阿母點點頭。

「那個黃景郎沒看上？那可是讀書的人家，祖上出過秀才的啊！要不是他父親從京城回來染風病沒了，哪會願意入贅咱家？」

我阿母點點頭。

「那個張章章呢？我從小看他就腦子活絡，而且長得俊啊！」

我阿母點點頭。

我爺爺氣得跺腳：「那妳喜歡什麼樣的？」

阿母想了想，說不出來。「就看對眼的吧。」

阿母莫名覺得好玩，咧開嘴對著我爺爺笑。爺爺氣惱到最後也只能問：「明天繼續看？」

阿母點點頭。

第二天來了五六個人。

第三天來了兩三個人。

第四天沒人來了。

我阿母在閣樓上睡了四天。

第五天，我爺爺坐在大開的廳堂裡，沏的茶換了一盞又一盞，等不到一個人來。在家裡踱來踱去，氣出不來，自己用腳不斷踢著柱子，終於還是忍不住，騎上三輪車，往一個個媒婆家裡去。問了一圈下來，原因很簡單：小鎮就這麼點人，年紀合適還願意入贅的，就這麼多了。

知道答案後，爺爺氣呼呼地往家裡奔。

阿母還躲在閣樓上，爺爺仰著頭對著她嚷：「妳究竟要什麼人？要什麼人？整個小鎮沒人了，妳還看不上。」

我阿母本來又睡著了，嚇得一哆嗦，意識到自己好像闖禍了，但又不敢和自己的阿爸解釋，悠悠地說：「要不把以前的再重新叫來一遍？我當時看得不太真切。」

父女倆還在生著氣，門口有人在探頭探腦。

我爺爺不認得這個人，他沒在自己的名冊裡，沒在自己從小觀察到大的印象裡。爺爺疑惑地問：「小夥子來相親的？」

小夥子點點頭。

但終究是個小夥子啊，長得還挺周正。我爺爺笑著說：「小夥子趕緊進來啊。」

那人疑惑著進來，一句話都還沒說，閣樓上敲柱子了。

後來我阿母才和我奶奶說：「當時不就慌了嗎？敲完再定神算算，好像恰恰是第三十個人，命定之數啊。再定睛看看，好像長得也還可以。」

聽到柱子被敲響了，我爺爺興奮得臉一直抽動，但他還是假裝鎮定地詢問：「想生幾個小孩啊？」

小夥子愣了許久沒回答。

「都可以隨我們姓？」

小夥子又愣了。

奶奶在一旁，擔心爺爺可能嚇到太實誠的孩子了，想緩和下氣氛，問了句：「你是討大海的還是討小海的？」

這個問題，小夥子倒馬上回答了：「當然討大海啊。」

雖然很困惑於女兒的選擇，但無論如何，女兒肯嫁了，家族的命運可以延續了。我爺爺還是耐著好奇，幾次試探性地問：「女兒啊，妳是怎麼看男人的啊？妳怎麼挑的啊？」

阿母為了掩飾她其實什麼都沒想，就說：「就直覺。直覺就是他了。」

爺爺一聽也是樂了，說不定是命運的安排呢。

「不，這就是命運安排的！」想了又想，我爺爺非常篤定地說。

接下來的幾天，爺爺不斷帶資訊給我阿母。

後來成為我阿爸的這個小夥子叫黃有海，原來是山區裡的。十五六歲的時候，他村裡一個失蹤了三四十年的人帶著一盒金子回來了。他去聽那人講故事，才知道，原來這世界是真的有海的，原來這海上都是有金子的。他家裡的地很少，不到三畝，本來就要靠著租點田幹活糊口，但偏偏他母親止不住地生，一生一準就是個男孩。他算了算，六個兄弟，六個家庭，加上自己的父母，這麼多張嘴，這麼薄的地，活不下去。算明白了，第二天他自己一個人，就往海邊跑來了。

我爺爺說到這，重點點評了一句：「人家祖傳會生男孩的。」

然後又繼續說了：

「黃有海來咱們這後，就想上船去工作。但畢竟是山裡人啊，第一次跟著討小海的上甲板，還是那種小舢板，就嘔吐到脫水。被抬下來後，好幾個月都不敢上船。」

我爺爺說到這兒，樂得嘴全部咧開了，再度重點點評了一句：「估計以後就要跟著我搖撥浪鼓了。他哪兒都去不了。」

「但他不是說要討大海嗎？」我阿母問。

我爺爺一副過來人的樣子：「我年輕時候也想過討大海啊。」

我爺爺繼續說了：

「黃有海畢竟十六七了，確實老喜歡盯著婆娘們看。但這小夥子，還真不嫖不越矩，有女人搭訕了，他還自己羞著不敢看。」

我爺爺又點評了：「人品也端正的。」

我奶奶邊聽邊笑：「你這些資訊從哪兒來的啊？」

我爺爺搖了搖手上的撥浪鼓：「全小鎮的女人們都是我的耳目。」

至此我爺爺非常滿意，他覺得，讓他生女兒，果然是命運送給他一個和祖宗們完全不一樣的故事。

「家族轉運啦！」爺爺開心地宣布。

整個婚禮籌備期間，我爺爺不斷有發現。他發現自己太爺爺的墓地突然裂開，還長出來一朵花。鄉親提醒他要去修補，他咧開嘴：「你不知道，墳墓開花，家族要發。」家裡有隻老母雞這一天突然一口氣生了兩顆蛋，我奶奶要拿去炒，他急忙攔住：「那必須留著。雞生雙蛋，丁財兩旺，所以得供著。」有野狗連續幾天宿在門口，我阿母想拿掃帚去攆，爺爺又攔住了：「妳看那隻狗是黑色的吧？黑狗護宅，家有大財。」但我阿母爭辯著：「牠身上還有一片片白。」我爺爺嘴一撇：「那些白，不算。」

總之處處都有吉兆，處處預示著：家族轉運啦！

我阿母對於這場婚事，在入洞房的時候應該還沒明白過來。熱熱鬧鬧的事情總有迷惑性，讓大家都開開心心糊里糊塗地參與進去，直到最後才發現，這熱鬧的，竟然是要改變人生的事情，而且還是自己的事情。

我聽說，我阿母拜完堂之後，腳就止不住地抖。估計是那紅罩頭一罩，才確定，這熱鬧真是自己的，新娘竟然是自己。

洞房花燭夜，紅罩頭一掀開，我阿母脫口就問：「你是只想有口飯吃，還是真想成家？你是只想有個女人呢，還是想結婚？你是只想結婚，還是想和我結婚？結婚了你還要討大海嗎？」

據說我阿爸也愣住了，許久才說：「其實我還沒見過妳呢。」

我不知道我阿母當時怎麼答的，但是啊，生活不就這樣嗎？我們還沒見過未來的日子呢，但也一見面就這樣過下去了啊。

以前在咱們這兒，男人和女人的分工是非常明晰的。男人是碰不得一件衣服、一副碗筷的。男人們在家裡，就是得什麼都不幹，甚至盛個飯，都會覺得不妥。

乍一聽，這分工對男人真好，其實也不是。

一來順帶的，家裡的錢財隨著禮俗和家務，全部都歸女人管。財政大權在女人手上，看男人還翻出什麼浪。另外，家裡一切都不讓男人幹，也是在逼著男人們想想，家外面的事情如何去做啊。

畢竟是入贅，我阿爸拿不準，自己要幹傳統男人幹的事情，還是傳統女人幹的事情，還是傳統男人、傳統女人的事情都要幹。一大早起床，猶豫著自己該怎麼做。我阿母突然喊住他，拿衣服給他穿上，又蹲下身，拿著鞋子給他穿上。領他到廳堂，廳堂裡的八仙桌上就兩副碗筷，我爺爺正笑咪咪地等著他。給阿爸盛好地瓜粥，我阿母就退回到廚房裡，和我奶奶一起吃飯了。

這兩個女人看著廳堂裡的兩個男人，你對我笑，我對你笑，好像這個家庭終於回歸到了正常閩南家庭的樣子。

我爺爺那時候真是感慨，吃那碗粥據說吃得眼眶泛紅。他對著我阿爸說：「你就是我兒子了。」

我阿爸愣愣的，估計還在琢磨著突然披上的這身生活，合不合身。

我爺爺問我阿爸：「要不要和我搖撥浪鼓去？」

我阿爸回我爺爺：「我還是想去討大海。」

我爺爺一副老神在在的樣子：「生好小孩再去？」

我阿母對我阿爸是真好。畢竟，這是戀愛和結婚一起來的。我阿爸吃飯的時候她在偷偷看，我阿爸睡覺的時候她在偷偷看，我阿爸無聊地晃著的時候，她也在偷偷看。她給我阿爸做衣服，做鞋子，做各種湯。

這樣的日子，對我阿爸也是真好，但又真彆扭。過慣了沒勞作就要餓肚子的日子，怎麼不幹活地把一天天過下去，這個他真不懂。

而且當「怎麼才能不餓肚子」這個問題不再天天擺在眼前了，他才發現，這生活如何過下去，他從來沒有想過。

我阿爸問：「咱們有船嗎？要不我走船去？」我爺爺笑咪咪地答：「咱們沒有。」

「咱們有地嗎？要不我種田去？」我爺爺笑咪咪地答：「咱們沒有。」

我爺爺察覺著我阿爸表情很不好，說：「要不你出去玩？」

每天我阿爸早上吃完飯就出門，到飯點再回來，沿著海邊一圈圈走，看人殺豬，看人做買賣，看人裝卸，看人乞討，看人奔喪。家裡沒有人知道他開心不開心，反正他從未在外面過夜，也從來沒有什麼不好的消息傳回家裡。

我爺爺察覺我阿爸的表情依然很不好，說：「還是不開心？」

我阿爸說：「我不會玩啊。」

成親才一個月，我阿母就發現自己懷孕了。生的是我。

我爺爺說：「沒關係，這才第一個啊。你們手腳再快點。」

生完我沒幾年，我阿母又懷上了。又等了九個月，生下了我妹——你太姨。

我爺爺樂呵呵地說：「沒關係，這才第二個啊。月子坐好，咱們繼續。」

然而生完我妹第二天，我阿爸說他出一下門。

那天晚上他沒有回來。

從此再也沒回來。

其實我阿爸沒回來的第一個晚上，我爺爺就突然覺得，他永遠不會回來了。

那天晚上，我爺爺一直等到第二天的雞鳴，先是把熬不住在廳堂椅子上直接睡著的奶奶拉起來，問：「咱們是不是對有海不好啊？」

我奶奶睡得有點懵，說：「沒有啊，不都挺好的？」

我爺爺實在沒琢磨透，在我阿母門外走來走去，努力讓自己不去叫醒還在坐月子的我阿母。但我爺爺心裡那個癢癢啊，猶豫了許久，他還是推門進去了，小心翼翼地問：「妳是不是對姑爺不好啊？」

我阿母醒來，坐起身，想了一遍又一遍：「真的挺好的啊。」

又想了一遍：「真的很好啊。」

又想了一遍，阿母哇一聲哭出來了：「我真的不知道哪裡不好。是我不好嗎？」

自此爺爺不再問我阿母了，只是每天晚上說不上是心裡梗得難受睡不著，還是總有點奇怪的僥倖心理，總想等著我阿爸。反正自那以後，我爺爺好像不怎麼需要睡覺了。晚上，爺爺經常坐在廳堂裡，乾乾地發呆，坐到天亮，經常幾個小時一動不動，像棵黑松。有次，我甚至看到一隻燕子以為他真是樹，飛到他肩膀上。他也不趕，直到燕子在他肩上拉了雪白的屎。

白天還是騎著那輛三輪車出去，但撥浪鼓不搖了，叫賣聲也不喊了，安靜地在石板路鋪就的巷子裡穿梭。他最終沒能開口去打聽；他覺得丟人，又覺得有消息的人總會主動和他說。

小鎮的女人們還是要用胭脂的，大家琢磨著時間，總會早早在各自家門口等。爺爺賣好胭脂，總像個乞丐一樣，奇怪地賴在門口，眼睛直勾勾地看著那人家不肯走，才有人突然想明白：他是不是想讓我們主動和他說一些線索啊？

大家開始苦思冥想，找有的沒的線索給我爺爺，彷彿這才是買胭脂真正的錢。

有人說，那幾天看到王氏的部隊在港口招兵。

有人說，看到他和一個女人上了去往南洋的大船，那女人還大著肚子。

還有人說，那天下午看到他在海裡學游泳，不知道是不是浪太大，把他捲走了。

總之，哪一種說法都是：他不會回來了。

「但我家還沒傳後啊。」我爺爺小聲地嘟囔。

打聽了一圈又一圈，我爺爺終於推開我阿母的門，宣告：「有海應該不回來了。」

我阿母奶著我妹，不說話。

許久，爺爺說：「咱們再找個？」

爺爺笑咪咪地看著我阿母。

我阿母不說話。

又許久，爺爺說：「沒有香火了啊，祖宗們要餓肚子了哦。」討好地看著阿母。

阿母沒說話。

我爺爺還想說什麼，但看著我阿母這樣的表情，又想把這些話吞回去，突然，身體一抖，打了一個響嗝。

阿母看著爺爺，爺爺一直打著嗝，最終沒有再問什麼。

這嗝自此就黏上了。只要爺爺一張口，就打，閉上嘴，也要鬧騰個十幾分鐘，才會消停。

爺爺自此就不經常說話了。但是每到半夜兩三點，全家總可以聽到，那棵老松樹，總要長長嘆口氣，然後就馬上打嗝。如果再仔細聽，每天深夜可以聽到爺爺慢慢走到阿母房門口，估計是想開口說什麼，嗝一直一直打，但最終還是沒說什麼。

其實阿母那幾天也在努力勸誡自己，趕緊再嫁個人，遂了自己阿爸的意，但她還是沒法開口答應。每次已經打定主意，剛想讓自己開口說話，總有巨大的悲傷從心裡湧出來，捂住她的嘴。

爺爺沒再開口，阿母沒能開得了口。直到一個晚上，爺爺的嘆氣聲、打嗝聲、走到門口的腳步聲——急促的打嗝聲後，砰的一聲，好像是什麼東西垮了倒在地上。

我阿母趕緊打開門，確實是我爺爺。他癱在地上，見到我阿母出來，咧開嘴笑，指了指廳堂，說：「該把床——嗝——搬出來了。」

我阿母慌亂地喊：「我不搬！」趁著自己現在新產生的難過正在和心裡原來的悲傷僵持著，我阿母在慌亂中終於喊出來：「阿爸，咱再找個人，再找個人！」

倒是我爺爺笑開了，搖搖手：「不要啦，不要啦。」

我阿母著急了：「為什麼不要啦？」

爺爺咧嘴一笑：「咱們玩不明白了。」

那幾天啊，天格外冷。冷冷的潮氣從四面八方摸索著過來。

我隨阿母守在廳堂裡，看著爺爺，總覺得爺爺不是躺在水氣裡，而是躺在他自己的記憶裡。

他腿動不了了，手動不了了，尿管不住了，屎管不住了。但他躺在廳堂裡，還在習慣性樂呵呵地笑。

我問：「爺爺啊，你在笑什麼？」

爺爺樂呵呵地笑：「我在想——嗝——妳太爺爺見到我——嗝——會說什麼？我在想，我有沒有比——嗝——妳太爺爺活得——嗝——好？」

我問：「爺爺啊，你對太爺爺會說什麼啊？」

爺爺哭了：「我會——嗝——說：『我活得還不賴吧？』」

我也哭了：「那爺爺咱就繼續活下去啊。」

爺爺樂呵呵地笑：「不了不了，搞不明白了。」

我爺爺就在廳堂裡躺了兩天。我阿母覺得，是爺爺真心不想活了，才走得快。

因為爺爺是幾代單傳，實在沒有堂親，只有奶奶、阿母、我和我阿妹輪流守著。

剛好隔三座房子的那戶人家的老人也躺在廳堂裡。那家的門一直開著，房子外面熱熱鬧鬧地擺了七八張桌子，桌子上擺好了茶點和茶，親人們喝茶、聊天、打牌、喝酒，以各種方式消磨著時間，輪流值班。

我奶奶特意把我家的門關上，但聲音還是跟著海風，這麼一陣一陣送了過來。

我爺爺聽著聲音，就哭，哭一會兒後又像睡著了。睡醒了，聽到那些聲音又哭了。幾次張張口想說什麼，但是嗝馬上又從他胸口湧出來，堵住他的嘴。

我們那時候，爺爺輩的人一般走得早，五六歲就會認識自己家的死亡。無論是爺爺奶奶還是外公外婆，這種自己家的死亡，都是突然間從生活中剮去一塊肉。那傷口，就打開著，風吹過都會疼，還不能蓋，蓋著會發膿，所以就開著，等著肉慢慢地長，慢慢地癒合。你們這年紀，一開始知道的死亡，大都是別人家的，自家沒死過人，就和沒上過課一樣。

我記得，我爺爺是凌晨五六點走的。當時輪到阿母和我守著爺爺，阿母趴在爺爺的床頭邊，而我則窩在我阿母的腳邊睡著。

我爺爺輕輕地搖醒我阿母。

「女兒啊——」我爺爺突然不打嗝了。

阿母醒了，看到自己的阿爸正咧著嘴對她笑。

爺爺說：「我這段時間，老在想，這命運到底怎麼給我們安排故事的？」

阿母說：「阿爸你不打嗝了？」

爺爺不接阿母的話，繼續念叨：「實在沒有道理啊！他不讓我下海，也不讓我扎根；他不讓我絕望，也不讓我有希望；他讓我以為好起來了，最終卻壞到底。然後最過分的是，我還想把他的故事再翻過來，他就要讓我走了。」

阿母說：「那你留下來和他吵架啊，你別走了啊。」

爺爺咧開嘴笑：「找不著他啊。」說完，自己笑得快喘不過氣。

阿母帶著哭腔說：「那咱們繼續找啊。」

爺爺自顧自說下去：「這幾天我老在想，要告訴妳一個故事。」

「我很小很小的時候，我聽我太爺爺——妳老祖宗——說過，他見過鄭和從咱們這下西洋。

「那壯闊啊，一大片三層樓高的船，在他身後排列開。每艘船上都有人在奏樂。

「正中間的頭船，有人喊了一句什麼，左右兩邊一艘艘傳下去。雖然在海邊，卻像是山谷裡的迴響。

「什麼奉天承運……

「什麼皇帝詔曰……

「什麼以天為父，什麼以海為母……

「一會兒代表天，一會兒代表海。

「他渾身金黃金黃的，大家都說他是穿著黃金的。

「他拿著很粗大的一炷香，喊了聲什麼。我太爺爺，也就是妳的老祖宗說，他沒聽明白，但那聲音啊，會往人心裡鑽。

「太爺爺講到這兒就和我哭，他說：『他們就要去到海上啊！去大海上，去一個我一輩子都不會去的地方。我一輩子都去不到啊！』

「他還在想著的時候，突然四周同時放煙火。天空好像都被煙火給包住了，像是一床巨大的被子朝他拍過來。太爺爺被打懵了，就一直哭。

「他和我說的時候還是一直哭。他哭的時候就一直喊著：『我去不到啊，我一輩子都去不到啊！』

「我笨，當時聽著只明白一個道理：這世界上永遠有我們到不了，甚至想像不到的地方。

「我那時候很小，但聽著這個故事就渾身哆嗦，好像也聽到那聲音了，也看到那鋪天蓋地的煙火，邊哆嗦邊笑，邊哆嗦邊哭。

「從小到大我經常想起這個故事。我不想當裝卸工的時候想起，我第一次有女人的時候想起，爺爺死的時候想起，妳結婚的時候想起，妳生小孩子的時候想起——我每每開心不開心到一個點的時候，就彷彿看到那床鋪天蓋地的煙火被子。我都在想，我這輩子算什麼啊？我在想，是不是有些很好的日子我去不到啊？甚至，我一輩子都想像不到啊？」

阿母嚇哭了，問爺爺哪裡疼。

爺爺咧著嘴笑，繼續說：「從有海沒回來的那天開始，我一閉眼，就一直是那床煙火被子。然後一直在想，我一輩子就這樣了？然後我突然想，咱們全家族是不是就是老天爺放的一串大煙火？是這樣的話，咱們也不差啊！從我爺爺的爺爺、爺爺的爺爺的爺爺，這故事就一直在編排，一直在累積，然後妳出生，就是火開始點燃了——嗞嗞嗞，嗞嗞嗞，全家族到妳這全炸開了。」

「真美啊。」爺爺邊笑邊哭。

阿母聽不懂爺爺想說什麼，但她知道，這是她父親整個人生講的最後一個故事了。她慌張地說：「我這就找個人去生，給咱家生一個兩個三個孫子。」

我爺爺笑得很開心，說：「咱不生了，不生了。生下來的人，妳能告訴他，怎麼活嗎？」

我阿母一下子愣住了，許多東西從喉嚨口湧出來，像嘔吐一般。她歇斯底里地哭著：「我也不知道啊阿爸，我怎麼辦啊？」

我爺爺咧著嘴笑，眼淚卻一直汩汩地流：「對不住啦，把妳生下來。對不住啦。」爺爺還在笑著、道歉著，身體開始顫抖，越來越僵硬。

阿母知道爺爺要走了，我也知道爺爺要走了。阿母轉身要去叫醒奶奶，爺爺拉住了阿母。

爺爺繼續笑著，身體繼續抖著，腳突然猛地一蹬。爺爺要走了，就要走了，卻像突然想起什麼一樣，突然大喊：「哎呀呀！妳說，這煙火會不會、會不會是老天爺的一個屁啊——」最後一個字是順利滾出來了，但爺爺來不及把嘴笑開，就這樣僵僵地半張著，好像在大聲喊著什麼。只是那句話，被風撕了，被海浪吞了。

按照我爺爺的遺囑，喪禮做了七七四十九天功德。

所謂功德，就是那些天裡，各方戲臺二十四小時輪流上演，高甲戲、梨園戲、木偶戲、布袋戲、猴戲……不管認識不認識的人，任人打趣；支起幾十張桌子，二十四小時不間斷上菜，任人吃喝；支起個大香爐，二十四小時不斷地燒香紙。

鎮上的老人都說我爺爺瘋了。再怎麼有錢，哪有這麼糟蹋的？這是朝斷子絕孫的方向走啊！

我年紀小，但還記得，沉甸甸的銅錢用扁擔挑進來，像地瓜一樣卸在廚房裡，又一擔擔挑出去，換成一堆堆的食材。

來的其實都是不認識的人，在那個年代，還是挺多人靠吃功德過日子的。據說被人吃掉的功德，在地府裡也可以兌換成財富給祖宗們用；而那些吃功德的人，到地府或者下輩子是要還的。

人太多了，而且一天比一天多。看看戲，吃吃宴席，幫忙燒燒金紙。

我奶奶這七七四十九天一直守在香爐邊，火烤著她的臉越來越紅，腳上起的水疱越來越多。認識的、不認識的人想來安慰她，以為她是難過，她搖搖手，顧不上和對方聊天，趕著說：「幫著多燒點啊！多燒點，這次得讓這麼多代祖宗在下面夠用啊。」

四十九天功德做完，金紙燒完，留下的灰，都可以堆起一層樓高。我奶奶看著那座灰做的樓，含著嘴——她這一輩子唯唯諾諾的，連笑都含著——慶幸地說：「應該夠了吧。」

一開始，以為奶奶的腳只是被燙傷了，但是冒出的一個個水疱，越長越大，一個個氣球一樣，鼓鼓的，戳破了，都是膿水。過不了幾天，就又長出新的水疱，而且越長越多。慢慢地，從腳上蔓延到腿，再蔓延到身體。

我問奶奶：「是不是好疼？」

「沒關係，沒關係，哪有發疱不疼的？」奶奶含著嘴，笑著說。

我問奶奶：「憑什麼讓妳發疱啊？」

奶奶說：「沒關係，沒關係，哪有人一輩子不發疱的？總要發疱的。」

我後來才理解，奶奶沒喊疼，不是因為堅強，更像是接受——接受這人生本應如此。因為，我後來也學會了，很多疼痛啊，接受了好像就不痛了，甚至琢磨得細一點，疼到最厲害的時候，心裡會莫名地平靜，像整個人懸浮在海裡那樣的平靜。

小鎮上的醫生一個個輪著來看過了，說不上是什麼病，也說不上不是什麼病，胡亂開了一些藥，我奶奶也胡亂地吃。半年不到，奶奶徹底走不動了，整天就癱在床上，到後來，更像長在床上了。

奶奶的下半身一直都是膿水，膿水好像膠水，把她黏在床上了。

我阿母想了個法子：在床的下部開了個孔，周邊用布墊著。拉屎拉尿排膿水，都從那個孔出來，那孔周邊的布一天總要換洗個三四次。

說句沒良心的話，奶奶在爺爺去世後就馬上生這種怪病，真是幫到了我阿母。阿母不用琢磨怎麼把自己的人生繼續下去，奶奶的疾病自然把她拖進一個明確的生活裡了。

我阿母一夜之間會做飯了，會洗衣服了，會規劃整個家庭的生活了，會把淚憋住了，會吞著苦開心地笑了。

我們因為奶奶的疾病，反而獲得了幾年心裡很踏實的平靜，甚至可以形容為幸福。就這樣過了七八年，奶奶活成了一棵植物。她加上她的床，像個巨大的盆栽。時間一久，我就想：奶奶像植物，植物應該可以活得很久很久吧？我後來還想：是不是安靜的人都會活得久點，就如同植物？它們不說話，所以一不小心命運也忘記有它們了。

這樣一想，我莫名地安心。

早上是我負責把飯送到奶奶房間的。奶奶總是一大早就堅持坐起來，但坐著坐著，就又睏到睡著了。她身體半躺著，腦袋半耷拉在肩上，臉上斑斑駁駁，整個人看上去，就像一棵形態奇特的黑松。我經常坐在她旁邊安靜地等，等到奶奶醒來，笑咪咪地看到我，我才把飯菜擺好。

晚上睡覺前，我總愛往奶奶房間裡跑。我就坐在奶奶的床沿，看著她本來一直笑咪咪地看著我，慢慢眼皮發沉，然後頭一耷拉，睡成一棵黑松的樣子。我還要走到她跟前，用手指戳戳她的臉；她會突然醒來一下，半張開眼，習慣性地笑一下，又繼續睡。

直到有一天，我早上端飯過去，坐在奶奶邊上等啊等，等到九點多，奶奶還沒醒來。阿母來問，我說：「奶奶還在睡呢。」

等到中午，奶奶沒起來。阿母要我叫醒奶奶，我搖搖手，輕聲說：「奶奶還在睡。」

等到下午，奶奶還是沒起來。阿母蹲在奶奶房門口嗚嗚地哭。我惱極了，還是輕聲說：「奶奶還在睡，不要吵奶奶。」

奶奶那一覺太沉了，真的睡成一棵樹了。我終於忍不住小聲地對奶奶喊：「奶奶起來了，我害怕了。」

奶奶沒起來。

我也開始嗚嗚地哭：「奶奶妳起來吧，我真的害怕了。」

奶奶最終還是沒起來。

因為沒有做功德，又實在沒有堂親，我奶奶的喪事從頭到尾都只有我們三個人。

老天爺有時候真夠調皮，偏偏和我們家隔著三座房子的那戶人家，又有一個老人去世了。

一樣的七八桌，一樣的親人輪流。

我阿母把門關上，帶著我們姐妹倆，邊燒著金紙邊哭。哭著哭著，感覺不解氣，就開始罵。一開始也不懂怎麼罵，就學著說：「幹，我幹！」罵著罵著，感覺好像心裡堵的東西疏通了一些。但又突然想：這罵的究竟是誰啊？這樣的事情要罵誰啊？她在天井裡走來走去，突然仰著頭，手指著天空，喊：「我幹！」

那晚天空很透亮，星星很多。阿母罵得撕心裂肺，天上只有星星一眨一眨的，甚至感覺有些調皮。

阿母的怒氣鬧鬧一般：「我幹，我幹，我幹！」

天上的星星一眨一眨一眨，繼續調皮地眨。

奶奶葬禮結束後，我阿母在床上躺了一天。第二天，她突然早早醒來，下定決心一般，把我們搖醒：「咱們得問清楚去，妳們去不去？」

自此，阿母開始拉著我們一圈一圈地逼問神明了。

鄉親們講我阿母的故事，最後總是要嘖嘖嘖地發出幾聲讚嘆，然後搖搖頭：「可憐啊。」

好像他們自己的人生就不可憐一樣。

但他們也不是沒採取行動。

據說是擔心我阿母這樣下去，死了會糾結著不肯走。「到時候鄉里可是要不安寧了。」鄉鄰們商量著，得在她活著的時候解決這個潛在的風險。

一開始大家應該是約定了，誰和我阿母見著，就和她說幾句，勸解看看。

阿母應該知道鄉鄰們是怎麼想的，每次看到有人要來安慰她，拉著我們轉頭就走。

再後來，幾十個婦女一起來我家，每個人拎著海味或者地瓜，說要來家裡坐坐。

我阿母很困惑地看著這些七嘴八舌的人，不知道她們為什麼要這麼說話。她們安慰人的邏輯，最終都有一個陡峭的終點——這是命啊。

比如，「妳看，當時這麼多人想入贅，為什麼偏偏挑了那個人？」——這是命啊。

「妳看，如果妳和有海多聊聊心裡話，或許他就不會走了。」——這是命啊。

「妳看，如果妳阿爸沒做這麼多天功德把錢折騰完，妳還是很好招個人或者改嫁的。」——這是命啊……

就像一塊石頭丟進海裡，或者一艘船沉入海底，反正，這命就是海。反正，這就是命啊。反正，這就是命、就是海，就是一切的終點了。

我阿母不理解，為什麼所有人會覺得把這一切歸結到這句話就可以了。她看著一個個這麼努力，並且沉浸在自我滿足感裡的人，越發覺得可笑。

大家七嘴八舌忙活了許久，以為自己應該好不容易完成了什麼。作為想結束時的習慣動作，這個時候會有人問：「妳怎麼想？要不妳也說說。」

我阿母就等這句話。她噗哧一聲笑了，第一句話：「幹妳們媽的，幹。」

女人們都懵了；有的人捂著嘴，有的人捂著耳朵，有的人鎖著眉。

還有勇敢的人想力挽狂瀾：「哎呀，知道妳是個可憐……」

「誰他媽可憐。」

大家被嚇呆了。

「我不可憐，我就是要說法。憑什麼這就是命？命是誰？它憑什麼說幹麼就幹麼？人他媽的是什麼？算什麼？是豬是狗是老天爺隨便點的一個炮仗一個屁？」

我阿母跳到人群的中間，仰著頭，用手指著天：「我幹，我幹，我幹！」

有人雙手合十念阿彌陀佛，有人被驚嚇到一直流淚。看到身邊有人一起身就跑了，一個個蒲公英般隨風散了。而我阿母臉通紅通紅的，站在那裡，就像是蒲公英的花蕊。

自此，再沒有人來和我阿母說話了。

活著的人不願意和我阿母說話，我阿母就更只能找神明說話了。

我阿母這麼一圈圈地問，問了整整三年。

那些年我追在她後面跑的時候，總想走得快點，多看看我阿母的正臉。

其實從我出生開始，很少有機會能看到阿母的正臉。她奶我的時候我還沒記憶，長大一點她奶我妹的時候，總是要躲在稍微隱密點的地方。從我阿爸走後，我們一家人也沒有在一個桌子上吃過飯，都是把菜夾一點放在飯中間，大家各自捧著碗蹲到各個地方吃去，好像這從此是個沒有資格團圓的家了。

我已經不記得我阿爸的臉了，我擔心我以後也不記得阿母的臉。

只是我跑得快點，我阿母走得就更急。她好像不願意我記住她。我永遠只看到她背後的頭髮，看到它們從一片烏黑，到突然變成了夾雜銀色白色的髮絲。我心裡難過地想：這是衰老嗎？怎麼一個女人還沒有成熟就要變老了？怎麼好像還沒進入夏天，就突然到冬天了？

再爛的活法，也算活法。

再爛的活法，日子也是會過去的。那時候我看不見，後來一回首，那時間一刀刀真真切切刻在我們身上。

我記得第一年，出每座廟門的時候，阿母總還是要心懷不甘地用腳踢一下香爐。第二年的時候她不踢了，甚至回南天時還會捂著腳踝疼得輕聲哼。最開始的時候，問卜的聲音總要蓋過寺廟義工團念經的聲音，後來，一看到一堆人在那誦經，阿母也不吱聲也不競爭了，搖著腳不耐煩地等眾人誦完。一開始總要把廟婆罵哭，從第三年開始吧，阿母還是會和廟公吵架，但再也罵不哭人了，而且吵完架後，她不像以前那樣急著離開了。我隱隱感覺，阿母變得不僅是來吵架的，更是來休息的了。

咱們這兒無論哪座廟，廟的中間總會格外寬敞，這是供大家問卜用的。而兩邊，肯定各有至少一排的座椅，可以讓人休息，也像是劇院的觀眾席。

我阿母後來越來越願意坐在那些長椅上，看著一個個來問卜的人發呆。

大家問卜的時候聲音各有大小，能聽到的每個人的故事也影影綽綽。我阿母用手托著腦袋，像小時候在看戲一樣。

雖然是在廟裡，但我有時候恍惚，覺得我們其實就坐在海堤邊，我們就是在看海。人生的海，命運的海，而一個個人就是一朵朵浪。這個時候，也是我唯一能看見我阿母側臉的時候。她真美啊。

走了一圈又一圈，阿母的腳步好似越來越慢了，身形也好像不動聲色地越來越瘦了。好似她本來就是個靠著怒氣撐滿的球，隨著怒氣消退，身體也越發虛弱了。

直到第三年的一天，我阿母挎起籃子，想往門口衝，卻突然摔倒了。她不以為意地爬起來，走了幾步路，又摔倒了。她撣了撣身上的灰，自己倒了一杯溫水，鎮靜了一會兒，才又起身，招呼著我和我阿妹，繼續原來的行程。

那天她問神明的問題是：「我是不是也要走了？」

我偷偷瞄過，抽中的籤是四季春，是上上籤，說的是：「種子才剛發芽啊。」

阿母拿著籤，先是莫名的錯愕，然後是莫名的羞辱感。她嘴撇著，似乎想笑，又似乎無可奈何，眼睛死死盯住神像，最終自言自語：「這又是什麼鬼道理？問的是何時死的事情，竟然回答我這才開始活。」

阿母已經生不起氣來了，這麼多年，她似乎已經耗盡了一輩子的憤怒。耗盡之後，她察覺到，自己竟然隱隱約約希望自己能接受。

但問題是：怎麼能接受啊？我阿母還學不會如何活啊！我阿母落下的人生課程可太多了。

意識到這一點，我阿母突然累了。突然這十幾年來的累，在一瞬間被發現了。她累得站不起身，累得走不回家，累得差點抬不起眼皮。她乾脆就爬到寺廟裡的長椅上睡著了。我和我阿妹也不敢叫她，就一直坐在旁邊等。等到太陽快下山了，我阿母這才醒過來，一醒過來，就滿眶淚水。

我和我阿妹問：「阿母妳怎麼了？」

我阿母沒看我們，轉身像對著那神像問，又像對著時光問：「祢說我怎麼辦啊？」

那天回家的路上，阿母走得緩慢。到家了，推開門的時候，阿母突然問我：「妳幾歲啦？」

「阿母，我十五歲了。」

「那妳可以準備嫁人了啊。」阿母第一次轉過頭來看著我。

阿母第一次正面看我，我也才第一次看到阿母的正臉。

我阿母真美啊。眼睛汪汪的，嘴唇紅紅的，臉上開始出現溝壑了，但她好美啊。

阿母眼眶紅紅地對我笑了笑說：「哎呀，我十六歲就嫁人了。」

我說：「阿母我不嫁人，我要陪妳和我妹。」

阿母說：「妳們得嫁人，妳們日子還長得很，妳們還得有將來。」這是我印象裡，阿母對我第一次說「將來」這個詞語，以至於我當時不知道這個詞語什麼意思，只記得發音是「jianglai」。

我以為話講完了，我阿母卻突然站起來，像發誓一樣對我說：「妳們必須就此沒有過去，只有將來。」

自那天開始，我阿母不去廟裡拜拜了。

她先是讓我和我阿妹好好在家待著，自己獨自去拜訪各個鄰居的家。這些鄰居，突然被我阿母敲開了門，總是不免錯愕、緊張。我阿母笑著說：「別怕，我是來問事情的。」

阿母諮詢的是兩件事情：一是有沒有好的「拾黃金」的風水先生——在咱們這兒，把已經入土的祖宗骨骸拾揀出來，燒成骨灰裝進骨灰盒裡，這叫「拾黃金」，多半是在家族想改運的時候，才會這麼做。在咱們這兒，相信一個家族的活人和死人是相連的。家族的逝者扎在土裡吸收到的靈氣和運氣，都會給到家族的生者。二來，有沒有好的媒人給自己家女兒作媒。

來應徵的風水先生有許多。阿母一個個聊，挑中了一個，便讓他選好日子，一個一個拾好祖宗們的「黃金」，然後一排排整齊地擺在我爺爺發家時修建的家廟裡。

那風水先生不解，猜度著提醒：「是不是找個更好的風水地，把所有祖宗都葬那兒？要不要我幫忙挑一塊地？」

阿母沒有回答。

媒人們當然一個都沒有上門，我阿母也不去問。她知道的，在小鎮上能和我們這家人結親家的，真得是個奇人。

阿母去鎮上給我們三個人置辦了幾身好看的衣服，便開始領著我們，去大普公廟旁邊那個神婆家裡。

那時候的閩南，一個鎮上就有十幾個自稱可以通靈的人，但是街頭巷尾議論下來，好像各有可以大概猜測出手法的地方，讓人感覺不是真的通靈。唯獨大普公廟旁邊那個神婆，據說是真神通。

我知道我阿母是不信的——她連神明的話都不信，怎麼會信神婆的？她這麼做應該另有想法。

大普公廟就在入海口。每天不斷有船順著江往這邊入海，到了大普公廟這個地方，掉轉了船頭，大家一起朝著廟的方向拜一拜，這才駛向大海深處。

那神婆的家，就在大普公廟左邊那條巷子往裡走。

我原本以為，那會是個特別幽深恐怖的地方，不想，沿路種滿了各種花——茉莉、芙蓉、薔薇。推開神婆家的院門，整個庭院打掃得乾乾淨淨，還曬了魚乾和地瓜乾。

我看了半天，不是廟宇那種布局；是有神殿，但用布簾圍著，因此也看不到神的塑像，只有一個大大的香爐，和掛在屋頂垂下來的大大香圈。

一個中年婦女坐在院子裡發呆。我阿母走到她跟前剛要說什麼，那中年婦女就說了句：「不用問了，我不騙人的。人的話不能信，我可不能讓神的話都沒有人信。」

我明白了，這就是那個神婆。

阿母也不管神婆說什麼，拿出一塊銀子，和一張寫著我和我阿妹八字的紅紙說：「請您就和別人說，我們家兩個孩子特別旺人。」

那神婆先看的是我阿妹的八字，撇了撇嘴，說：「這可算不上旺人。」又看了看我的八字，手指掐了掐，看著我說：「這孩子啊，可憐啊，到老無子無孫無兒送終。」

我阿母惱極了：「說什麼啊？」那神婆重複道：「無子無孫無兒送終。」我阿母顧不上對方自稱是神明附身，把手帕一扔便要去打她。不想，被那神婆一把抓住，嗔怪著一推：「是妳要問的，又不是我要說的。」那神婆轉身想離開——我本來無所謂這種神神叨叨的事情，但看到阿母被欺負了，也生氣，追著那個神婆問：「誰說的？」

神婆轉過身，說：「命運說的。」

然後我捋起袖子，兩手往腰間一叉，腳一跺，說：「那我生氣了，我要和他吵架了……」

/ /

故事講了一圈，又講回了開頭。我阿太自己笑開了：「我真是老糊塗了。」

阿太屈起身體，用手托著下巴。這身形，讓我想起她剛才說的那個、在寺廟裡發呆的她的阿母。

我問：「阿太啊，妳不是要和我說妳自己的故事嗎？怎麼一上來就講那麼多人的死亡？」

阿太邊托著下巴看著我邊說話，孩童一般：「這世間一個個人，前仆後繼地來，前仆後繼地走，被後人推著，也搡著前人，一個個人，一層層浪。我爺爺我阿母的浪花翻過去了，我的浪才往前推；我的浪花要翻過來了，這不現在又把你往前推。我的人生，自然是他們的故事；他們的人生，也就是我的故事。就如同我的故事，終究是你的故事。」

就是那些故事生下我的啊。

我剛想說：「阿太，妳不會走。」還沒出口卻被阿太迅速打斷了：「會走會走，和你說完這些故事馬上走。」

阿太一臉壞笑：「早說完，早走——」

回憶二

海上土

靈感是浮游在海上的土

我當時怎麼都想不到，那個老在和神明吵架的阿母，竟然會被神婆硬生生地弄哭成那樣。

也怎麼都想不到，這個把我阿母弄哭的神婆，後來成了我的婆婆——那神婆說我無子無孫無兒送終，最終卻讓自己的兒子娶了我。

很多年後，那個神婆已經成為我婆婆了，突然沒頭沒尾得意洋洋地問我：「妳知道那天我在算計妳阿母嗎？妳知道這讓她多活了一年嗎？」

那神婆口袋裡總裝滿瓜子。她習慣每說一句話時把瓜子嗑開，咀嚼瓜子的節奏就嵌在說話的節奏裡。她還總能把瓜子殼吐在一句話需要停頓的地方，好像瓜子殼就是她說話的逗號和句號，好像沒有瓜子她就不會說話。

神婆往自己嘴裡送了一粒瓜子，說：「妳阿母一開口，我就知道她想讓我幹麼。」

神婆吐出瓜子殼，說：「但我偏得擰著。」

又送進一粒瓜子，說：「妳阿母才不得不活下來。」

然後突然放下瓜子，說：「這個算計可是神明讓我幹的。如果要感謝，妳得連我一起謝；如果要算帳，妳算神明頭上去。」

說完，也不管我認不認這個解釋，自己哈哈大笑開了。

那確實是我見過，我阿母哭得最嚴重的一次。

那天，我阿母生氣地拖著我和我阿妹往外走了。神婆也看上去生氣地往裡面的房間去了，然後她像突然想到什麼，一轉身，小跑著追了出來。

「那個誰──」她朝我們喊。

阿母在氣頭上，不理。

「叫妳了。」神婆追過來繼續喊。「妳是不是覺得做成這些事，自己就可以安心去死了？」

阿母轉過身，木住了。

「但妳做不成的。」神婆笑咪咪地說。

阿母眼眶紅了，轉身拉著我們要走。

那神婆繼續追著說：「妳是不是不知道怎麼活了？」

阿母拉著我們走得更快了。

「但妳也沒法死。」神婆繼續追著說。

我阿母像是被雷劈中了一般。她先是愣在了原地，然後氣憤到渾身發抖，隨手撿起路邊一塊石頭，往追過來的神婆砸過去。

神婆一跳，躲過了，嬉皮笑臉地繼續喊著什麼。

神婆是不追了，但她的話已經像路邊的野狗一樣，追上來，還咬上了。

阿母走幾步路，胸腔發出拖拉機般咕嚕咕嚕的聲音。再走幾步路，胸口似乎翻滾得更厲害了。突然如憑空炸出的雷一般，哇一聲，哭聲從阿母身體裡衝出來了。

我現在這個年紀，已經認識很多種哭聲了，但我還記得阿母那次的哭聲——那是哇一聲，不是嗚嗚嗚或者嚶嚶嚶——這種哭聲，如同心底的火山，發到底，枯竭了，然後，再來一次。

我聽著那哭聲，先是跟著難受，但又莫名覺得不對勁——這不是五六歲小孩的哭法嗎？我當時覺得有點好笑，然後心裡更難受了。怎麼把我阿母欺負成這個樣子呢？而我阿妹——你太姨——顯然很熟悉這種哭法，跟著哇哇直哭。

我阿母走在前面，纏著腳，身體依然一扭一扭，哇哇地哭。我在中間，後面是我阿妹，邊小碎步跑著追我們邊哇哇地哭。不管經過哪個地方，看到的人都驚奇：這個整天追著神明論理的人，怎麼會被弄到這樣孩童般地號哭？

「莫哭莫哭！」我羞愧地追著喊。「阿母咱們莫哭！」

阿母繼續號哭著。我趕緊追到阿母前面，想安撫她。定睛一瞧，我阿母的臉上，掛著的也真是五六歲小孩的哭相。

我是後來才知道，我婆婆是咱們鎮上嘴最毒的神婆。找她問事的，經常都被弄得哭著出來。每次把人弄哭，她還一副嬉皮笑臉、得意洋洋的樣子，嗑著瓜子，晃著腿，重複說著：「我說中了吧？」然後抿抿嘴，一副很滿足的樣子，根本不顧對方已經哭成了天崩地裂的樣子。

她連小朋友都不放過。有次我見到一個六歲的小女孩，被她說到靠著牆角、屈著身體，渾身發抖著哭。我氣到指著那神婆罵：「哪個人不是帶著人生過不去的坎來找妳的，妳就不能對人好點？更何況這麼小的孩子。」那神婆撇著嘴，不開心了：「我就告訴她，她阿母已經準備投胎了。我錯了嗎？」那孩子聽了，又嗚嗚嗚嗚哭起來了。神婆氣得跺了一下腳，轉身走遠的時候還罵罵咧咧的：「她阿母死得多好啊，她都不懂。我這和誰講理去？」

按照那神婆的說法，人就分兩種死：死得好和死得壞。她說，死必須是果子熟了自己掉落地那種死，其他的死都是不對的死。特別是那種被哪個問題卡死的，自己想不開死的，做鬼的時候還要卡在那兒，下輩子又得重新過一遍當時卡死他的那個問題。「太傻了，太虧了。」她說。

「妳知道嗎？人有好多輩子的。妳知道嗎，人為什麼這麼多輩子？就是要一輩子一輩子地過，最終過到人間困不住妳了，那靈魂自然就輕盈了。也不用誰封，到時候妳自然知道自己不是神也是仙了。」所以，她覺得，自己神婆的工作就是讓所有人死得好。

那天說完，她還對我揚了揚眉毛，得意地說：「我這輩子肯定會死得很好，妳也必須是。妳要走的時候，我一定來驗收。妳要是趁我不在，就不好好死，看我不找妳算帳。」

我那時候已經是她媳婦了，整天和她打打鬧鬧。我直接懟她：「那我要是活得很久，妳就不投胎一直等我啊？」

神婆咧嘴一笑：「我就等，看妳能不能活到九十九。」

她沒想到吧，我現在就活到九十九了。過幾天或者過幾十天，我就要死了。我就看著，她來不來接我，來不來驗收。

據那神婆說，我第一次找她算帳那晚，她就相中我了。我後來問過原因，她咧嘴一笑：「就得這麼活。這樣活才能死得好。」然後說：「像我。」

那晚，我阿母到了家，摔了鍋碗瓢盆，撕了床單，踢了幾下柱子，也就此沒有力氣地癱倒在天井裡，一直發呆到月亮升上來，直直照著她。我想扶起她，稍微走近一點，她大喊「別動！」喊著喊著，眼淚鼻涕一起流，任性地躺在地板上，一直看著月亮。我看了她許久，想著：我阿母現在不像是我阿母，更像我的妹妹，甚至我的孩子了。這樣想之後，我就想去抱她。阿母愣了一下，後退了一步，似乎知道我想的是什麼，馬上以阿母的身分對我生氣地大喊一聲：「做飯去。」

我本來是想第二天白天再去找那神婆算帳的，但白天阿母一定不會讓我去。從小到大，阿母把我和阿妹看得那麼緊，我們倆沒單獨出門過。要出去，就只能趁她睡著的晚上出去。

我從來沒晚上出過門。我當時還不認識黑夜這傢伙，不認識的東西我們都會害怕。但折騰到晚上十一點左右，我無論如何都睡不著，我知道了：不出去這一趟，可能第二天還是睡不著。

現在這世界到處都是燈，看不到真正的夜晚了。我們那時候，夜晚的那種黑是真的黑，墨水一般。當時我一開門，看到的是一團黏稠的黑湧過來。可能是海風吹著的感覺，這團黑，還像浪一樣翻滾著。

那是我人生第一次單獨夜行。我探出頭，看到路影影綽綽沿著海岸線攀爬過去，一眼看過去，覺得格外漫長——我現在九十九歲了，我可以說，像人生一樣漫長。

當時我確實站在門口猶豫了很久，但我想：這沿路都有我認識的神明，我不應該害怕什麼；這所有寺廟的燈火，一年到頭從早到晚都要亮著的，我不應該害怕什麼。

這麼一想，我覺得我可以夜行了。

我把門關上，一轉頭，趁內心的害怕還來不及抓住我的腿，抬起腿來就跑，衝進那團黑裡。

我知道，兩百多米遠就是夫人媽廟。我一衝出去，就趕緊找夫人媽廟的燈火。果然，一到路上就看到，那燈火一跳一跳，像夫人媽的眼睛，一眨一眨地看著我。

海浪確實像在追著我，但我知道，夫人媽在看著我。一這麼想，我就覺得，那些海浪像路邊的狗，只是在你跑的時候喜歡跟著你跑，你慢了它跟著慢。

海上確實起起伏伏著一點點光，確實像一隻隻從海裡探出來的眼睛。但我知道，夫人媽在看著我。一這麼想，我就覺得，那一點點的光只是窩在海裡的一條條魚，熱心為我打燈。

路上偶爾有人家還亮著燈火，快速跑過那戶人家，可以聽到喃喃的聲音，但聽不清，被風拉長了，可以像嘆息，也可以像有人輕快地吹著口哨。路上偶爾有人影，我也不確定是什麼；我不認真去看，而對方也好像看不見我。畢竟當時在夜半的海邊，出現晃悠悠走的或者奔跑的人，都挺奇怪的，彼此都無法確定對方是什麼。

偶爾還是會心慌，慌的時候身體馬上會產生些奇怪的涼意，讓我的寒毛都豎了起來。我對著那涼意說：「別惹我啊。我認識夫人媽，認識媽祖娘娘，也認識大普公。」

說完，那涼意好像嚇跑了。然後我知道了：這世界上很多壞東西都是在發現你軟弱的時候才追上來的。

我跑到夫人媽廟，對祂笑著揮揮手，小聲喊著：「謝謝夫人媽。」夫人媽廟的燈火眨得更快了，我知道是祂在對我笑。然後我眼睛就抓著下一座寺廟的燈光，往前跑。我就這樣在各路神明的注視下一路跑，跑到了那神婆家。

那神婆家的門大大地開著，看上去像從來沒有鎖門的習慣，門閂就放在旁邊，積了厚厚的灰。我走進去，看到一進門用作神殿的那個廳堂裡，有個老婦人正坐在神像邊上輕聲地說著話。我沒多看，但還是琢磨著：應該不是鬼。鬼怎麼可以和神明這樣話家常？但又想：也可能是鬼。咱們這兒，神明對待鬼魂都像對待自己的孩子。

這麼晚了，神婆竟然也還沒睡——我是到後來才知道，她經常要凌晨一兩點才睡。她躺在藤搖椅上，藤搖椅就放置在院子裡。她抱著盆瓜子，邊嗑著瓜子，邊偶爾用腳推著藤搖椅。見我來了，用眼角瞥了我一下，說：「來了啊？」好像早早知道我要來一般，好像一點都不在乎我來幹麼。

我還沒想好怎麼對她，先挨著她，坐在旁邊的石墩上。

神婆瞥我一眼，說：「門一直開著，想回去自己回去，想找神明說話就自己去說。想找我說話，我沒睡著就來這找我說。」

說完就又不管我了。

我們就這樣安靜地杵了三四分鐘，神婆突然抬起頭，對著半空擠眉弄眼的，然後喃喃說著什麼。

我問：「妳在和誰說話？」

神婆往嘴裡塞了一顆瓜子，說：「媽祖娘娘剛飛過去，我和祂打招呼了。」她講完，得意地悄悄瞥了我一眼，估計想看看，有沒有把我震懾住。

又過了一會兒，她吐出瓜子殼，又抬頭喃喃說點什麼。然後她又瞥我。

我問：「媽祖娘娘飛回來了？」

神婆白了我一眼：「大普公啊！妳沒看到啊？」

我當然沒看到啊。我莫名被激怒了，問：「真的有大普公嗎？如果有，祂是坐著雲飛過去，還是騎著什麼神獸？」

神婆白了我一眼：「當然是坐著雲啊！文官都是坐轎的，武官才騎獸，當了神也一樣。」

我抬頭看了看天，說：「不是啊，現在天上沒雲啊。」

神婆愣了一下，看了看天，確實沒有雲，只有北斗七星一眨一眨。她好像在認真回想：「對啊。剛剛我看祂是飛過去的還是跑過去的？」

我逮住她了：「那神明還用跑的？」

神婆轉過頭來，愣愣地看著我，突然從藤搖椅上一下子站起來，一擺一擺比劃起來，自己大笑起來了：「大普公穿著重重的官服，跑起來像鴨子。」

說完，又好像擔心天上的大普公還沒走遠，悄悄抬起頭打量了一下，咧開嘴笑：「還好沒被聽見。」

神婆要去上廁所，我沒有尿意，但也跟著去。

神婆走幾步，就回頭看一下跟著的我，她想不明白，我為什麼連她上廁所都要跟著。她走進廁所裡了，看到我還在廁所外等，她有點惱了：「我上廁所妳幹麼跟著啊？」

我說：「有件事情，妳上廁所我就想不明白了。」

神婆說：「我上廁所，妳能有什麼事情想不明白？」

我說：「真有。我在想，妳上廁所的時候，神明經過是不是也看到了？祂看著妳光屁股，妳也看見祂看著妳光屁股，怎麼辦？」

那時候咱們的廁所都沒有屋頂，就一個坑，兩塊石板中間一條縫，四周圍著磚牆或木板。什麼東西從天上飛過，可不把拉屎的人看得一清二楚？

我聽到那神婆在廁所裡先是大笑，然後就一聲乾嘔，再一聲「我幹！」我知道，她笑得一不小心吸了一口臭氣。

我心裡暗自得意，卻沒想到，那神婆平復了好一會兒，一字一句回我：「我，也，和，祂，打招呼啊。」

她每個字的尾音都是顫抖的，明顯想憋著笑，但終於還是在說完最後一字時噗哧一聲，又哈哈哈地笑開了，然後便是一陣乾嘔。我在廁所外也跟著樂起來，一不小心，海風突然把一股臭味往我嘴裡塞，我也被嗆到乾嘔起來了。

我還在乾嘔著，廁所裡面的神婆卻突然安靜下來了，然後很認真地說：「不管妳信不信，神明就一直這樣看著咱們。」

我本來想反駁，但聽著這句話，頭不自覺抬起來。我好像也看到，在我們的頭頂上空，是一個又一個悲憫的眼神。

我們也算不打不相識了。那個晚上，我們就這樣有一搭沒一搭說著話。

我畢竟只有十五歲，分不出真假，她說著我就聽著。

神婆說，她是到三十多歲才當上神婆的。在那之前，她叫蔡也好，是家裡的第三個女兒。父親看到生下的是女兒，說了句：「也好。」

神婆說，她是先認識鬼，再認識神的。而她確定自己可以認識鬼，是因為曬豆子。她說她記不清楚了，應該就是六歲的時候。那個下午，她的阿母問孩子們，誰能幫忙曬豆子。她的阿母交代一定要曬透，要不會發霉，還交代，已經聞得到空氣開始重了，晚上一定有雨的，所以記得收豆子。

蔡也好趕緊舉了手。

那時候，所有人似乎從一出生就得幹活。她四歲多就要幫忙插地瓜藤，六歲多就要幫忙收地瓜。曬豆子在她做的活裡不算累，但其實也是真累；就是把比自己還重的幾袋豆子拖到大門口的曬場上，倒出來，推平，然後就曬，曬好了再一袋袋收拾好，裝成比自己還重的一袋袋，又拖回家裡。

蔡也好前面是兩個姐姐，後面是兩個弟弟。她一出生，就莫名地慌張，總覺得父母看不見她，所以她什麼事情都較著一股勁，無論她父母問什麼，她總要爭著舉手。

那些豆子真多真重，蔡也好鋪開、曬勻，就累到一直喘，喘著喘著她就想歇一下，結果一歇就睡著了。直到聽到一聲雷鳴——那是從海面上傳來的，然後是風聲——那是海上的雨橫衝直撞奔過來的聲音，她才一下子嚇醒，跳起來想要趕緊收豆子。

但那可是能把海上的雨吹來的風，自然能把那些豆子颳得亂七八糟。她怎麼掃都無法用掃帚把豆子歸攏到一起。她邊拚命用掃帚抵抗，邊哇哇地哭。

從海上來的風還在颳著，從海上來的雨越來越近了。她感覺得到水氣越來越厚，呼吸越來越重，然後她聽到風裡夾著聲音，七嘴八舌的：「咱們幫幫她。」她以為自己聽錯了，甩了甩頭，還是聽到那些聲音。然後那些豆子就像被什麼趕著，一直往中間聚攏。她趕緊用簸箕把豆子一扣，套上布袋，豆子收好了。

她在猶豫著要不要對那些聲音說謝謝，但她不敢說。她把布袋紮好，剛把豆子拖到屋子裡，天就嘩的一聲落雨了。她看著暴雨裡的院子，想著：鬼在雨裡會是什麼感覺？她忍著沒問，只是看了雨中那些看不見的鬼魂很久。

神婆說：「那是我第一次聽到鬼的聲音。」看我沒反應，追問了一句：「妳不信啊？」

我說：「我只想知道，妳能幫我阿母嗎？妳想幫我阿母嗎？」

神婆不管我，繼續說。

她說那一天，最高興的其實是另外一件事：原來自己不是水耳朵。

她忘了從幾歲開始，就發現自己偶爾能聽到一些「多餘」的聲音。那些聲音她聽得不是很清楚，也沒認真去辨認，但就突然憑空在了。

她一度認為這就是水耳朵。也不懂從哪一代人開始的說法，水鬼投胎的人都會是水耳朵，上一輩子耳朵裡的水還沒流乾，這輩子，耳朵總要汩汩流著上輩子的水。水耳朵的人在水裡是聽不到聲音的，都讓水堵住了。水耳朵的人下不了海。

這個祕密她從來沒有對人說過。畢竟，據說長水耳朵的女人還會招來長水耳朵的孩子，被人知道是水耳朵，可不好嫁人。

然後那天她確定了，原來她只是聽得見鬼的聲音，不是水耳朵。她開心了好幾天。

我問：「那妳耳朵流水嗎？」

神婆回：「流啊。」

我問：「那妳為什麼不是水耳朵？」

神婆咧嘴一笑：「就不是。」

神婆又繼續往下說了。那時候她雖然才六歲，但她可聰明了，聽得到鬼說話這事，她一個人都沒說。她說，六歲的她就知道，一旦開口和那聲音說話了，她會過上完全不一樣的生活。

她問我，有沒有發現，咱們這兒神婆很多，神女很少。偶爾有年紀小的神女，從她被認為是神女開始，就被供著。雖然咱們這兒和神親，但誰會娶一個神女當老婆啊？誰敢和一個神女睡一張床啊？大部分都是三四十歲才突然開始當神婆的。神婆說，那是因為，即使要當神媒，也要先把人間該有的好事都先經歷過，這才心甘情願。

神婆說，她那時候哪懂嫁人那事，就看著人家穿嫁衣的時候真好看，看見老人被自己的子孫簇擁著時笑得露出所剩不多的幾顆牙，覺得挺可愛。所以，她不能當神女。

出閣前，她就和咱們閩南海邊任何一個女孩子一樣，窩在家裡幫忙做家務、織網、學做衣服，以及見習所有侍奉祖先和神靈的儀式。從她稍微懂事，她阿母就和她嘮叨：「咱們這，女人嫁過去，不僅要接管一個家庭，可還要接管一個世界。除了看得見的家人，還有看不見的祖先和神靈。何況，看不見的還有自己家人的精神世界，那還得請祖宗和神靈幫忙。」

阿母還擔心她不信，講了許多故事。她當然相信了，但她依然乖巧地聽著。

她長大了，然後被安排相親了。她挑了其中一個男人，她嫁了，她懷孕了。她摸著自己的肚子，走在小鎮上，看到有小孩跟著一個女人去買菜，她知道，那是她五年後的生活；她看到有中年婦女在女兒出嫁那天哭得差點昏厥，她知道，那是她二十年後的生活；她看到有老婦人被媳婦咒罵，一個人窩在牆角嘮叨，像是對神明偷偷告狀，她想，好吧，這或許是她三十五年後的生活；她也看過已經癱在廳堂裡的老人，她想，那或許也是她的一生。

雖然很多人不甘願活成一樣的故事，但她從小就覺得，人生有確定的情節其實挺好的，不用另外找活法。相同的活法裡，還是有不同的滋味的。她覺得這樣就挺好。

這二三十年，唯一算得上出格的，就是她戒不掉偷聽鬼說話。她心裡難受的時候，就去聽鬼說話。

第一次聽到鬼說話後，她一度到哪兒都張著耳朵，卻發現，根本沒那麼多鬼。經過許多年的探索，她才大概知道了，就兩種地方鬼比較多。

一個是神靈送鬼魂們離開的據點——那是順順利利從人生畢業的鬼，像火車站一樣，每隔幾天大家等在那兒，等著一起離開。那個站點，經常幾天換一個地方。她偶爾撞上一次，感覺像中了獎，找個藉口掩飾，就窩在那邊，一聽大半天。

神明選擇的地點總是太隨意，一會兒在曬豆子的院子，一會兒在某戶人家的廚房，有時候還在某個廁所裡。有次她就在廁所裡撞上了。她假裝便祕，在裡面一直蹲著，聽鬼魂們嘮里嘮叨講人生的滋味，直到腳真的麻了，不得不起身。

走出廁所的時候，神婆認真地想：如果自己離開這世界前要到的最後一個地方是廁所，她還會來嗎？然後她再一想：對哦，鬼可能聞不到味道。

但她發現，神明選廁所的次數還真多。這讓她阿母一度以為她腸胃不好，每次一上廁所，總要上半個時辰。

另外的地方，更是分散且隨機的。那些被困住的鬼魂，死後就窩在生前最糾結的地方，不斷重複著自己最糾結的那個問題。

她最喜歡發現這樣的鬼魂，好像小時候去海灘上戳一個個沙洞，看冒出頭來的，是鰻魚還是螃蟹。

講到這裡的時候，神婆抬頭問我——當然塞了一顆瓜子：「妳家出門左轉第一家肉店妳知道吧？」

我點點頭。

神婆說：「那裡就有一個鬼。妳知道他不能離開的原因是什麼嗎？」

我當然不知道。我還是問：「所以妳能幫我阿母嗎？妳想幫我阿母嗎？」

神婆吐出瓜子殼，繼續說：「他就是生氣自己當夥計賣了一輩子肉，但一口牛肉也沒吃過。他老婆也不知道從哪兒聽來的說法，說佛教徒不能吃牛，吃了，就對自己小孩不好，所以他就一直忍著。但他聞著覺得太香了，在腦子裡，已經想像了無數次吃牛肉的樣子。終於到要死了，他鼓起勇氣哭著問自己老婆：『我能吃點牛肉了嗎？就一點點也可以。』畢竟是最後時刻，家人趕緊做了牛肉湯。剛餵進去一塊牛肉，還沒來得及嚼，他就死了。」她說，每次就聽那個鬼翻來覆去地講，那肉已經到嘴裡了，他剛要嚼，然後，他死了。又說，那湯汁已經到喉嚨口了，就要下肚了，然後，他死了。

說到這兒，神婆自己笑了。我沒笑，但她還是很嚴肅地對我說：「不可以笑。雖然許多人到死都不甘的事情，在別人聽來都那麼搞笑。」說完，自己還是忍不住笑了。

神婆說，其中她最願意去聽的，是蔡氏家廟斜對面那家打鍋的。這家一直住著一個鬼，是那個補鍋人的兒子。據說那打鍋人祖上是明朝的尚書，一家族的人逃避戰亂逃到這海角。整個家族南遷的時候可是有兩百號人，最終活下來的就他家。他娶了個妻子，但妻子難產走了，不過有了個兒子。他一看有讀書樣，好像看到自己祖宗的樣子，趕忙錦衣玉食加大棍棒子一起給，盯著他好好讀書。秀才早早考過了，但舉人就一直考不上。他兒子幾次想學打鍋，或者捕魚也好，打鍋人就是不允。然後有天他推開書房門，兒子懸梁了。

打鍋人憤憤不平，兒子的屍骨燒了，就埋在自家後院，依然覺得自己的兒子還在書房讀書。

神婆說，打鍋人沒說錯，他兒子確實一直在書房裡讀著書。她有段時間每天去打鍋人家裡報到，為的就是聽那鬼魂從四書讀到五經，從莊子讀到老子。打鍋人以為這個叫也好的小女孩喜歡看他打鐵，還好奇地問：「妳一個女孩子家怎麼對這個感興趣？」也好說：「很好聽啊。」

打鍋人不理解一個女孩子為什麼會喜歡聽打鐵聲，但他也不趕。他說，他家是不可能再出現女人了，這個叫也好的小女孩願意陪他，挺好。

說到這，神婆還補充了一下：「可惜我就只能聽鬼讀書，但沒有辦法學寫字。要不，說不定我現在也是讀書人了。」

神婆那天晚上和我講了許多鬼魂被困在人間的原因。她說：「妳看，這麼多人到死還過不去的坎，對我這個又老又臭的神婆，對妳這個又小又無知的孩子來說，是不是挺搞笑的？」

我不覺得搞笑，因為，我那時候心裡在想：我爺爺、我奶奶、我阿母的故事，包括我未來的一輩子，講出來，被另外的人聽了，會不會也挺搞笑的？

神婆說，她就這樣偷聽了幾十年鬼的故事，但從來沒和鬼開口說話。而她沒想到的是，第一個和自己說話的鬼，是自己的丈夫。

神婆說，她一直在想，自己是從什麼時候開始披上現在這身命運的。她把自己的記憶找了又找，後來覺得，或許是因為她生下了一個兒子。

她生下兒子那天，丈夫討小海回來，手上都是黏稠的海泥。他把手洗了又洗，這才敢抱，一抱，就不捨得放。她看著高興，然後就自己念叨了：「皮膚那麼白嫩，哪像以後要去海邊討生活的人？手指那麼長，明明是拿筆的手。」

她就隨口這麼一說，她丈夫先是很高興，說：「就是就是，咱兒子就是和咱們不一樣。」然後就突然不吭聲了。

過了一段時間，她丈夫和她公公一起來找她，說，他們決定要賭一次，討一次大海。他們說，南洋恰好有商人來訂了一批布料，他們算過，押運一趟往返，扣去租大船的費用，還能掙個幾百兩。「幾百兩什麼意思？」神婆說，當時她丈夫這麼問她。她還沒答，丈夫自己先答了：「咱們就可以算不那麼窮的人家。」

「不那麼窮的人家能幹麼？」也好問。

她丈夫回答：「可以把兒子送去學堂上學。」

「去學堂上學可以怎麼樣？」

丈夫回答：「就可以不用像我們一輩子浸在海水裡。」

丈夫還說：「其實咱們祖上原來也是個什麼大學士，逃到這來的。來到這裡後，咱們都被生活按在海水裡，都忘了咱們是誰。」

其實那神婆是不信的，因為家裡實在沒有什麼大學士的痕跡，但她丈夫信，她公公也信。

直到要出海的那天，也好才知道，這次討大海真是一場豪賭。上船的不僅有她丈夫和公公，還有她公公的兄弟以及兄弟的兒子。她算了算，夫家這邊，除了一個腿腳不便的堂哥，全家族都去了。

她其實心慌過，也動過念頭想攔，但她不知道用什麼方法可以攔得住。她是站在大普公廟旁邊的那塊崖石上，看一整個家族出海的。那神婆說，也是直到那天她才發現，原來入海口那塊大崖石上，立了高高低低一二十個人形的石頭。她以前沒注意，那天她看到了，才發現那些石頭真像一個個人。她當時還好奇地想靠近去看看，她婆婆趕緊喊住她：「離遠一點。那都是盼不回丈夫的女人化成的石頭，靠太近，晦氣。」

她一聽，嚇得趕緊跑。回來就趕緊不斷洗手，反覆回想，自己到底摸了沒有。

她丈夫說的，這一來一回，估計三年。但她的兒子會爬了，會走了，會咿咿呀呀地學說話了，她丈夫還沒回。

那些日子，她心慌了就去鎮上到處走，窩在不同地方聽不同的鬼自說自話。她是想過，說不定找鬼打聽，鬼能知道點什麼，但她還是沒問。

她想著，如果丈夫變成鬼了，他肯定會回家；回來肯定會難過地自說自話，她肯定會聽得到。

所以她不問。

三年過去了，無論以人的樣子，還是以鬼的樣子，丈夫都沒回來。

直到第五年吧，自己的兒子已經會跟在她屁股後面去買菜了。那天她剛買菜回家，就聽到有聲音在說著：「我不應該離開我妻兒的，我不應該離開的。」

她先是哭了，才想到要趕緊找，確定下眼睛會不會看得到。如果眼睛看得到，自己的丈夫就是活著的。

她循著那聲音，找到自己的房間，真真切切聽到那聲音在說話，但她沒看見人。她想，自己的丈夫會不會調皮，躲到床底下了。她趴下往床底看，沒有。她想，會不會躲到了衣櫃裡。兒子不知道為什麼在廳堂哭了，婆婆抱著他進來找也好，看她滿眼淚水，笑著問：「妳想妳丈夫、我兒子啦？」

也好搖頭。

婆婆想了想，突然也哭了：「難道他不在了？」

也好搖了搖頭。

丈夫的鬼魂回來整整一週，還不是神婆的也好，始終沒和她丈夫說話。這一週，她的丈夫一直重複著那句話。她就扛了三天，實在扛不住了，帶著被褥跑到廂房去睡。但那聲音太大了，一直在整座房子裡迴盪。她聽得實在難受，就背著自己的兒子到小鎮上去晃。

這小鎮，鋪天蓋地的有海浪聲、風聲和一個個人的聲音，以及——只有也好知道的

——一個個鬼魂重複的講述。她漫無目的地背著兒子，在小鎮走了一圈又一圈，直到晚上才回去。回到家，每聽自己丈夫講述一遍，心就擰一下。

婆婆覺得她是生病了，先請來了醫生。沒用。又請來了神婆。婆婆請來的神婆一走進屋子，一看到失魂一般的也好，氣呼呼地說：「閨女，妳都知道的。妳開口問吧！這是妳的命。」

神婆一分錢沒收就走了。婆婆陪著神婆出去，也好的兒子在睡覺。也好開口了。話還沒說出來，淚水先潺潺地流。

她終於說了：「我知道你死了。」

丈夫的鬼魂聽到也好的話，安靜了一下，估計是愣了，然後，就號哭起來。

在婆婆回來之前，也好已經大概知道了丈夫他們討大海的遭遇：本來一切都很順利，船快開進臺灣海峽的時候，其中一個族弟說，聽說臺灣的高雄那裡來了一些商人。那時候臺灣的高雄，很多外國商人，很多外國貨，但他們不知道的是，那邊也有倭寇。可能是買的東西太多了，大家吹噓的嗓門太大了，他們裝好貨品，準備第二天起航回家，結果當天晚上就被割喉了。讓神婆覺得憤怒的是，她丈夫已經當鬼了，還不知道到底是誰割了他們的喉。因為，那群倭寇都戴著鬼的面具，而且搶完就開著船走了。

「自己當了鬼竟然還是沒法知道仇人是誰，妳說鬼有多窩囊。」也好說到這個地方的時候，還是結結實實地生了氣，吐了口痰，才繼續往下說。

那丈夫的鬼魂，把故事從下午講到晚上。她做飯的時候，聽著；洗碗的時候，聽著；給婆婆打洗腳水的時候，聽著；哄兒子睡覺的時候，聽著。

聽到其他人都入睡了，自己丈夫的鬼魂也講完了。也好說：「我都知道了，那你走吧。」

丈夫的鬼魂說：「我不走。」然後，又繞回原來的那句：「我當時不應該離開我的妻兒的……」

神婆睡了一晚好覺，雖然迷迷糊糊中一直聽到丈夫的鬼魂重複講著那句話。她才知道，很多人的內心不怕苦難，怕的是不安定。

只不過，神婆剛睜開眼，聽到的還是丈夫的鬼魂重複講著那句話。雖然理解的——恰恰因為鬼魂什麼事情都幹不了，就只能說話，就如同老人很容易是話癆，也是這個道理——但她聽得頭實在疼。

她勸不動丈夫的鬼魂，但又無法讓自己聽不到鬼魂的聲音；那聲音，好像是長在自己的腦袋裡了。也不知道這樣的事情和誰說，又怎麼說得清楚。

這樣的生活太難受了，那鬼魂的話一直往她腦子裡鑽。她肉眼可見地消瘦下去。

她婆婆不知道發生了什麼，問也好，也好也不說。一天早上，也好剛起床，婆婆就拉著她到大普公廟來。婆婆說：「也好，和人不想說或者說不清楚的事，就和神明說。」

也好抬頭看著大普公。大普公的神像被塑造成眼睛睜得大大的雙眼皮，看上去一副熱情洋溢的樣子。

也好跪下來，閉上眼，雙手合十，小聲地問：「大普公您聽到嗎？」

沒有聲音回應。

也好又問了句：「這世界上都有鬼了，是不是應該要有神啊？」

沒有聲音回應。

也好挺失望的。她想，如果沒有神明幫忙，她如何和自己聽得到的丈夫鬼魂相處下去啊？但她還是站起身來，對自己婆婆笑著說：「我都和神說了。」

婆婆跟著鬆了一口氣，說：「知道咱們這兒為什麼要有神了吧？」也好點點頭。

和婆婆收拾好東西，就要往外走。有個氣喘吁吁的聲音追過來：「別走啊，我剛到。」

也好愣了，轉過身，看看大普公的神像，好像就是祂說的話。但那神像明明英俊挺拔，聲音聽上去卻像是個胖子，喘氣的聲音真重。也好猶豫著，仍跟著婆婆往外走，只聽那胖胖的聲音說：「妳就不能體諒下神嗎？妳就不能等一下嗎？」

神婆說到這兒，轉頭一直看著我，可能希望我問她。於是我問了：「妳後來看得到神嗎？祂到底胖不胖啊？」

神婆開心地趕緊回：「神如果顯像的時候我就看得到，但鬼已經沒有像了，所以我看不到。」然後說：「那大普公真是大胖子。祂當時託夢給那個造像師傅的時候，肯定不誠實了。」說完，自己捂著嘴嗤嗤地笑。

那個早上，婆婆帶著也好的兒子就在廟裡玩。兒子把石馬當馬騎，把神轎當轎子坐。而也好和大普公——她認識的第一個神明——說了一上午的話。

也好說，大普公講話時老愛挨人很近，或許是要表示親近。她挪旁邊一點，就感覺聲音也跟著過來一點。畢竟第一次認識，她也不敢太無禮，就摳著腳趾頭，硬著頭皮和神這麼聊下去了。

她問：「鬼的事情祢們神不管嗎？我丈夫都嘮叨這麼多天了，祢們神都沒有來管。」

大普公說：「我們管的地方太大，管的事太多了，顧不上。」

她問：「那我剛剛叫您那麼多次，怎麼也不回？」

大普公說：「我們管的地方太大，管的事太多了，顧不上。」

她問：「那現在怎麼辦？」

大普公說：「都知道了啊，自然會去處理。」

大普公還說：「所以以後妳在人間就多幫忙開導一下別人，別這麼折騰自己、折騰別人還折騰神。我們現在神明可真不夠。」

也好和婆婆、兒子一回到家，確實聽到，大普公正在和丈夫的鬼魂說話，苦口婆心地開導。也好心想：還以為是什麼神通，不還是勸嗎？唯一的區別，神明知道的事情多點，能舉的例子多些。那場開導，真是宏大的開導。一來，持續了三天三夜；二來，中間無論鬼還是神，真的一口氣都沒喘，也不用喝水潤潤嗓子。

丈夫的鬼魂，翻箱倒櫃講了自己的一輩子；而大普公，則詳細地介紹了神明的業務職責，以及看不見的世界的運行規則。

那場開導終於結束了。也好發自內心地感慨：「當神真不容易。」大普公得意地說：「這是我的工作風格。也有那種凶巴巴的，一見鬼就問服不服。還有那種出場要帶腰鼓隊的，真是鋪張浪費。」

開導結束後，自己丈夫的鬼魂也要跟大普公去廟裡待著。大普公這部分還是要求有儀式感的：所有他普渡的鬼魂都統一在他廟裡集中，七月底天門開，大家再一起騎馬升天或者入地。

丈夫的鬼魂來告別了。他說：「如果妳希望我走，我這輩子就陪妳們到這兒了啊。如果妳希望我留，我就留著等妳一起走。」

也好想了想，還是說：「你走吧。」她想，就當自己丈夫只是又去了趟遠航。但她也沒想到，自己說完，就難過到不行。

神婆說到這兒的時候，眼眶還是紅了，但瓜子繼續嗑著，藤搖椅繼續搖著。她吐了一片瓜子殼，憤憤不平道：「我怎麼知道，他從此真不來和我說話了。妳說氣人不？死也沒必要死得這麼乾乾淨淨吧。」

那時候我還小，分不出真假，神婆說著，我就聽著。

接下來的故事，神婆突然不想講了，或許是因為難過。

她就說，反正不知道怎麼的，好像小鎮上的鬼魂都知道她可以和他們說話，紛紛來她家找她。也好實在煩了，一次次跑去求神明趕緊帶走他們。有些神明來不及開導的，就讓也好幫著開導。也好因此太忙了，忙到沒法幹活，只好和自己的婆婆說了。

婆婆一聽，還挺開心，說：「鬼都知道妳都來找妳了，神都知道妳都讓妳幫忙了，那妳還不給人說？」

也好想了想，也對，但心還是突然一慌：「可是我也不確定我是真的聽到，還是只是我太難過了臆想的。」

婆婆說：「不管真的假的，能幫到人就是神了，管他呢。」

婆婆說完後，才反應過來：「對了，那我兒子、妳丈夫是不是死了？妳是不是和他說上話了？」

也好愣了一下，說：「我還沒和他說上話，我也不知道。」

也好的婆婆想了想：「這麼久應該死了。妳這神婆看來法力還不夠，要不，早和我兒子、妳丈夫說上話了。」

也好的婆婆又說：「我想了又想，我兒子應該死了。沒關係的，我死的時候就知道了。」

神婆的故事，還是太長了，不知不覺我就聽了一個晚上。

第一次熬通宵的人，看到天翻出濛濛的白，心還是會莫名一緊的。我趕緊站起身來，和神婆說：「我得走了。但我有最後一個問題：妳能幫我阿母嗎？妳想幫我阿母嗎？」

神婆吐了瓜子殼，說：「當然幫啊。我不幫，她死了還是會來找我。我還不如現在幫了。」

我覺得這個回答很誠懇。本來確實已經轉身要走了，又想到，其實還有個問題。於是我說：「我還有最後一個問題。」

神婆往嘴裡塞了粒瓜子，晃著腿，好像知道我要問什麼。

我還是問了：「妳說我無子無孫無兒送終，是真的還是假的？」

神婆吐出瓜子殼，咧嘴一笑：「妳都不信命了，幹麼問命的事情？」

我覺得好像有道理，便趕緊跑回家了，邊跑邊想著：是命不講道理，我幹麼要信？

本來想再多睡一會兒，但是我阿妹——你太姨——一大早就敲鑼打鼓般地在我耳邊哭。

我剛睜眼，還沒問，我妹先開口了：「阿母不見了。」

去廚房，廚房沒有人動過的痕跡；去阿母的房間，房間裡沒有人收拾的樣子；去大門，還好，門還是從裡面閂上的。阿母沒有出門。

我妹扯著嗓子在一個個角落喊阿母，沒有一個角落有回音，沒有一個房間有動靜。

我知道，我妹的眼睛不自覺老往天井中的水井方向飄，一抹紅從脖子根一直往上衝。

我可不信，但心裡還是會慌。我走近水井，探頭一看，沒有其他東西，還是安靜的一井水，一晃一晃，映著藍色的天。我還認真看了井裡映照出的天——其實本來又是好看的一天，但我阿母不見了。

阿母去哪兒了呢？我坐在天井的石階上，發著呆。我聽見各種鳥飛來，飛走。我數了數，應該有十幾種鳥。我突然想：為什麼我以前聽不到？我聞到空氣中，一陣陣，各種遊走的香味，我才發現，我家院子裡的桂花和一些我不知道名字的花開了。我突然想：為什麼我以前聞不到？我突然很感傷地想：這生活中應該有許多好的部分，但我以前為什麼不知道？而且，我的阿母不見了。

門響第一聲的時候，我沒意識過來；畢竟我家的門自己估計也不習慣有人敲。響第二聲的時候，我確定是我家的門了。但我還是納悶：這世界上，還有誰有任何理由，來敲我家的門？

我打開門了，是那神婆。

我看到她一邊的嘴巴腫了。我說：「怎麼啦？」她翻著委屈的白眼，說：「被打耳光啦。」然後壓低聲音說：「有些神當了神還沒肚量，開不了玩笑。」

我問：「哪尊神啊？」

她白了我一眼：「妳說呢？壞蛋。」

神婆直直往我家裡走，邊走邊說：「收拾下趕緊走。」

我問：「去哪兒？」

神婆已經走到廳堂了。她打量著木梁，說：「南洋來的？」打量著地磚，說：「德化的金磚？」然後她抬頭環顧廳堂，廳堂裡擺滿了阿母請回的祖宗們的骨灰盒和靈位。

她噗哧一笑：「妳阿母還真剛。」又說：「還真是想一齣是一齣。」

我說：「我阿母不見了。」

神婆邊繼續好奇地打量著，邊漫不經心地回覆：「她死不了的。她不敢死。」

我問：「那妳能幫我找到我阿母嗎？」

神婆說：「當然可以啊。」

說完，神婆抬頭對著廳堂頂上的閣樓喊：「不能生不能死，妳就在半空藏著啊？」

閣樓裡沒有動靜。

神婆繼續對著閣樓喊：「不知道怎麼往前，又沒辦法活到過去，就卡著啊？」

閣樓裡沒有動靜。

神婆嘆了口氣，突然無比溫柔地說：「哎呀，可憐的孩子。下來吧，我來幫妳。」

閣樓上，傳來哇的一聲。

很明顯，那是阿母的哭聲。

我阿母可能覺得自己的表現太丟人了，下來的時候先是扭扭捏捏磨磨蹭蹭的，然後又帶著莫名的怒氣，對著我說：「妳不懂得去做飯啊？都過時辰了。」

對我阿妹說：「我就休息一下，妳幹麼喊？」

對著那神婆說：「誰讓妳進來的？」

那神婆倒沒有生氣，笑嘻嘻轉過來指著我，說：「就她啊。」

然後用一種本來就約定好的口氣問：「怎麼還不趕緊走？」

阿母問：「去哪兒？」

神婆回：「去參加葬禮啊。」

神婆笑盈盈地走在前面，阿母跟在神婆後面，我跟在阿母後面，我妹跟在我後面。領頭的神婆走路柔柔軟軟的，原本張牙舞爪的阿母跟在後面老是覺得彆扭，邁著小碎步，幾次踩到神婆的腳後跟。神婆不耐煩地轉身瞪了瞪阿母，阿母則氣呼呼地懟：「會不會走路啊？」

鎮上的人沒有預料到會有這樣的組合，大家像看神明出巡一樣，一直盯著我們看。

阿母追上來問神婆：「為什麼要去參加葬禮？」

神婆說：「我很喜歡參加葬禮。」

阿母繼續問神婆：「為什麼喜歡參加葬禮？」

神婆從口袋裡掏出瓜子，塞進嘴裡，說：「聽聽別人一輩子的故事，儲存著，可以幫咱們自己過好這一輩子和下一輩子。」

阿母說：「胡說，這輩子怎麼記得上輩子的事情？」

神婆吐出瓜子殼，說：「妳是不是很多事情憑直覺就知道怎麼做？那就是上輩子學的。上輩子學到的東西都在的，只是妳不記得而已。」

神婆又往嘴裡送了一顆瓜子，說：「所以要多參加葬禮。」

爺爺去世的時候我太小，懂的不多；奶奶的葬禮很潦草，一不留神就結束了。所以那天參加的那個葬禮，我覺得挺新奇。

還沒走到，就遠遠看到立滿了密密麻麻紅紅火火的拱門，廳堂兩邊分別是一支西洋樂隊、一支南音團。西洋樂隊彈奏一曲，南音接著上；南音吟唱完，西洋樂隊接著上。旁邊的空地上，還有人在耍猴戲。那些猴如人一般，聽著指令、表演著踩高蹺等雜技，每表演完一個節目，就要繞場一圈，對著所有人一一作揖。

我問神婆：「怎麼熱鬧得像趕集？」

神婆回：「好死比活著舒服，那當然是要慶祝。」

再往裡走，就看到一堆穿著孝服的人，排隊排得很整齊。要說難過，排頭的那位，總是哭得聲嘶力竭，肝腸寸斷的；要說不難過，那便是，排頭的哭到一定時間，會戛然而止，收起哭腔，面無表情地走到隊伍後面，坐到地上，抖著腿，不耐煩地等著自己的下一次號哭。

我問神婆：「這又是為什麼？」

神婆回：「這是哭喪隊。咱們這裡，這個環節親人不能哭，要不，亡者的靈魂不捨得走；但又得有人哭，要不，亡者的靈魂會覺得在世的人無情。」

我問：「連難過都要這麼複雜？」

神婆回：「那可不？守靈的時候不能哭，要哭喪隊哭；出殯的時候不能哭，還要敲鑼打鼓，要讓人知道這是喜喪，亡者是幸福地死去的；要入土的那刻一定要號哭，讓亡者知道親人的情感；葬完之後親人們要拚命地慶祝，並且大喊：『發啦發啦！』意思是，亡者找到風水寶地，死得其所，會保佑整個家族興旺發達。」

我問神婆：「所以死到底是該開心還是不該開心？」

神婆不耐煩地回：「死和活一樣的，有開心也有不開心。」

神婆領著我們往裡走。西洋樂隊、南音團、耍猴的和死者的家屬都和神婆打招呼。

神婆找了個桌子，拉著阿母和我們坐下來。桌子上有瓜子，神婆一把一把往自己口袋裡裝，裝滿了自己的口袋，也不管我們願意不願意，就拿著瓜子往我阿母、我、我妹的口袋裡裝。

裝好了，剛好主持人一個起調，神婆蹺起二郎腿，抖著腳，掏出瓜子開始嗑。她像是突然意識到阿母的存在，轉過頭笑呵呵地說：「趕緊聽，趕緊聽，最重要的部分來了。」

那是念悼詞的環節。

在那戶人家的廳堂裡，中間是亡者的遺體，親屬們一排排跪在前面，西洋樂隊和南音團各自守著一邊。先是負責整場法事的師公搖著鈴，念念有詞，燒了張符紙，兩邊的音樂同時響起。然後一個披著紅大褂的老者走到跟前，大喊一聲：「尚饗。」

走出來的是亡者的兒子，他掏出一張紅紙，就跟著上面的文字讀：

「嗚呼哀哉，吾父張萬林，辛苦一生，勤懇為家⋯⋯」

那兒子念得磕磕碰碰，面無表情。神婆聽得皺眉，然後豎起耳朵，左右不知道探尋著什麼。

我小聲地問：「妳是在聽亡者來沒來？」

神婆瞪了我一眼，怪我打擾了她：「當然在啊，早早就蹲在棺材邊等著了，已經在發脾氣了，覺得自己的兒子情感不夠真摯，覺得自己這一生白瞎了。我在聽他罵人，可好玩了。」

那操辦法事的師公顯然也感受到了，小聲提醒著亡者的兒子：「你得帶感情啊。你得哭啊。」

那兒子冷了一下，愣在那許久，醞釀了一會兒。畢竟是面對自己父親的死亡，還是容易調動記憶的，眼淚成功地開始潺潺地流。邊流著淚，邊繼續念著：

「愛護家庭，關愛妻兒，熱心鄰里……」

師公還是不滿意，提醒道：「不是你自己哭啊，要哭給大家知道。」

兒子莫名怒了，流著淚，發著脾氣：「我不是要一邊哭一邊念嗎？怎麼還可以哭給大家聽啊？」

下面親屬裡有人也著急了，指責那兒子：「怎麼不可以？」然後站起身來：「聽聽啊。」然後就開始示範。

一發音，就帶著重重的哭腔：「愛護……嗚嗚……家庭……關愛……嗚嗚……妻兒。」

師公滿意地點頭，問那兒子：「懂了吧？」

此時，那兒子的情緒顯然憤怒占了絕大部分，他憋了哭腔，大聲地念了起來，但反而沒眼淚了。

「有進步啊，就這樣。」師公表示讚賞。

「不過，尾音的哭腔再出來一點。」師公偶爾還小聲提醒下。

悼詞念完，一堆亂七八糟的儀式行畢，然後就準備出殯了。

神婆挽著我阿母的手站起來，我和我阿妹也趕緊跟上。

神婆邊往外走，邊和我阿母咬耳朵：「聽出來了嗎？這亡者死得真好，我都不用操心。」

我阿母不理解，還有點生氣：「怎麼好了？悼詞裡不就生了，活了，生別人了，養活了，老了，然後自己死了嗎？」

神婆說：「妳聽出來了嗎？是不是死得理所當然？妳覺得生了容易？活了容易？生別人了容易？養活了容易？老了容易？這一道道關，說起來容易，哪道又真的容易？但他都沒被卡住，簡直是上好的死了。就像熟透了自然從樹上落下來的果子，都不用去掰。死的時候，世間和自己都沒有傷口，這還不好？」

阿母或許是沒聽明白，又或許聽明白了，所以不說話了。

神婆還在口沫橫飛：「妳看，妳不就過不去，硬是尋死，還敢小看人家。」

阿母生氣地甩開神婆挽著她的手，轉身就往家的方向走。我和我阿妹趕緊跟過去。

神婆也不勸，只是在後面像通告一樣喊著：「從明天開始來我家，來我這邊做幫手。」

阿母聽到了，沒回。

我趕緊回：「好的。」

第二天一早，阿母比往常的時間點早起了，然後不斷來我的房門口晃。我知道阿母在等我問，所以我問了：「咱們去神婆那裡做幫手好嗎？」

阿母假裝猶豫。

我說：「昨天咱們沒吵贏，今天去贏回來。」

阿母說：「好吧。」

到了神婆家門口，阿母站在門口猶豫了一下，最終人沒進門，聲音先嚷起來：「我來了。」

在那當作廚房的偏房裡，傳來神婆的聲音：「那進來啊，我地瓜粥剛煮好。」說著，那神婆就端著一個托盤出來了。四碗地瓜粥，一小碗當配菜的魚乾。

我阿母當時著實愣了一下。繼續很衝地說話也不是，馬上溫柔下來也不是，她猶豫了一會兒，最終還是進去，扭捏著坐下。

那神婆把一碗粥吹了再吹，吹到粥涼成了米糊的樣子，往我阿母面前一推。

我阿母想開口說什麼，神婆說：「先吃。」我阿母就沒吭聲了。

神婆一碗一碗地幫我們把粥吹涼，一碗碗擺在我們和自己面前。吹好了，那神婆自己吸溜了一口，說：「大早上就得吃粥。」

那一天，神婆沒有特意招呼我們什麼。

其實，她誰都沒有招待。

神婆這個職業還真閒。大部分時間，她就在院子中間那把藤搖椅上躺著，胸口捧著瓜子，嗑著瓜子，瞇著眼睛曬太陽。

是有許多人來。進來的時候，和她打下招呼，就各自去神殿點燃沉香。喃喃念叨了自己的苦難和煩心事，便安安靜靜地坐下。

他們中只有不多的人會擲筊或者求籤，一定要和神婆聊什麼的人就更少。好像從坐在這神殿裡開始，每個人都把自己內心的東西掏出來了，晾曬在神明面前，然後一切就好了。

這裡更像是鎮上的公共晾曬場。

那些鬱結的人，則會假裝若無其事地晃來晃去，終於晃到神婆面前，對著瞇眼曬太陽的神婆，問：「也好婆婆，在曬太陽啊？」

第一次叫的時候，神婆都要假裝沒聽到。有人因此就會怯怯弱弱又退回去了。我以為那是神婆偷懶。神婆後來解釋：「如果那人選擇把自己的問題吞回去，而不是叫我第二次，就證明，他的心力足夠解決自己的問題啊。」

那種會叫第二次的人，神婆就認定她必須很重視了。她會坐起來，雙手握著對方的手，問：「怎麼啦？」

然後那人無論年紀多大，被這麼一握，都會像小孩子那樣，直接一屁股坐在院子的臺階上。一坐下來，就開始講故事，講自己到目前為止的人生。

神婆聽故事的時候不嗑瓜子，但是會不斷地抖腳。

講的人生氣的時候，神婆跟著青筋暴脹；講的人難過的時候，神婆跟著眼眶紅；講的人笑的時候，神婆笑得比對方大聲。

講的人講完了，停下來，看著神婆。

神婆雙手重新握住對方的手，然後說：「我去打聽下啊。打聽好了我就告訴你。」有的人會問神婆能不能幫忙算算八字，或者卜個卦，又或者畫一張符紙。神婆總會說好。但她後來和我說，其實她哪懂，就只是胡亂對付一下，滿足一下對方的需要。

神婆不招呼我們，我們彆扭了一陣，就各自找活做。

阿母找了把竹椅，就坐在神婆旁邊。沒有人找神婆的時候，她就發呆；有人找的時候，她就托著下巴，認真地聽著。

我本來也是坐著的，但是實在覺得坐不下去，就拉著我妹到處找活幹。我後來掃過神殿，倒過香灰，給訪客倒過水，沖洗過庭院，甚至還擦洗過神婆臥室裡的夜壺，洗過庭院裡的廁所。我想著：神婆幫我阿母，我幫她幹活。這就很好。

但是一整天下來，除了中午和晚上要做飯的時候，神婆拉著我阿母，說要教我阿母下廚外，她什麼話都沒和我阿母說，什麼事情都沒為我阿母做。

我早上的時候想：或許下午神婆就要幫我阿母了。

我下午的時候想：或許晚上。

吃完晚飯後，我知道自己生氣了。我生氣地收拾餐桌以及洗碗，我生氣地給神婆清理瓜子殼。神婆也知道我生氣了，但她白了我一眼，什麼都沒說。

晚飯後，還零零星星來過幾個人。九點後，就幾乎沒有什麼人了。

神婆還是躺在院子裡的藤搖椅上，不催我們走，也沒讓我們留。

阿母還是坐在神婆旁邊，我妹睏了，窩在阿母身上。我倔強地站在神婆旁邊，一直盯著她。

還是我阿母先熬不住，說：「我們回去吧。」

我妹馬上活過來了，蹦蹦跳跳地衝在前面。我們要走的時候，神婆說：「明天記得來啊。」

阿母沒回。

我也沒回。

我原本以為我可以熬到第二天白天再質問神婆的，但我就是睡不著，還是趁著阿母和我妹睡著，又衝到神婆家。

神婆家依然沒有關門。

今天神殿裡沒有人。

神婆依然在院子裡嗑著瓜子，見我來了，依然說：「妳來了啊。」

我生氣了，跺著腳，手指著神婆：「妳這是在幫我阿母嗎？」

神婆好像很驚訝我會這麼問：「不是已經在幫了嗎？」

我兩眼盯著她，像隻準備朝人吠的狗。

神婆不耐煩地吐出瓜子殼：「我問妳，那些神明的籤詩寫的都是什麼？」

我想了一會兒，不確定地答：「故事？」

神婆繼續問：「妳去寺廟，那些廟公廟婆講解佛經的時候，用的是什麼？」

我不確定地回：「故事。」

神婆說：「這不就結了。我怎麼知道怎麼幫人活下來？我就知道，神明就是這麼幹的，我也就跟著這麼幹。去葬禮，聽一個人一輩子的故事；在這裡，聽每個人活著的故事。」

神婆特意頓了頓，口氣像個真的神婆一樣：「告訴妳一個祕密啊，雖然我已經認識了鬼和神，知道死完全沒有狗屁用，但好幾次，就是不想活了，就是挺想死的。有一次是我婆婆死了，我想，自己是不是乾脆也死了算了。有次是覺得我兒子長大了，我想，是不是乾脆死了算了。有次無緣無故的，覺得這生活無邊無際的，像海，不就是一個接一個的浪，是不是乾脆死了算了……那麼多次想死，我就是聽著一個又一個人的故事，這才活下來的。我也說不上，是誰的哪個故事，告訴我什麼道理，也說不出我感受到了什麼，但我就是這樣活下來的。然後我把我的故事，說給另外的人聽，把他的故事，說給別人聽，大家就都活下來了。」

我不知道怎麼回，就坐在神婆旁邊的石墩上。

神婆不嗑瓜子，也不抖腳了。她長長地伸了一下懶腰，說：「我有時候在想，說不定，人的靈魂就是這故事長出來的。人用了一輩子又一輩子，以這一身又一身皮囊，去裝這一個又一個故事。」

不知道為什麼，在那一刻，我好像看到許多人的歲月，像海一樣，朝我湧過來。

那神婆溫柔地看著我，說：「傻孩子，再告訴妳一個祕密啊。只要我們還活著，命運就得繼續，命運最終是贏不了我們的。它會讓妳難受，讓妳絕望，它會調皮搗蛋，甚至冷酷無情，但妳只要知道：只要妳不停，它就得繼續，它就奈何不了妳。所以妳難受的時候，只要看著——妳就看著——它還能折騰出什麼東西。久了，妳就知道，它終究像個孩子。或者，就是個孩子，是我們自己的孩子。我們的命運終究會由我們自己生下；我們終究是自己命運的母親。」

我也不知道自己為什麼難過起來了，很多問題想問，但是又好像沒有什麼問題可以問。然後那一刻，我突然明白也非常篤定，這個蔡也好就是咱們這小鎮最好的神婆了。

自此之後，每天早上阿母又如以往一樣，雞鳴就會起床；和往常不一樣的是，她會稍微認真收拾下自己和我們，才挽上籃子喚我們出門。

出門就是去那神婆家。

小鎮上有葬禮，神婆總會帶我們趕過去。其他時候，她就坐在院子裡的藤搖椅上嗑瓜子，等著間或有人來和她說故事。

她依然在聽完故事後，向別人承諾，打聽後會答覆的。

但她並沒能全部答覆。

她會解釋：「我去打聽了，沒打聽到。你可以去神殿裡再問問神明。」

我問過神婆：「我見妳除了葬禮哪兒都沒去，妳怎麼去打聽？」

神婆說：「鬼會來找我，神也會來找我，我不需要出門。」

我不信，繼續問：「妳都有鬼和神做情報員了，怎麼還這麼不神通？」

神婆瞪了我一眼：「海上多少條浪，每一刻做多少變換，誰有神通數得清？」

阿母依然每天坐在神婆旁邊，發呆或者托著下巴聽故事。

她廚藝越來越好，好像感覺還胖了點。我妹——你太姨——也跟著發胖了。

而我，不到一個月就對神婆家瞭若指掌了。

我特別喜歡待在神婆家。擦洗著每塊磚、每根柱子時，我心裡都在想：這要是我家該多好。

我在想，我喜歡這裡，或許是喜歡來這裡的人。每個人的眼神都是溫溫的，雖然帶點悲傷。

另外，這裡總是香香的。好的沉香，便宜的土香，熱熱鬧鬧的，感覺人在這裡待久了，都被這香味醃漬透了，每個毛孔都是香的。

我還經常願意躲在神殿裡，雖然沒有什麼心事可以攤開，但抬頭看這煙霧繚繞裡的一盞盞燈，想著：這應該有點類似希望的感覺吧！

當然，我還發現，神婆家裡有個男人的房間，掛著寶劍，桌頭還放著拳譜和畫本。

我問過神婆：「這是妳兒子的房間？」

神婆說：「是啊。」

我問：「他怎麼沒有回來？」

神婆說：「他去討大海了。」

我沒好再問，但神婆倒願意說：「他沒和我說為什麼，我也沒問。我想，或許他以為自己去討大海了，能在某個海面上突然看到自己的父親吧。」

我不知道要回什麼，隨便「哦」了一聲。神婆卻突然自己想到什麼，開心地笑起來：「要不，這次回來，我撮合妳和萬流吧。」

我臉一下子臊紅了。

神婆繼續說：「不然，誰能娶妳啊？」

日子久了，總會有一搭沒一搭地亂聊。

我阿母問：「人死後是去哪兒呢？」

神婆當時在曬太陽：「能去天上的已經去天上了，必須到地下去的也被拉去地下了。還在糾結的，就在這人間晃蕩著。」

我阿母問：「我死後去哪兒？」

神婆吐出瓜子殼，說：「那妳自己比我還知道。」

我阿母問：「妳怎麼知道別人的命運？」

神婆當時迷迷糊糊快睡著的樣子：「就是有時候我突然聽到一些人的一些消息，我也不知道是神還是鬼告訴我的，也不確定那聲音是從過去流過來的，還是從未來飛過來的。」

說完，神婆就打起了鼾。

有次我們四個人去鎮上參加了一個葬禮，是一個沒有屍體的葬禮。

有一個家族的男人一起遠航，已經七八年沒回來了。

那個家族還活著一個老祖母，七十多歲了——這在那時候已經算非常老了。她說她知道自己要走了，讓家族剩下的人把她抬到廳堂。她說，她看到自己的兩個兒子、五個孫子已經早早等在這兒準備接她，交代所有人趁著她的葬禮之前，先幫著把那些孩子的事辦了。

老祖母躺在廳堂裡，旁邊就在為她的孩子做法事。那神婆特意想去和老祖母說話，老祖母笑開已經沒有牙齒的嘴，在神婆開口前就一直擺手：「不要安慰我，不要。我很開心的。我們都順順利利地走了，完成了這輩子，挺好挺好。」

整個儀式期間，那個老祖母一直笑呵呵地看著。念完一個孩子的悼詞，那老祖母都要舉起手，豎一下大拇指。其他人難過了，想哭，老祖母說：「活著和死了的孩子你們都不哭，咱們都活得很好。」

孩子的儀式做完，那老祖母也不知道什麼時候已經走了。

回去的路上，我阿母說，那老祖母，死得真好。

神婆聽到了，開心地拍了拍阿母的背。我阿母嫌棄地把她推開。

走到一個路口，直走，就是那神婆的房子，右轉是通往入海口的那塊崖石。

阿母走到前面去，往右轉，大家也跟著往那塊崖石上走。走到崖石上，我阿母和我們說，她想起我爺爺給她講過的一件事，說想念誰的話，可以到這崖石上來，一直看著海面。誠心的話，可以在那一天看到海上漂來一座島，島上就是你想念的那個人。再睜眼仔細看，你會看到那島上有一座座房子、一條條街道，就是那人生前住的地方。

那神婆說：「妳說的那個不準，不是島。海上是有一隻隻巨龜，那些巨龜可以從陰間游到人間來。牠們會聽海上的聲音，聽到喊誰的名字，就會去那個世界，把那人的靈魂載過來一下。那些巨龜太大了，一隻就有我們一個鎮子大，上面還有山有樹有花有鳥的。牠們游的時候，頭和身體都在海面下，許多人就以為那是島了。」

阿母問神婆：「誰和妳說的？」

神婆回：「還用說嗎？大家都知道啊。」

我在一旁自己琢磨著：這會不會就是記憶？是太想念某人時，一直看著海面所看到的幻象。我就這麼想著，但我不想說出來；我覺得，大家那樣想，挺好的。我也願意那樣想。

和那神婆待久了，會感覺自己活在一個真真假假、相互錯落、辨認不清的世界裡，覺得我生活的小鎮，比我記憶中的大太多了——除了人間，還有天上、地下和海面，也比我記憶中的擁擠太多了——除了生生不息的人，還有，有些人看得見有些人看不見的神和鬼。

我也沒再去辨認那神婆講話的真與假，反正我只有十幾歲，神婆說著，我就聽著。我還要活這麼多年，有的是時間去驗證。但我想，其實幹麼去驗證？有這樣的世界，不也挺好的。

我阿母肉眼可見地胖了，我阿妹肉眼可見地胖了，看著她們發胖的軀體我就開心。我開心歲月開始溫和地往她們身上貼，而不是一刀刀往她們身體和心裡割了。我於是想，這樣的日子應該算好日子了吧。

楊萬流——神婆的兒子——回來的時候，我在沖洗廁所。出來時，聽到神婆和我阿母在那嘰嘰喳喳。

神婆得意洋洋地——當然還是嗑著瓜子——說：「我兒子挺俊吧？」

我阿母回：「是挺俊。」

神婆說：「最俊也就是這個年紀，他還不讓我多看幾眼。」

阿母突然間說：「妳現在可以幫我了吧？」

神婆警惕地問：「幫妳什麼啊？」

阿母說：「對鎮上的人說，我兩個女兒八字都很好啊。」

神婆吐出瓜子殼，咧嘴一笑：「現在還想去死嗎？」

阿母搖搖頭。

神婆繼續笑著：「但我不能說謊啊。」

阿母說：「那我女兒怎麼辦？」

神婆說：「妳看我兒子怎麼樣？」

我阿母還愣著，神婆已經繼續說：「反正我覺得我第一眼就喜歡屋樓。」

阿母還是愣著：「妳不是說她無子無孫無兒送終嗎？」

神婆吐出瓜子殼，說：「是啊，那又怎麼樣？」

阿母以為我沒聽到那天下午她們的對話，晚上回去的路上，邊走邊和我說：「妳知道咱們這兒，子女的婚事都要聽母親的吧？」

我不吭聲。

我妹問：「什麼是婚事？」

阿母和我都不吭聲。

回到家了，我一個人洗漱完趕緊回屋躺著。阿母突然開了門，就站在房門口說：「聽阿母的話好不好？」

我不知道自己為什麼哭了，還哭著回：「好的阿母。」

「真的嗎？」阿母開心地一蹦一跳走了。我是後來才知道，那晚上阿母翻找自己好看的衣裳，一直到凌晨。

我不知道那天晚上那神婆是怎麼和楊萬流說的。

第二天一早，阿母不急著出門了。她拿著一身好看的衣裳，一定要我穿上。阿母說，這是她結婚後纏著奶奶找人做的。她本來想，等生完兒子身材恢復後，穿出來給我阿爸看的。她說，她想著這樣我阿爸會更喜歡她；她想著，這樣我阿爸會更加覺得自己的生活很好。

她要我穿上那些衣服，但我不肯。我不肯，她就突然哭了。她哭了，我就趕緊穿上了。我穿上了，阿母瞇著眼往後退，讓我轉身給她看。看著看著，阿母又哭了。

阿母還在哭的時候，有人敲門了。

我要出去開門，阿母不讓。她讓我去房間裡待著，交代說，她叫了我再出來。

我聽到她走出去了。門開了，我聽到神婆的聲音，後面還有個介乎男孩與男人之間的聲音。那人的聲音客客氣氣的，拘謹得很。

我聽到他們一起走到廳堂來，我聽到我阿母疲憊又開心地說了句：「真好啊。」

然後便喊我出來了。

我當時是不知道要幹麼的，穿著那身衣服就如同穿著戲服，手足無措、踉踉蹌蹌地趕緊走出來。直到那時候我才發現，這麼多年來，我從來沒有和同齡人說過話。我有點慌張，臉紅通通的，一直低著頭。

我阿母說：「妳抬頭看看，抬頭看看。」

我一抬頭，看到那男人的臉。那男人眼光剛觸及我臉的時候，我看到他笑了，笑得和海上的月光一般。我也不自覺地笑了。

但笑著笑著，我突然有一種強烈的直覺，哇一聲哭了出來。

神婆笑了，趕緊走上來抱住我：「怎麼啦，怎麼啦？」

我問神婆：「我阿母是不是要走了？」

神婆哈哈大笑：「妳不想死了，對吧？」

神婆咧著嘴問我阿母。

就這樣，那神婆成了我婆婆蔡也好。神婆住的地方成了我後來生活了一輩子的地方，我現在躺著的藤搖椅，就是那神婆躺過的藤搖椅。那個說我無子無孫無兒送終的神婆，最終讓她兒子娶了我，而我最終竟然也願意嫁給她兒子。

我和楊萬流——你太公——結婚就定在見面那天的一週後。

結婚後我幾次問楊萬流：「你怎麼第一次見面就答應和我結婚了？」

楊萬流反問我：「那妳怎麼答應的？」

我說：「我是沒有人敢娶我。」

楊萬流說：「我是不能娶別人。知道我阿母怎麼和我說的嗎？她說，當阿母的就告訴你，你註定要娶這姑娘了。」

我笑了：「又搬出滿天神明來要脅你啊？」

楊萬流說：「這不，我都習慣了。小時候連我不吃地瓜，她都要威脅——神明會生氣的。」

我問：「那當時你怎麼回答？」

楊萬流說：「我娶回來不碰她可以嗎？不回家可以嗎？」

我不開心地看著楊萬流。楊萬流嬉皮笑臉地說：「我阿母當時把手往桌上一拍：『可以！你死在外面我都不管。』」

從第一次和楊萬流見面到結婚，就七天。我阿母真夠急的，我則完全是懵的。

我只記得，阿母那幾天讓我們把家裡的門緊緊閂上，然後指揮著我和我阿妹，跟著她一起搬出奶奶當年為她準備的嫁妝和衣服、家裡剩下的金銀細軟，一件件攤在庭院裡——哦，對，就和我現在一樣。

她和我現在一樣，把所有物件攤開，一件件仔仔細細地看。看著這個物件笑，看著那個物件哭，但這是哪個故事裡的物件她一句也沒說。

她就這樣邊笑邊哭，最終把所有物件整理出了兩堆。我阿母說：「這一堆是妳的，這堆是妳妹的。」

我妹——你太姨——當時還不懂事，畢竟才十二歲，開心地又蹦又跳，拿著玉鐲就往手上套，拿起衣服就往身上套。

我問了一句：「那阿母妳的呢？」

我阿母愣了一下，然後哈哈大笑：「我也是妳們的啊。」

我們這邊沒親戚，我婆婆——就是那個神婆——那邊也沒叫親戚（後來我想，可能是那次出航族親都死得差不多了），就楊萬流騎了一匹馬，來敲我家的門。

這馬胸前是別了朵花，楊萬流確實也穿上了大褂，但一人一馬，終究是安靜得有點寥落。

我阿母笑著說：「我嫁人的時候有海入贅，阿爸還是讓人抬了轎子，帶我去敲鑼打鼓地兜了一圈，又回到自己家裡。」

楊萬流嗤嗤地笑：「我可以帶屋樓去兜一圈的，邊兜我邊唱歌。」

我阿母說：「按照習俗我是要拿棍子敲轎子的，這樣女兒嫁了就不會退回來了。」

楊萬流嗤嗤地笑：「阿母您可以踢馬屁股。」

我阿母哭著說：「我不能讓我女兒這樣嫁了啊。」

楊萬流懵了，問：「那阿母您說怎麼辦？」

阿母揚了揚手，說：「人你就帶走吧。」

我也哭了啊，邊哭邊喊：「我嫁過去一下，待會兒就回來了。」

阿母邊哭邊推著我上了馬。

楊萬流是真高興，一路上大喊大叫地唱歌，說，這就是他給我請的鑼鼓隊。

我是哭了一路。說不上是因為難過、害怕、興奮還是慶幸，我就是哭著。

到了那神婆也就是我婆婆家，她做了一桌子菜，神殿的桌上也擺了一大桌菜。

但也就她一人等著。

她笑咪咪地把我扶下馬來，拉著我和楊萬流說：「你們就簡單點，抓緊拜一下天，拜一下我，拜一下彼此，就算成了。然後我去叫屋樓的阿母，回來咱們就趕緊吃飯，我餓極了。」

我當時急著回家，趕緊拉來楊萬流，隨便拜了拜就朝門外走。看楊萬流沒跟上，還困惑地問：「咱們不結完婚了嗎？我可以回家了嗎？」

那神婆——我婆婆——噗哧一聲真笑出口水來了：「結婚了，妳以後就和楊萬流住這兒了啊。」

「那我阿母呢？」

我婆婆說：「我想，這就叫她也搬過來住。」

那神婆剛要出門，我妹來了。她紮著辮子，蹦蹦跳跳的，頭上還插著花。

我婆婆問：「妳阿母呢？」

我妹回：「她說她祭拜下祖宗們就過來。」

我婆婆說：「那我去叫她。」

我婆婆說過的，她叫了我阿母就回來一起吃飯。

我婆婆腿腳很好的，我阿母腿腳很好的，她們走路都很快的。

我娘家到我婆家很近的，我用跑的，二十分鐘就能一個來回。

但是我婆婆去了半個小時還沒回來。我妹說：「我餓了，能先吃嗎？」楊萬流說：「說不定她們在講悄悄話。」

但是我婆婆去了一個小時了還沒回來。我妹說她吃飽了，睏了。楊萬流說：「那悄悄話真長。要不咱們也先吃？」

但是我婆婆去了兩個小時還沒回來。我妹在打呼。楊萬流說，聽我婆婆講過，新娘子嫁進來那天就出門，婚姻會出問題的。

但是婆婆去了快三個小時還沒回來。楊萬流說：「要不咱們去看看？」

結婚的衣服我們都沒換，騎的還是迎親時候的馬。我們穿過小鎮，街坊覺得很新奇，全都盯著看。我不知道明天會流傳什麼故事，我也不在意，我只想知道，我阿母和我婆婆怎麼了。

到我家了，門是開的，那神婆正坐在天井裡。

但我找不到我阿母。我問我婆婆：「我阿母呢？」

我婆婆說：「我剛走到的時候，看到她正背著最後一批祖宗牌位，往妳們房子後面的海邊走。」

我婆婆問她：「妳幹麼去啊？」阿母開心地和她說：「我要把所有祖宗的牌位都扔進海裡。」我婆婆問她：「妳為什麼扔海裡啊？」阿母開心地回她：「反正我阿爸當年燒的金銀夠多的，夠花了。」我婆婆笑她：「妳還這麼幼稚啊，妳還在生氣啊？」

我阿母說：「我氣啊，我是還在生氣啊。怎麼扔下我一個人，差點活不下來又死不了。」

我婆婆說：「妳阿母說完，就哇哇一直哭，我也不好攔。她往海邊走，我也跟著走。走到海邊，我還笑著說：『等妳吃飯，趕緊的。』妳阿母還回我：『好啊，我很快的啊。』

「妳家後面不是有一塊大礁石嗎？妳阿母抱著那幾個祖宗牌位，爬到礁石上。她看著海，看了一會兒，但海在漲潮啊，海風還很大，我催她趕緊下來。妳阿母說：『好啊。』然後她就把牌位往海裡一扔。然後，她就掉下去了。」

我婆婆說到這兒，停了。

我說：「為什麼掉下去啊？」

我婆婆很生氣的樣子，說：「我也不知道啊！她到底是跳下去的還是滑下去的啊？要是滑下去的，我他媽的和神明沒完。幹他媽的，世間都是這種爛故事，真是腦子被屎糊了。要是跳下去的，他媽的我和妳阿母一輩子沒完。她騙了我，她不相信我，她讓我難過了。」

說完，我婆婆嗚嗚地自己哭起來了。

我腦子裡突然噝的一聲，然後我看到了，看到阿母正浮游在水上，像隻小船。海浪推著她一晃一晃，就像有母親在推著自家孩子的搖籃。她好像很開心，雖然她的身體跌腫了，臉圓成一團。不知道為什麼，我也跟著笑，眼淚還一直流著。

我和阿母說：「妳不能這樣走啊。人要怎麼過自己的一生，我還不知道啊。妳是不懂，妳是沒有教我，妳至少得陪我啊。」

阿母沒有回答我。

我和阿母說：「妳是跳下去的還是滑下去的啊？要是跳下去的，我這輩子都不理妳了。」

阿母沒有回答我。

據萬流說，後來阿母的屍體是在我婆家那邊找到的。

萬流說：「妳看，她還想著要來一起吃飯的。」他是對著我們三個說的。

我婆婆——那神婆——不回話。她沒再難過，但整天氣呼呼的，扯著嗓子到處嚷：「妳阿母沒有來和我說清楚前，我不會給她操辦葬禮的。」說完了，還對著各個方向嚷著：「聽到沒有？趕緊來和我解釋清楚。」

我妹——你太姨——從早到晚地哭。她哭著說：「我無父無母了，我無父無母了。」

我不回話，也沒哭。我一直很憤怒，過一會兒就問一次我婆婆：「我阿母來和妳說話了嗎？」

神婆說沒有。

我問：「那妳能去找她嗎？」

神婆很生氣地說：「我找不到啊。」

過了一會兒，那神婆像想到了什麼，跳起來說：「人死後要倒著走，把自己踩過的所有腳印拾起來。咱們去堵妳阿母？」

我說：「好啊，堵住她。得問清楚才能讓她走。」

神婆讓我回想，如果把我阿母的人生路重走一遍，要怎麼走。

我說：「應該就是從這邊到我家，再到這邊，再到我家，再是我家我家我家，再是繞著海邊的廟，一座座廟，一圈兩圈三圈……」

神婆說：「明白了。妳阿母的一輩子就三個圈圈：妳家一個圈圈，海邊的廟一個圈圈，妳娘家到妳婆家一個圈圈。咱們總能繞著找到她的，就怕她不搭理我們。」

我問：「那怎麼辦？」

神婆說：「妳想想怎麼讓她開口。她開口了，我就能聽到。我聽到了，就能問她。我問她了，我就一定要問清楚。」

我們出發了。我走在前面，神婆在中間，我妹在後面跟著。我邊走邊想：我要說什麼才能讓阿母開口？

我們先是要從我婆家走到娘家。我邊走邊想：阿母在這條路上拾起一個個腳印時，會看到我跟在她後面的樣子嗎？自從我阿爸不在後，阿母就沒正面看過我。

於是我說：「阿母啊，如果妳在，趕緊多看看我的模樣。妳不要只帶著我小時候的樣子走。」

我們又繞著一座座神廟走。我邊走邊想：阿母進到這一座座廟裡去拾腳印，如果神明也在，她會像以前一樣罵神明，還是神明會罵她？

於是我說：「阿母啊，妳太得罪神明啦。妳下輩子、我這輩子還要靠祂們保佑的。

妳見到祂們了嗎？妳和祂們好好說話了嗎？」

我們走到我家裡，繞著我家前前後後地走。我邊走邊想：阿母走到這裡應該著急了吧。按她的性格，應該等不及要去見我爺爺奶奶，她的阿爸阿母啦。

我想著想著，想到，所以我憑什麼因為自己想要找阿母，就不讓她去找她阿母？我阿母只是個小女孩啊。

這樣想之後，我就不想堵住我阿母了。這樣想之後，我就站在我家的天井裡一直嚷：「阿母妳走吧，妳趕緊走吧！不要回答我，不要回答我婆婆，妳趕緊走吧。」

神婆不知道我心裡想的是什麼，但她看我哭了，用嫌棄的口氣，喃喃說著：「算了算了，走吧走吧！我不和妳嘔氣了，妳也別來找我了。」

要走回家的時候，又走到那個岔路口；直走，是我的新家——那神婆的家——右拐是入海口那塊崖石。

我走到我婆婆前面去，往右拐。我走到這入海口的崖石上，一直往海邊看。

我婆婆說：「妳想看到誰嗎？妳可以對著海喊名字。」

我還在哭，想著：我不能喊。就讓我阿母安心地走了吧。

我轉身要走，神婆卻突然興奮地叫我趕緊看，往海的深處看。

我看到了。我看到了一座巨大的島嶼，往我們的方向游過來。

我嚷著：「是阿母嗎？是妳嗎？」

那座巨大的島嶼像聽到我的聲音，游過來的速度更快了。

我哭著喊：「阿母是妳啊，真的是妳啊。」

然後我心慌地想：不行，我不能拖住我的阿母。我得讓我的阿母走，我得讓我的阿母趕緊去找她的阿爸阿母。

我哭著對那島嶼喊：「我不想妳了，妳趕緊走吧。我真的不想妳了，妳趕緊走吧。」

那島嶼停住了，像聽到我的話了，在猶豫著，在難過著。然後，一整座島，就突然完全消失了。

回來後，我婆婆關了三天家門。

她沒說為什麼。大家看門關著，自然就知道了，連敲門的人都沒有。

我婆婆還是躺在藤搖椅上，還是嗑著瓜子。一躺一整天，嘴裡喃喃有詞，一直嗑著瓜子。

我問楊萬流：「要不要去和她說說話？」

楊萬流說：「不用，應該是一堆鬼和一堆神輪流來安慰她。」

我說：「你怎麼知道？」

楊萬流說：「我奶奶去世的時候，她也這樣。」

阿母的葬禮最終還是我婆婆操辦的。邊操辦，邊咒罵著：「我就不應該給妳辦送行禮，我就不應該。」

說完，還是幹練地指揮著。

別人的葬禮會有一堆親戚守靈泡茶嗑瓜子，我阿母的葬禮也有了——都是神婆的信徒或者顧客們。

別人的葬禮會有西洋樂隊和南音團，我阿母的葬禮也有了。

別人的葬禮要遊街，遊完這個活了一輩子的地方，再送到海邊的墓地。我阿母的葬禮也有了。

我婆婆就是不安排念悼詞的環節。我妹問：「為什麼？」

我婆婆對我妹說：「我和妳姐還在生氣。」

但我婆婆還特意邀請來幾個讀過書的先生，穿著大褂、披著紅綢帶騎著馬，馬的頭上別著朱砂筆，走在阿母葬禮隊伍的前頭。

我問過婆婆，為什麼要做這樣的安排。我婆婆說：「筆能點開天地，為靈魂開路。

路開好了，她趕緊走吧。」

出了鎮子直直往海的方向走，便是我阿母最後的容身之所了。楊萬流已經讓人把墓地做好了，墓洞也挖好了。我偷偷瞄了一眼，黑不溜秋的，恍恍惚惚地看不到底，心裡咯噔咯噔跳。

我想著：阿母睡在裡面該多冷啊。

我問我婆婆：「我阿母來了嗎？」

我婆婆依然氣呼呼的：「我不知道，我不和她說話。」

第一鍬土撒進去的時候，我才想到，我忘記問我阿母那個問題了。我趕緊從我心窩窩處最深的那個口袋，掏出我畫的阿爸的畫像，打開了，對著躺在土裡的棺木裡的阿母悄聲問：「阿母啊，我阿爸是長這樣嗎？」

阿母當然沒有回答。

你太姨好像聽到了，激動地跑過來，想搶我那幅畫看。我也不知道自己為什麼，下意識把畫一揉，放嘴巴裡吞了下去。我妹拉著我捶打了許久。

阿母的葬禮一結束，我就突然莫名覺得自己的身體輕飄飄的。一整個隊伍往家的方向走著，我邊走邊想：因為我是無父無母的人了，所以我身體輕飄飄的。這樣一想，好像我是如何來到這世界的，甚至我整個人，都是不真實的了。

神婆可能知道我在想什麼，手把我挽得緊緊的。

神婆說：「我問過了，妳阿母只是滑下去的。」

我愣愣地看著神婆。

神婆點點頭：「真的。我問過很多神了，還和祂們吵架了。妳阿母死得很好。我還要求，妳阿母下次投胎，要有個好命運。」

我鼻子一直酸：「那妳為什麼還不和我阿母說話？」

神婆說：「嫌她沒用啊！這麼難看的命運壓上來，至少得打它幾拳頭吧。」

我眼眶一直紅：「怎麼打啊？」

神婆說：「以後我教妳。」

我好像心裡好受些了，轉念又問：「妳和神明說我阿母投胎的事情，算走後門嗎？」

神婆半仰著，得意洋洋地說：「不算，這是合理的賠償。」

送葬的人群都散去了，楊萬流在劈著柴火，我婆婆在熱騰騰地做飯，我妹哭著哭著就睡著了。

我看著楊萬流和我婆婆，突然想：我阿母對我真好。她在人生的最後時刻，把我和這世界上另外一個人綁上了重重的關係，要不然，我也要飄走了。

但是又突然一想：那我阿母是什麼時候解開綁在我身上的、她的繩子的啊？

對阿母的感激，讓我又嗚嗚地哭。

對阿母的氣惱，讓我又嗚嗚地哭。

我妹被吵醒了，幫我擦擦眼淚，說：「阿姐別怕，我在呢。」

對哦，我和你說過嗎？那天我把我阿爸的畫像吃進肚子裡後，我好像真的就此沒再想過我阿爸了。

後來到了我六十四歲、你太姨六十歲的那年，我和她就坐在這裡聽收音機；那時候咱們這還總能收到臺灣那邊的電臺。

說來奇怪，你太姨每天都想聽高甲戲的，那天不知道為什麼找了半天，找不到想聽的戲，就莫名轉到了一個新聞臺。那個新聞臺裡本來正在說著一隻母豬生了十二隻小豬的事情，你太姨邊聽邊傻笑，半躺在長椅上，吃著烤好的地瓜，樂滋滋地搖著腳。

新聞講得好好的，突然中間插播了一則新聞：企業家黃有海先生剛剛去世。

我一聽這名字愣了一下，轉頭看著你太姨，她也正驚奇地看著我。

電臺裡繼續說著：黃有海先生本來是大陸的，隨軍來到臺灣，做過……

雖然都六十歲的人了，你太姨跳起來就大喊大叫。

電臺還在說著：黃有海先生在世時經常說，他一直希望能回大陸，他在大陸有一個妻子和兩個女兒。

你太姨抱著收音機對著我喊：「這是咱阿爸吧？這是咱阿爸啊！」

我心裡等著，等電臺念出他妻子和女兒的名字，但電臺關於黃有海先生的報導就此結束了。接下去的那條新聞，是有頭鯨魚擱淺在海灘上。

那天下午，你太姨抱著收音機翻來覆去調各種臺，想再聽到關於黃有海的消息，但始終找不到。就像扔進海裡的石頭，看到了一點浪花，就再也找不到了。

我想，這會不會是我們兩個人的錯覺，又或者，是老天爺安慰我們，顯一下神蹟。折騰到晚上十一二點，你太姨像被人打了一頓一樣，最終放棄在電臺裡找阿爸的消息了。你太姨有氣無力地拉著我確認：「妳說那是咱們阿爸嗎？」

我說：「我不知道啊。」

你太姨說：「反正肯定是的。」

我說：「但是他死了。」

「沒關係，我有阿爸了就好。」你太姨說完，心滿意足睡覺去了。

對哦，我和你說過嗎？其實我阿母離世的那天，在送我阿母走的路上，我還是認真地再問了一次那神婆——也就是我婆婆：「我無子無孫無兒送終，是瞎說的還是千真萬確的？」

我婆婆沒有回頭看我，邊趕路邊說：「真的啊。」

「誰說的啊？」

我婆婆這個時候倒是轉過頭看我了：「我聽到了。」

我問：「那為什麼還讓楊萬流娶我？我無子無孫，你們家怎麼辦？妳以後死了，誰給妳祭祀啊？」

我婆婆突然轉身停住，說：「可憐的娃。我聽到的是，楊萬流會有子孫的，妳沒有……」

／／

我聽到這兒，一直不確定要不要抬頭看阿太。我擔心阿太會哭。我不知道怎麼面對老人的哭；我總覺得一旦老人開口哭，就是他們身上堆積的那些人生同時開口在哭。

阿太的人生到如今已經漫長又和緩了，像山間寧靜的河流。我要如何去安慰一條河流的哭泣？

我還在胡思亂想時，阿太用拐杖捅了捅我，說：「你能幫我抓下後背嗎？癢。」說完，她在躺椅上側躺起來，背對著我，臉朝著夕陽那邊。

我在幫她撓癢的時候，她竟然打起了盹，一呼一吸，聲音悠長。

阿太果然老了啊，身體像洩氣的氣球，已經萎縮成八九歲孩童的模樣。我甚至覺得，她這個時候更像是我的妹妹，甚至我的小孩。

我突然理解，為什麼阿太說她的阿母像她的小孩了。

我悄悄探出手，想去摸摸這個老小孩的頭，她卻突然醒了，伸了伸懶腰，打著哈欠，問：「我講到哪兒了？」

我不知道怎麼接。

「是講到我婆婆說我沒有子孫，楊萬流有，是吧？」

我點了點頭。

我阿太笑開了：「那神婆說得真準。」

回憶三

田裡花

想結果的花，都早早低頭

自從我阿母走後，我阿妹除了睡覺、上廁所，其他時間就一直盯著我看。我知道，她在擔心，我會不會在她一眨眼間，也像我阿母一樣，突然順水推舟地就死了。

之所以說我阿母的死是順水推舟，是因為在阿母走後，我也進入那種狀態了。然後我知道了：我阿母不是滑倒也不是跳下去的，就是在某一個時刻，心裡的某一個念頭——剛好可以這麼滑下去——她就在那一下，順水推舟讓自己走了。

我知道了：人心裡真的有一片海，一直在翻滾著。而自己的靈魂如果沒有一個重重的東西去壓住——類似於壓艙石的東西——只要某一刻某一個小小情緒的浪過來，靈魂就會被這麼打翻，沉入那海底去了。

阿妹看我的眼神告訴我，她知道阿母沒了之後，我心裡沒了壓艙石。

而從她看我的眼神，我也知道了：我阿母沒了之後，我是她唯一的壓艙石了。

我阿母剛走了三天，我阿妹就很認真地來和我說了：「阿姐，我想清楚了，妳必須趕緊生小孩。」

那時候我們還披麻戴孝，在阿母的靈前燒金紙。她一說，我就愣了。我生氣地白了她一眼，看了看阿母的棺材。我阿妹知道自己問得多麼不合時宜，但她還是著急到憋不住，追著問：「能答應我嗎？」問完，自己臉漲得通紅通紅，又要哭了。

我當時沒回她。

阿母的頭七剛過那天，阿妹起得特別早，一起床就來找我，一見我，就說：「阿姐，咱們送完阿母了，妳可以趕緊生了嗎？」

阿妹兩眼瞪得大大的，滿臉急迫的神色。我那時候正拿起拖把準備去拖地，隨口答應了一聲就想繼續忙。但阿妹覺得我這樣的回答不是從心裡出來的，她黏著我，非得讓我認真地回覆。

「妳說，生不生？」我阿妹問得很激動。

「我不管，反正妳得生。」阿妹根本不等我回答，就一字一頓用力地說著。說完，眼眶又紅了。

那段時間，她每天總要來見我好幾回，一見我，總先打量我的肚子，看有沒有動靜。每次看不出來動靜，還總要追著問：「妳到底有沒有在準備生啊？」

我被阿妹問得惱了，作勢要揍她。她是怕我的，被我一嚇就趕緊跑。過了幾個時辰，又來看看我的肚子，又來問一次。阿妹心裡認定了，只有當我肚子裡有個孩子，才如同一艘船有了壓艙石，不會被突然而來的命運亂流沖走。

其實我忘了自己是什麼時候想要孩子的。

到你這個年紀，應該也發現了吧。每個人心裡藏著的那片海，深得很。我們很多時候都不理解自己，更何況別人呢。許多事情往往過了很久，才在某一天恍然大悟：原來我當時是那樣想的啊。

我一開始想要有孩子，或許只是因為想和命運嘔嘔氣。

我當時確實嘔氣嘔得非常投入，經常一個人發呆，想著：有孩子後，我要在家門口，每見著一個人來，就以我的孩子為證明，和那個人說：「你看，哪有什麼註定的事情？別聽那神婆亂說。」

我還想：有孩子後，我無論坐著走著躺著都要昂著頭。那神婆說，這是我的命運；我不知道命在哪兒，怎麼給它看，那我就要無時無刻不趾高氣揚地活給命看。

那段時間我其實偷偷怪過阿母的。本來咱們這兒，老祖宗準備了一整套「為了祖宗們得好好活下去」的說法，但偏偏我阿母，把所有祖宗沉海底了。我不需要為過去活了，就只能為將來而活。但那時的人們，特別是女人，腦子裡哪有像你們現在的人那麼多的詞語，什麼理想啊，責任啊，自我啊，使命啊……關於將來，我只知道這麼一個詞語：孩子。

那年，我十六歲。

十六歲在你們這個時代很大了，該長出來的都長出來了，但在我們那時候，十六歲的男女，都還是孩子。

我們那個時候，人發育晚，但偏偏結婚都早。現在想來，發明這個方法的老祖宗，是精心準備了一個善良的活法：搶在心裡那些亂七八糟的東西長出來之前，就先讓人結婚了。就像，先給你安排答案了，再給你題目。等你的心裡開始長東西了，或許會躁動，但看著答案都有了，只要答案錯得不是太離譜，猶豫著，日子已經過下去了。

你們就不一樣了。

現在的人發育早、結婚晚，問題都先攤開在面前了，非得回答了，才能安心結婚。結婚後也還要看著冒出來的一個個問題，一路過五關斬六將地過下去。

你外婆以前和我著急過你阿母，你阿母前幾天還和我著急過你。我和你外婆說的話，就是我和你阿母說的話。

我說，孩子們不知道，我可知道：「妳們當時的活法，生活可沒拋出那麼多問題給妳們。現在的活法，非得往每個人心裡挖啊挖啊，非得挖出藏著的所有問題。這些問題，真需要整個世界、幾代人一起想方法。一個孩子現在回答不出來，也沒什麼好大驚小怪的。」

你阿母——我外孫女——還不認我說的，問我：「總不能就這樣讓孩子沒頭沒腦地去撞吧？」

我問她：「要不還能怎麼樣？」

我說：「如果這一輩子就能活明白所有問題中的道理，那下輩子就沒必要投胎了。活完這輩子，就趕緊申請當神仙去吧。」

我是活到這個年紀，才能說出一套一套來的。那時候的我，比你外婆、你阿母和現在的你笨多了。那時候的我，不僅不知道將來是什麼，不知道人為什麼要結婚，還不知道，到底怎樣才能有孩子。

但當時的我沒有阿母了，又不懂和鬼神說話。我阿妹還那麼小，而那神婆一口咬定我沒有孩子。我想來想去，只好晚上睡覺的時候偷偷問楊萬流。

我開口問楊萬流，說：「你懂嗎？」

就這麼一句，沒有前言沒有後語，楊萬流馬上說：「我好像懂。」

楊萬流還說：「要不我試試？」

然後他就要靠近我。他一靠近我，我就慌，一慌我就一下子把他踢下床了。

第二天，我婆婆看到楊萬流頭上有個小包。她笑嘻嘻的，什麼都沒說，但那表情又好像亂七八糟說了一堆。

但她最終沒說，所以我最終也就什麼都不能和她解釋了。

我們那時候，都是結婚後才開始認識自己的丈夫的；丈夫也一樣，是結婚後才認識自己的妻子的。

因為是結婚後才認識的，我們認識起來就比你們現在快多了。三個月不到吧，我覺得我認識楊萬流了。我知道，雖然楊萬流的母親是神婆，但並沒有讓他的人生和這個小鎮上的人有多麼不同。畢竟在咱們這地方，神婆就和炒菜的、捕魚的、殺豬的差不多。我知道，自己父親死了這件事，在楊萬流心裡刻下了什麼，所以他長大了幹的第一件事情就是去討大海。他應該已經把自己的父親討回來了，要不，他怎麼可能一回來就覺得自己可以成家？

然後，我還因此清晰地知道了，楊萬流肯定很想要孩子，而且最好是兒子。

其實楊萬流的想法藏都藏不住。偶爾我倆一起出門，他的眼睛只要看到孩子就挪不開。我想，或許，他想照顧小時候的那個自己；或許，他想代替並幫助自己的父親，當一回好父親；又或許，兩者都是。

我估計，楊萬流也是沒幾個月就認識我了。所以，他會突然沒頭沒腦地對我說：「妳記得啊，妳現在可是有親人的，妳不是一個人的。妳記得啊，夫妻可能都是上輩子、上上輩子就認識的，說不定我認識妳的時間比妳阿母還長。」

我知道，楊萬流知道當時的我心裡沒有壓艙石，他想成為我心裡的壓艙石，他擔心自己留在我心裡的分量還不夠，所以他想到另外一個方法：讓我趕緊有個孩子。

所以，楊萬流也老盯著我的肚子看。

每晚睡覺前，楊萬流總會突然坐起來，盯著我的肚子琢磨，後來甚至還要上手摸一下。每天早上醒來第一件事情——我還沒起床，他就開始找我的肚子。和我阿妹不一樣，他不會問什麼，但他這樣又盯又摸的，讓我的臉一直燒。

後來我們熟悉了，熟悉了我就可以動手了。只要發現他盯著看準備動手，我就踢他，我一踢他，他就躲，笑嘻嘻地跑開。他跑開後，我才趕緊自己偷偷感覺下，肚子裡有沒有什麼變化。

可惜你不是女人，你不知道那種感覺。那種感覺，真有意思。

每次我在感受肚子的時候，總覺得自己像潛進大海深處找鮑魚，所有細微的感受像海水一下把我包裹住了。我拚命地往下游，往下游，游到最底處、最細膩處，翻找一個個感官是否發生了某個細微的變化。

有件事情我以前對誰都沒說，現在我要走了，我可以說了——我其實曾經找到過。這件事情，我在心裡翻來覆去琢磨了整整八十三年了。我想，其他問題我可以不問，就這事，我死後肯定要找神明問清楚的。

那是我們結婚第三個月吧，雖然肚子沒有變化，但我感覺到了。說不上具體哪個位置，但我確定，自己肚子裡好像有什麼了。

緊接著，月事確實沒來了，確實會偶爾想嘔吐了，甚至，開始真切地感受到，肚子裡隱隱有動靜了。那種動靜非常奇妙，好像你身體的某部分有了自己的意識，好像你要重新長出個自己了。那時候，我特別喜歡把手放在肚子上，拚命感受自己身體內部那微小的動靜，那種似乎從海底深處傳來的輕微波動。我還記得那種感覺，我想，或許樹枝抽芽也就是這樣的吧。

我猶豫過要不要和阿妹說，讓她不要這麼盯著我；我猶豫過要不要和楊萬流說，讓他不要每天逮著機會就偷摸我的肚子。但我最終沒說。

因為，我想著，就這樣說了該多沒意思。我就讓這肚子長，長到大家一看就清楚了，我還偏不開口。我就等，等著誰來開口問。我還特別希望，先看出來的是我婆婆，也就是那個神婆。當她開口問了，我就要昂著頭，盯著她，笑嘻嘻地問：「是誰說我沒孩子的？是誰呢？」

這樣想之後，我一天一天過得焦急又開心，天不亮就起，盯著東邊看，看到太陽出來了，我開心地喊一聲：「太陽你出來了啊！」然後看看自己的肚子。傍晚估摸下時間，盯著西邊看，看到太陽灑出一堆紅霞，我開心地喊：「太陽你回去了啊！」然後看看自己的肚子。

那段時間，我還在心裡反覆排練我婆婆問我時的場景，每想一次我就樂一次。

我就這樣開心了一個多月吧，然後有次我肚子疼，很平常的那種肚子疼。我想，應該是中午吃壞了肚子，就去了趟廁所。我蹲著的時候，還在算著孩子生下的時間，然後聽到撲通一聲，什麼東西掉下了糞坑，然後我看到自己下面全部是血。

我是不疼了，但我懵了。我不確定發生了什麼，只是知道，肚子好像一下子空了。

後來我月事又來了，後來又不想嘔吐了，後來肚子沒有動靜了。

有很長一段時間，我反覆琢磨，此前是不是自己的錯覺。但我摸著自己的肚子，確實記得肚子裡傳來的那種動靜。我恍恍惚惚的特別難過，但最終什麼也不能和別人說。

我想著：如果這只是一場錯覺，說出去太丟人；如果是被命運拿掉了孩子，那我更不能說——不能讓誰知道，我又被命運揍了一拳。

這種不能說也說不出的難過，會在心裡發膿。我胸口一直悶悶的，有種東西梗著，而且越來越大。

梗著的這個東西，我最終是哭出來的。肚子空了一週後吧，我突然夢到我阿母——那可是她走之後我第一次夢見她。

在夢裡我遠遠地看到她，趕緊向她跑過去。邊跑我邊想：我可有太多事情想問我阿母了。我可有太多事情想和阿母說了。我想問她怎麼樣了？幹麼去了？見著爺爺奶奶了沒有？祖宗們怪她嗎？我得和她說我好像有過了，又好像沒有了。我擔心自己不能再有，但我又不能和其他人說……

但我在夢裡太難過了，一難過就說不出話。我不想在阿母面前哭，所以咬著嘴唇。咬著嘴唇，就更說不出話。

在夢裡，阿母一開始只是看著我，見我一直說不出話，我阿母開口了：「哎呀，我得去投胎了。」

我點點頭。

阿母說：「我一直在等妳生下我呢。」

我哭著點點頭。

阿母問：「妳到底能不能把我生下來啊？」

我來不及回話，就哭醒了。

我醒來時，楊萬流出去挑水了，我婆婆在院子裡嗑瓜子了。想著沒有人看到我哭，於是就多哭會兒，邊哭邊想：我得抓緊時間生下我的阿母。

我阿妹什麼都不知道，她就是每天來看看我的肚子，甚至到後來，一見我就發脾氣，說：「妳怎麼還不生啊？妳是不是故意不生？」

她邊說邊跺腳，跺完腳，又快哭了。她不知道我發生了什麼，不知道我有多難過。我生氣了，大聲地凶她：「要不妳來幫我生啊！」她也生氣了，說：「好啊，我幫妳生！」一氣呼呼地轉頭就走。

楊萬流也什麼都不知道，他就每天偷摸我的肚子。楊萬流摸來摸去，肯定摸不出什麼。他以為，那裡面什麼都沒發生。我看他一臉失落的表情，卻不能和他說肚子裡發生過什麼。

楊萬流始終沒開口問我，他就是焦躁地在家裡走來走去；後來，就到街上走來走去；再後來，每天早上肚子摸不到變化，他就趕緊往外跑。從早上跑到晚上，中午飯都沒回來吃，但晚上一定回來，一回來就又不死心地盯著我的肚子看。

我不想楊萬流盯著我的肚子看，所以我問楊萬流：「你幹麼去了？」

楊萬流說：「我乾等著難受，想著，先為孩子討生活去。」

我說：「但我們又沒孩子。」

楊萬流說：「我們就要有了啊。」

我不想說我肚子裡有過的變化，所以我只能推給那神婆：「你阿母說我無子無孫啊。」

楊萬流氣沖沖地回：「她就瞎說。」末了，還憤憤不平又加了一句：「她要那麼神，怎麼不見她把咱們的日子安排得好些啊？」

楊萬流一直在構造一種生活，一種他想像得到的最好的生活。我知道的，那種生活裡，有他、有我、有那神婆，還有我們的孩子。

那段時間，他嘗試的可夠多的：他和別人去討過小海，跟著一天的起早貪黑，才知道，那海還是摳摳搜搜的。起早貪黑就那點口糧，他覺得不夠，不夠養他想像中的很多個小孩。

他挨家挨戶找認識、不認識的人，都去問過，看誰有興趣和他一起，去接那些想把貨物運出去的單，再到這裡來僱想討大海的人。是有幾個人有興趣，但有人問：「如果沉船了怎麼辦，咱們是不是要養那家人一輩子？」他覺得不行。他可不能把一丁點風險留給自己的孩子。

他還試過，像我爺爺一樣研究胭脂，但是他看了半天，就是分不清胭紅和脂紅有什麼區別。楊萬流一直在找，不討大海——他不想和他父親一樣離開孩子——但想賺到和討大海一樣多的錢。

後來，他說他找到了。不討小海，也不討大海，就在小海出去一點、接近大海的地方，圈著一片海，在裡面養那種討小海討不到的魚。

他找到這個方法的那天，對著我的肚子得意洋洋地說了半天，說完，仰著頭得意地說：「放心，你阿爸都準備好了，你們慢慢來。」

我默默地用被子把我的肚子蓋上。我知道，沒有「你們」，也沒有誰來。

楊萬流那邊感覺一天比一天紅火，我的肚子依然沒有變化。每天醒來我就看著自己的肚子發呆。

我最終決定去找神婆。

我家的神婆一口咬定我無子無孫，我只好偷偷去找另外的神婆。當時比較出名的，還有西村口那個神婆。一進門，我就覺得，這神婆明顯講究多了。各種經幡、大香圈掛在頂上，她自己兩腳盤著坐在中間。我想和那神婆說話，神婆說：「妳和神說，神會告訴我的。眼睛連睜都不睜一下。」

我問：「怎麼說？」

神婆不耐煩地說：「燒香不會啊？」

燒完香，我問：「然後呢？」

神婆繼續盤坐著，說等著。

我等啊等啊，看著大盤香一點一點地燃。我比劃了它燃燒的長度，又算了剛剛過去的時間；我估計，那大盤香應該可以燃燒一個月。

我又等啊等啊，想著：再等下去，楊萬流回來就找不到我了。我正猶豫要不要走，那神婆開口了：

「神說了，眾生皆苦，萬物皆虛妄。」

我想著：這神婆說話，可比我婆婆花俏。

我問：「我記得神明不這麼說話啊。」

神婆應該是被激怒了，眼珠子動了一下，估計本來想抬眼瞪我，又懶得瞪我，最終還是閉著眼。然後她就說了：「就是，努力了就可能會有。」

屁話。我心裡想著。

我離開神婆那兒，想著：果然還是我家那個神婆靠譜，沒有本事的人才淨整這種花俏玩意兒。關於命運，其實她什麼都不懂。

然後想：我還不如自己去問神。

我邊想著，邊往第一座廟的方向走。我一抬頭，看到——這條路不就是我阿母以前每天帶著我去和神明吵架的路嗎？我眼睛裡浮上了一層水霧。在那層水霧裡，我看到了，我阿母就走在前面。我趕緊跟著往前跑，邊跑，眼淚邊撲簌簌地一顆顆往下掉。但我不想去擦眼睛；我擔心一擦，就看不到我阿母了。

我知道，我又想我阿母了。我得趕緊生下她。

我一座座寺廟問卜過去，用了十幾天吧。本來是奔著孩子去的，但是我每進一座廟，就會看到阿母在這廟裡過去的影子，我就趕緊在記憶裡不斷翻找，這樣，我就能找到我阿母再多點。我每進一座廟，抬頭一看那神明的塑像，老覺得，祂們就是我娘家親人了。我會忍不住和祂們絮叨，說阿母不在後我過的日子，說我現在過得很好，但又不知道怎麼過下去。最後我才會問：「我會不會有孩子啊？」

我一抬頭，神明們仍是那樣慈悲的眼神。

夫人媽廟抽到的是第十四籤，說的是薛仁貴從西涼逃回中原的故事。

我問廟婆：「這個故事和我會不會有孩子有什麼關係？」

那廟婆說：「這個故事意思是，妳的孩子會從很遠的地方逃到這裡來。」

關帝廟抽到的是，姜子牙釣魚。

我問廟公：「那他最終釣到了嗎？」

廟公說：「釣到了，只不過不是真的魚，是另外一種魚。」

就沒有一尊神很篤定地和我說，一定有，或者一定沒有。

我想：或許命從來就不是由祂們負責和我解說的；或許祂們就是負責這樣慈悲地看著我。

我還是去看了鎮上的郎中。

那時候，郎中不像現在分這麼細，男的女的老的少的，人的貓狗豬羊的，反正什麼都能看。我記得有個郎中，叫青山。他一見我走進去，就盯著我屁股和肚子看。我一坐下，還沒開口說看什麼病，他就說：「妳不好生養吧？」當時看病的人多，他這麼一說，大家就都盯著我的屁股和肚子看。我生氣地說：「你都還沒看。」那個郎中面無表情地說：「一看就知道。」

回來的路上我自己琢磨：是不是那神婆根本沒用什麼神通，看我的屁股和肚子就知道我很難有小孩？然後我想：如果是這樣，那神婆心真大。然後又想：如果是這樣，那神婆可是真疼我。

這樣想以後，我就覺得鼻酸。所以我更應該生下孩子。

吃了兩三個月青山郎中的藥，仍是沒有動靜。我又換了一個郎中，又沒有動靜，又換了一個郎中……最後，我腦子一熱，一天喝三個郎中的三服藥。我想：總該有一服藥成吧？還是沒有動靜。我把每個郎中的藥都加量，嘔著氣想：我就不信治不了自己。

我估計，我婆婆、楊萬流和我妹都知道我在幹麼了。

其他可以瞞著，這煎藥的動靜和味道可太大了。

我這輩子搞不清楚許多問題，其中一個就是中藥。郎中看病時比我婆婆還神神叨叨，開出的藥方，那是一味比一味新奇。我在想，每個郎中肯定都熟讀什麼《山海經》，因為他們開藥，比的就是想像力。

找藥的過程更是艱辛，而且要醫治的病越厲害，那藥材的獲得就越離奇。郎中們開出那張奇異的藥方後，總會先沉默著，到你真的著急了，才告訴你，其實在哪條路走幾步、哪個方向、哪棵長了多少個果子的樹下，哪家人有哪味藥，還交代「別問他藥材從哪兒來」——每次去看郎中，我都覺得像聽了段戲。

不過，我後來想：是不是尋找藥的過程，也是如同神婆尋找神明的過程啊？是不是尋藥的過程，也本就是那治療的過程啊？這麼想之後，也就沒情緒了。

畢竟，我是神婆的兒媳婦，還有什麼不能理解的呢？

但我還是容忍不了煎藥的部分。那些味道在整個房子裡敲鑼打鼓，到處和所有人說：有人要吃藥啦，有人覺得自己有病啦！

楊萬流不回來吃午飯的。我婆婆吃完午飯就要在院子裡打盹。我妹妹無論早飯、午飯還是晚飯，吃完總要睡一覺；她說她還是小孩子，長身體。

所以我選擇在午飯後煎藥。

我一般把藥材藏在灶臺旁的柴火堆裡。一吃完午飯，我收拾好東西，就躲進廚房裡，把毛巾沾濕了，堵住向著院子的所有門窗，只開著朝向外面巷子的那個窗。煎好藥，喝完，就趕緊用水沖洗乾淨所有廚具，拿著蒲扇拚命把味道搧到外面巷子裡去。

但其實每次走出來，我總會突然在哪個地方嗅到，有一縷藥味偷偷跑出來，爬到了房間裡、神殿裡、過道裡。那些藥味，真像不省心的淘氣孩子，但你指著它們罵，也沒什麼用。

雖然喝得艱難，但我還是一直喝著藥。不是覺得有效，只是覺得不喝，心就躁。一度我都懷疑，那些藥，其實是給我安神的，而不是助孕的。

那段時間，我阿妹好像也因此知道些什麼了。她還是每天來看，但是隔得遠遠的，然後看一下，就難過得哭一下。

那段時間，楊萬流更少開口問我了，也逐漸不怎麼盯著我的肚子看了。他好像也知道什麼了。

所有人都不會說的，但所有人都因此卡著難受。所以，我知道，只有我自己開口。

大概是結婚後的第四年吧，有一天，楊萬流一回來，我就拉著他說：「我覺得我不會有孩子了。你說怎麼辦？」

楊萬流說：「誰說的？我不信。」

我說：「我很確定了，我一定不會有孩子了。」

楊萬流難過地說：「反正我不信。」

那天晚上，我不知道楊萬流有沒有睡著，我沒問他。那天晚上，反正我是沒怎麼睡著，楊萬流也沒問我。

自那之後，我們沒怎麼說話了。倒不是他對我不好了，只是，我們一說話，總覺得要聊到孩子，而這個問題，我們又都不知道怎麼聊。這個問題像座會長大的山，隔在我們中間。我發現，我們越來越不好和對方說話了，能說的也越來越局限於明確的短問題。比如，「吃飯了？」比如，「出門啊？」往往用一個詞語就能回答。

就像在山兩邊的人，只能應答些簡單的詞語。

就這樣持續了幾個月。

有一天吃晚飯的時候，楊萬流說：「歪頭黃在問我要不要一起去討趟大海。」

楊萬流說完，我妹急了：「那可不行，我阿姐還沒生孩子。」

楊萬流說完，神婆不開心了：「都有妻子了，討大海幹麼去？」

楊萬流說：「他記得的，他上次去馬來西亞的一個地方，那個地方有一座廟，求子特別靈。」

神婆說：「騙人的。我和神那麼要好，我會不知道？」

楊萬流說：「他還記得，那廟裡說是有祕方，吃了保有。」

神婆不屑地擺手。

楊萬流說，他還想，即使找不到，這次出海賺的錢，就可以帶我去大地方的醫院看看，比如廈門甚至廣州。

我知道的，楊萬流沒法讓自己待在絕望中，但他又不想丟掉我。他在想辦法。

這樣一想，我知道了，楊萬流真是個好人；這樣一想，我覺得楊萬流一定得有小孩。他們還在爭論著，我想了想，還是開口了：「楊萬流要不你再娶一個吧？是不是再娶一個就可以不討大海了？」

我忘了我們當時是什麼時代，但我記得，那個時候，男人是可以娶多個老婆的。

我阿妹一聽，哇哇叫嚷著：「那可不行，我不同意。憑什麼啊？」我剛想和我阿妹解釋，神婆說：「那可不行。那妳這輩子怎麼辦啊？」我剛想和我婆婆解釋，楊萬流說：「那可不行。我命裡就一個老婆。」

我聽楊萬流這麼說，更覺得，這麼好的人，就是非得再娶一個老婆。所以我說：「我不管，你就得再娶一個老婆。」

我婆婆很生氣，站起來，說：「那我也不管了。」說完就氣呼呼走了。

第二天，楊萬流一起床就出門去了，他去和要一起討大海的人籌備出海的事情。

第二天，我一起床，就硬拉著我婆婆說：「走，去找媒人去。我婆婆抓著藤椅，鐵青著臉，怎麼拉都不去。」我妹很生我的氣，一看到我轉頭就走。

楊萬流那邊好像進展得很順利。我不知道，我也不問。

我這邊進展得很不順利。一來是那神婆放話出去，說，哪個媒婆敢接這事，她就讓神鬼都去找那人算帳；再來，那些媒婆以及那些想成婚的人覺得，自己婆婆和丈夫反對，一個妻子還堅持給丈夫找新老婆，肯定有問題。我無論說什麼，她們一句都不信。何況，楊萬流家裡畢竟也不是什麼大戶人家。「除非妳當妾，讓別人來當妻。」我想了想，說可以啊，結果那媒婆反而不吭聲了。

楊萬流準備了兩個月，才準備好起航。

那兩個月裡，家裡頓頓都是各種魚。楊萬流那些試驗用的海魚，就這麼一條條撈起來煮了吃。

各種魚長的各種樣子，我婆婆都認識。用我婆婆的說法，在咱們這兒，人生幾乎就是由魚構成的。比如週歲那天，一定要吃血鰻。這種鰻魚就像一條活著的血管，小孩吃了，像是從海裡輸了一次血，就可以穩穩地走路了。比如成年那天要吃彈跳魚，這樣人生自然能屈能伸韌勁十足。

我婆婆吃得很開心，邊吃邊解說。我阿妹吃得很開心，邊吃邊說真好吃。

我知道，吃掉的是楊萬流本來要和我過的日子，所以我一口都不吃。

楊萬流終於還是要走了。走的前一天晚上，楊萬流說：「妳等著，我很快回來。」

我不搭理他。

楊萬流走的那天早上，他收拾好東西，說：「我走了。」

我不搭理他。

他要走出房門了，我突然想到一個辦法，趕緊追過去說了一句：「要不你就在馬來西亞找一個生了吧。」

楊萬流突然就氣了，一句話都不回我，轉頭就走了。

那神婆和你太姨去送他了。她們回來說，楊萬流站在船頭一直在找我，沒找到我，就一直落淚。你太姨還說，楊萬流一落淚，就被旁邊的人取笑。楊萬流揍了取笑他的人，還把那些取笑他的人都揍哭了。

我不搭理她們。

楊萬流走的那個晚上，我又夢到我阿母了。

夢裡我阿母很著急地說：「我等不了了。妳生不下我了，我沒法等妳了。」

我阿母還在解釋什麼，我在夢裡氣到轉頭就跑。但醒來後，我難過極了。我想著：阿母又不是故意不要我的，我怎麼能讓她這麼難過地去投胎？然後又想趕緊睡著，想再去夢裡找我阿母。我越著急，越睡不著。折騰到早上天矇矇亮，我睡著了，但是，我再也沒夢到我阿母了。

我知道的，我阿母投胎走了。

那天我睡到太陽曬屁股才醒來，一睜眼，就看到我阿妹正坐在旁邊，一直看著我。

我阿妹說：「阿姐妳哭了。」

我說：「我沒有。」我覺得在阿妹面前哭丟人，所以我不能承認。

我阿妹說：「我哭了一個晚上，也想了一個晚上，我覺得沒有辦法，現在只能是我儘快嫁人了。」

其實我根本沒有明白阿妹這句話的意思：為什麼我一難過，她就得嫁人？阿妹沒再和我解釋什麼，感覺她只是來告知我一聲，而不是讓我去幫她操辦的。她向我宣布，她準備今天開始就行動了。

我生氣地說：「哪有姑娘家的婚事，自己拋頭露臉去談的？」

我阿妹說：「誰說不可以？」

我阿妹的確馬上行動了。她找那神婆，正式向她宣布自己必須在一個月內嫁人。

我婆婆問她：「怎麼嫁？」

我阿妹說：「所以妳得好好配合。」
我婆婆說：「怎麼配合？」
我阿妹說：「妳必須見人就說，我八字好，好生養，還必須幫我到處打聽人選。」
我婆婆說：「那可不行，妳八字算不上好，我和妳阿母說過的。」
我妹說：「那妳就說：『她要嫁人了，她很好。』別人問妳什麼好，妳不答，妳就笑。」
我婆婆聽了，笑開了，問：「這樣都行？」
我阿妹看到了，說：「對對對，就這麼笑。」
我阿妹那幾天把自己打扮得非常好；也是那幾天我才發現，原來我阿母給我的幾件嫁衣，都讓她偷拿過去了。
一天天的，她換好衣裳了，就守在家門口，見人就笑容滿面地打招呼。
此前哪有人在神婆這兒受到這待遇，有人總要誇：「這麼好的姑娘，怎麼以前沒看到啊？」有人還問了：「妳婚事定了嗎？」
我妹就等這一句。她回答得很大聲：「還沒。這不，還在找嘛！」
說完，就一直轉過頭來，對在一旁的神婆使眼色。
神婆乜著眼，看上去很不情願，但話倒是說了：「她要嫁人了，她很好。」

旁邊又有人說：「這不，看著就很好，還命好。」

神婆張了張口想糾正，我阿妹直直盯著她，神婆最終還是微笑了一下。

我覺得實在丟人，幾次想攔住我阿妹。阿妹倒一副越戰越勇的樣子，繞過我，就往人堆裡扎。她一往人堆裡扎了，我就不好罵她——要是我一罵，所有人都會知道她這麼恨嫁，估計她就真嫁不出去了。

我也真是佩服我阿妹，過幾天，有人來打聽她的八字了。咱們這兒，男女對看前，都要先把雙方的八字對一下，合適再安排，省得看上了八字不合，白浪費感情還多生波折。又過幾天，甚至有人直接領著人來家裡對看了。我阿妹沒像我阿母躲在閣樓裡，到時間了，人家來了，她沒和我婆婆說，也沒和我說，就自己出去和對方聊。我幾次作為家長想去把關，她一看我來了，就和我說：「別來了，別來了。是我嫁人，又不是妳嫁人。」

我聽得臉一紅，氣到轉身就走。

終於，那一天，我阿妹送完人跑來和我說：「這不，找到了。」

我愣了一下，有點懵。

我阿妹以為我沒聽清楚，又說了一句：「我找到可以嫁的人了。」

我當時不知道為什麼，哇一聲就哭了。

邊哭還邊罵：「妳也不要我了。」

我沒想到自己會這麼難過。我把自己關在房間裡，滿腦子一直想的是：阿母不要我了，楊萬流不要我了，我阿妹也不要我了。這樣一想，我就難過。

我婆婆來敲過幾次門，我不開；我阿妹來門外哭過，我也不開。然後，她們好像就一起不管我了。我悄悄打開一點窗戶，聽到她們還是在商量我阿妹出嫁的事情。

這樣的難過，讓我沒有當好一個盡責的阿姐。阿妹要嫁的人，我本應該去多方打聽的，但我被氣憤和難過架在那兒，雖然還會在人多的時候湊過去聽聽，看能不能恰好聽到什麼，但就是問不出口。而這種被動聽來的消息，還真是不全：只知道那人叫王雙喜，家裡原來是討小海的，臉蛋長得不錯，就是身體弱，瘦得像猴，為人也像猴，挺機靈的，總是竄來竄去。

這樣的資訊太不夠，我終於忍不住開口問那神婆了。

我裝作一點都不在意，剛好掃地掃到那神婆旁邊。神婆還是在那藤搖椅上嗑著瓜子曬太陽。我問：「所以妳幫忙問過神明了嗎？他們合適嗎？」

神婆歪著頭，好像沒聽清楚一樣：「妳在說誰啊？」說完，就嗤嗤地笑。

我知道那神婆又要壞了，眼光看著一邊，假裝若無其事：「就那個王雙喜。」

神婆說：「哦，他啊，沒有人讓我問神明，我幹麼問？」

我被氣到了，氣呼呼地拿著掃帚就要走。那神婆在我後面追著喊：「要不要我去問問？」

我頭都不回，說：「不用。」

王雙喜就此每天都來。

我看著他就難受，問他：「來幹麼？」

他說：「沒事沒事。」

我說：「你沒事幹，就不用總來。」

他說：「我就想娶妳阿妹。」

我一下子像被什麼卡住喉嚨了。

王雙喜來了，我阿妹就老是想黏著他。

我覺得太丟臉了；都沒成親，怎麼能當著神殿裡那麼多人的面膩在一起？我故意不斷派各種活給我阿妹，我阿妹知道我在幹麼，一副「我什麼都知道」的樣子對我笑了一下，開開心心去忙了。

王雙喜在家門口一坐就是一天。我從窗戶探頭看，他竟然搬來板凳，蹺著二郎腿，邊等邊唱歌。

我在這頭的窗戶邊生氣，我妹在另外一頭的窗戶邊笑。笑聲被我聽到了，我生氣地罵我妹：「妳笑什麼！」我妹臉通紅通紅的，跑回自己房間，把門關上了。

有一天，王雙喜居然沒有來。我左等右等，等不來，心裡莫名地慌張。我還探出頭去找了找，沒看到王雙喜。回來的時候，我看到我妹對我嗤嗤地笑。

我問：「妳笑什麼？」

我妹不回我，轉身又回自己房間關上了門。

我後來懊惱了很長時間，當時怎麼沒察覺，半夜那個奇怪的貓叫，肯定是有問題的。但我只是奇怪了一下，就又睡著了。

再後來就意識到出問題了。我妹突然主動來找我。

她還沒進門臉就通紅通紅。我心一下子慌了，我知道發生什麼了。

我妹說：「姐，我真想嫁人。」

我問：「妳晚上給他偷偷開房門了？」

我妹點點頭，說：「我必須趕緊嫁人，趕緊生孩子。」

我還是不理解我阿妹的話，心裡悶疼悶疼的，但我知道，她必須嫁人。所以我最終只是說：「明白了。」

我阿妹要嫁人了。我不理解，為什麼在我生不出孩子後、在楊萬流走後，我阿妹覺得自己必須趕緊嫁人了。

第二天我早早地出門了。要出門時，我覺得我得帶點東西，摸來摸去，還是拎了一把砍柴的刀，一個一個人打聽，打聽到王雙喜家裡。王雙喜正要來我家，看到我來了，滿臉堆笑對我說：「阿姐妳來了。」

我沒回，舉著砍柴刀對王雙喜說：「你得對我阿妹好。對她不好，我跟你拚命的。」王雙喜正要回答些什麼，我也不聽了，拿著柴刀，路邊恰好有棵樹，我往樹上一劈，劈下了幾根樹枝。我惡狠狠地說：「記住了？」然後轉身就跑。

當天早上，王雙喜就又來我家了。看我在神殿，他就跟來神殿；看我轉身走去庭院，他跟著去庭院。我乾脆躲進廁所，他就守在廁所外。我在廁所裡，假裝自己便祕，然後抬頭看著天，想著：那天神婆被我堵在廁所裡，我問過她，神明會不會看到我們光著屁股，她說會。

我蹲在廁所裡想：每天祂們看到這麼多人在難過，為什麼不做點什麼？這麼一想，又抬頭看了看，向天空揮了揮手，但我終究還是看不到神明。

從廁所出來我就被王雙喜堵上。王雙喜說：「我看了個日子，初五和妳阿妹結婚好不好？」

我說：「好。」說完我就走回自己的房間，關上了門。

我聽到我妹跑過去找王雙喜了，我聽到他們好像在談笑著。一會兒聲音不在了，我出門來看，王雙喜不在，我阿妹不在。我一個人走去阿妹的房間；她房間裡收拾得真乾淨，所有的衣服全部拿出來，一件件疊好了。

我一個人坐在我妹的房間發著呆。發了一會兒呆，又去自己的房間翻找，把當時阿母給我的東西全部找出來，一件件收拾好，一件件往阿妹房間搬。

我本來已經把自己關在房間，以免我阿妹回來，拉住我要和我說話，但想了想，我不能一件阿母的東西都不留啊。我趕緊開了門，跑去阿妹的房間，拿了一件阿母的衣服，就往回跑。

到了很晚，阿妹才回來。我聽到阿妹推開門，走進家，走到自己房間，點上燈，她看到了，然後安靜了許久。過了一會兒，我聽到阿妹向我的房間走來。走到房門口了，阿妹果然又哭了。阿妹說：「姐，我不嫁了。」

我沒回。

阿妹說：「姐，我不想嫁了。」

我說：「妳現在必須得嫁了。」

那天，王雙喜是將近十一點才來的。

我躲在窗戶邊看，他帶了花轎來，我想：挺好，比我當時好。他也帶了南音團來，我想：挺好，比我當時好。

我提前和婆婆說了，就說我生病了，而且我也不懂，就不出去了。那神婆知道，她說就她來弄。

我看到我阿妹哭了，我看到我婆婆勸我阿妹了，我看到我阿妹哭著勸王雙喜了，我看到王雙喜背著我阿妹出來，我看到我阿妹要上花轎了，我看到她一直往我房間的窗戶這邊望。

我躲得很好，她看不見。

我聽到她一直喊：「阿姐，阿姐，我走了啊。」

我一開始不想回，等到她轎子走了，我想回她，但喊不出聲。我知道我一直在哭。我阿妹也離開我了。除了那神婆，我沒有親人了。

我心裡空落落的。然後我想：其實還挺好的。或許我就是晦氣，阿妹最好就此和我斷了聯繫。

阿妹第二天來返親，我房門還是關著。後來我阿妹來探親，我遠遠看到了，就趕緊回房間關上門。後來阿妹來得越來越少了。我心想：這不挺好的？雖然是這麼想著，但心裡就是難受。

我其實一直想數數楊萬流走多久了，但每次想數的時候，我就故意打斷自己；我可不想也成為入海口崖石上的望夫石。丟人丟到底了，幾百年一直立在那兒，被人知道她們一直在盼著自己丈夫回來。我和她們不一樣，是我讓丈夫去的。

我其實也一直想數，我阿妹多久沒來探親了，但我也故意打斷自己。第一週沒來，我是心裡空了一下；第二週沒來，又空了一下，再一下……再後來，我心裡突然變得很安寧，估計已經空成一片湖了。湖裡的水，就是我反覆告訴自己的話：這不就是遂妳所願嗎？

我忘記過了多久，至少過了一個春夏秋冬了。那天記得我在發呆，然後聽到門口傳來一個小孩的聲音。那小孩在哭著，還邊哭邊喊：「小姨，小姨。」

我當時覺得奇怪，心裡想：怎麼有人讓小孩哭成那樣？我抬頭往外望，那時候是大中午，太陽曬得馬路明晃晃的，我就看到一個女人，推著一個小孩往我家的方向來。

那小孩應該是剛學會走路，走得一蹦一蹦的；那小孩應該是剛學會說話，重複地說著兩個詞語：「小姨」和「阿母」。

我一開始沒認出推孩子的女人是誰，只看到那孩子邊往我的方向走，邊喊一聲阿母，然後又哭著回頭，喊一聲小姨。

我揉了揉眼睛——怎麼那女人好像是我阿妹？但她胖了一圈，而且老了許多。那女人也看到我了，突然間開心地笑了起來，然後又哭了起來，抱起前面的孩子，直直往我這邊來了。

她一笑，我認出來了，是我阿妹；她一哭，我更確定了，她是我阿妹。

我阿妹抱著孩子走到我面前，又哭又笑，然後催著自己懷裡的孩子，說：「叫啊，泥丸叫阿母啊。」

那小孩緊張地看著我阿妹，哭著喊：「小姨，小姨。」

我愣住了，說：「寶寶好。那是你阿母，我是你大姨。」

那寶寶困惑地看著我。我阿妹說：「趕緊叫阿母。」

我明白了，我太生氣了，我哭著大罵我阿妹：「別亂說，妳別亂教孩子。」

那寶寶此時卻突然對我喊了聲：「阿母。」

我阿妹開心地一直哭一直笑，我生氣地一直哭。

我阿妹得意地仰著頭說：「我厲害吧！楊萬流一走我就想到這個方法。我阿姐有孩子了。」

說完像小時候那樣，哇哇地大哭起來了。

「阿母走的時候，我好怕妳也走了。楊萬流走的時候，我好怕妳也走了。所以我只有這個辦法了，我只有這個辦法了……」

那天晚上，阿妹說她不回去了。她說，從生完孩子，她開始教孩子喊自己小姨，王雙喜就明白了，就開始和她吵架。她說，今天她要來的時候，王雙喜和她拉扯上了，還惡狠狠地說，走了就不要回去。

「所以我就不回去了。」我阿妹大聲地宣布，好像她宣布了就有效了，就像她以前一樣。

人好玩的一點是，只要有人記住你曾經是什麼樣的，你在那個人面前就會又活成什麼樣。

我反覆打量阿妹，她身上有許多以前沒有的東西——她真是個母親，那看著孩子慈愛的眼神，是以前我沒見過的；那一手抓著孩子的腿、一手換尿布那個麻利勁，我以前也沒見過；她也真是個妻子，雖然還是梳麻花辮，挑起水來的那股力氣比我還利索，切菜削地瓜，啪啪啪的，眼睛都不用看那把刀。

我看著那些多出來的動作，想著阿妹離開我的那些時間，她過的是怎樣的生活。我想著：我家阿妹真的長大了。然後我叫了一聲：「阿妹啊。」我阿妹一轉頭，笑開了小時候的樣子，又一蹦一跳地跑過來：「幹麼啊？」

我阿妹，還是我阿妹。

阿妹不回去，王雙喜只能來了。王雙喜是下午來的，還是瘦瘦白白、扭扭捏捏的。一個男人生氣成這個樣子，我覺得其實還挺可愛的。

他氣呼呼地對我阿妹說：「蔡屋閣妳趕緊回去。」

我阿妹甩過頭，自己抱著孩子，跑回她原來的屋子去了。

我看到王雙喜眼眶都紅了，我說：「雙喜別急，我來勸。」

王雙喜抬頭看我的那一眼，我覺得他委屈得像女婿看到了丈母娘。

然後我想：對啊，我應該就得是他的丈母娘了。

孩子玩了一會兒就睡著了。我把阿妹和雙喜叫到一起來說。

那神婆覺得有戲可以看，搬了小板凳趕緊坐到我旁邊來。

雙喜先說，阿妹一成婚就急著要小孩，像完成任務一樣。他當時是覺得奇怪，但心裡想：一個女人能折騰到哪兒去，還能翻天了？結果孩子還吃著奶，她就整天抱著孩子說：「寶寶，我是小姨。你長大點我帶你找你阿母。」他知道了，這個女人可真翻天了。他聽到生氣極了，問：「那我是孩子的誰？」我阿妹乜著眼，看著他說：「小姨夫或者不認識的人，你自己選一個。」

「這不欺負人嗎？」雙喜眼淚就含在眼眶裡。我阿妹不吭聲，眼睛死死盯住他。

雙喜瞄了瞄我阿妹，又說：「阿姐，如果妳真想要孩子，我們第二個給妳好不好？我也是第一次當父親，而且還是兒子，我捨不下泥丸啊。」雙喜說完，委屈得趴在我腿上，真的哭了。

我知道了，他真是把我當丈母娘，當阿母了。

我阿妹說：「不行，必須是這個孩子。我怎麼知道我還能不能生第二個孩子？而且我也不一定再和你生孩子啊。」

雙喜一聽，哭得更難過了。

我趕緊說：「我不要孩子的。我不喜歡孩子。」

我婆婆故意挑事，說：「胡說。妳以為我不知道妳整天吃藥，還偷偷跑去其他神婆那兒啊？」

我說：「要不你們第二個孩子再給我，第一個你們自己留著。」

雙喜很開心地馬上答應。我阿妹斜著頭，歪著嘴，說：「我不幹。生孩子太疼了，我不生了。」

我很認真地說：「妳都為了我和人結婚了，還不能為了我生第二個孩子啊？」

「我還不是擔心妳不想活了啊。」阿妹本來說這話時還是那種不正經的口氣，卻突然一哽：「我是想，妳生不出孩子了怎麼活下去啊？我是想，妳死了我就沒親人了。」說完，我妹突然哇一聲，又哭了。

我笑著說：「阿妹妳真蠢。」說完我也哭了。

阿妹哭著說：「妳也沒聰明到哪兒去。」說完，阿妹繼續哭。

他們終於還是回去了。我妹氣呼呼地走在前面，王雙喜小心翼翼地抱著孩子追在後面。孩子要回去的時候，突然對著我喊了聲：「阿母。」

那小孩子奶聲奶氣喊阿母的聲音，真好聽。好聽到，我鼻子又酸了。

阿妹回去後，我這才想到，楊萬流已經離開兩年了。楊萬流還沒回來，他應該不要我了。

我又想：確實是我讓他另外再找個妻子的。楊萬流果然很聽我的話。

有幾次，我還真想問那神婆。但她不主動和我說，我又不能問。一問，她肯定又要抓著我取笑。後來，我琢磨了很久，想了一個辦法。

她還是一直躺在院子中間的藤搖椅上，我就坐在她旁邊，我也不說話，就一直盯著她看。

她說：「妳是不是想問我什麼？」

我說：「沒有。」然後繼續盯著她看。

她轉過身，朝向另一邊，我找了把凳子也挪到另一面。她乜了我一眼，說：「妳是不是想問我什麼？」

我說：「沒有。」繼續盯著她看。

那神婆肯定知道我想問什麼。但她也是執拗的人，我不問，她就不說。那神婆嫌我盯得她煩了，又轉身，我又趕緊挪凳子。

不知道你信不信，我們竟然這樣僵持了半年。這半年，我妹隔三差五來串門，看我們這樣僵持著，好奇地搬了把椅子，也坐在我們身旁，在我身邊給孩子把屎把尿，放孩子在院子裡玩。

我阿妹偶爾會勸我：「妳就問吧。那神婆這麼強，肯定不會先說的。」我回阿妹：「我又沒想要問她什麼。」我阿妹偶爾勸那神婆：「妳就說啊。我阿姐這麼難搞，妳也知道的。」那神婆說：「她沒說，我怎麼知道她要問什麼？」

我現在活了九十九年了，還是經常想到那半年。我想起那半年是因為，那是我一直盯著我婆婆看的半年。我很慶幸，我曾經那麼認真地看著她，後來我在想念她的時候，才看得到她的臉。

應該是楊萬流離開後的第四年吧。有一天下午，楊萬流推開門進來，把東西一放，就去上廁所，上完廁所，就去洗澡。洗完澡，就問：「什麼時候吃飯啊？」

好像他只是出去外面走了一趟剛回來。

其實聽到他推門的那一聲，我就知道是他回來了──他老覺得門半開不開的不好，每次回來，總要推到最底，門總要發出吱呀一聲。但我也沒急著出來。因為我在想：和他第一句說什麼呢？我正想著，他就興沖沖地跑來問了：「什麼時候吃飯啊？」

我回：「再半個時辰。」

他說：「好嘞。」

晚飯的時候，我不知道說什麼，楊萬流先說了。他說藥方拿到了，他囤了夠生六個孩子的藥量。

我聽了，臉紅了，說：「生六個孩子，當我母豬啊？」

楊萬流笑著說：「母豬好啊。」

我生氣地踢了他一下。

楊萬流繼續說：「去城裡看醫生的錢，也足足的。咱們，生他十個八個。」

我婆婆說：「嗯，那比母豬強。」說完，咧嘴壞笑。

我忘記是楊萬流回來後的第幾天，反正是一大早，我想去廚房煎楊萬流帶回來的藥，看到有個女人抱著個孩子，一直站在門口。孩子看上去就六七個月大吧。我不認識那女人，那女人也不認識我。那女人看到我，用國語問：「請問這家裡的主人在嗎？」

我不太懂國語，問：「什麼事？」

那女人似乎說：「聽說這家男主人剛討大海回來，應該有錢吧？」

我說：「什麼事？」

那女人似乎說：「聽說這家女主人一直生不出孩子，應該很想要孩子吧？」

我胸口被扎了一下，但我還是問：「什麼事？」

那女人不回答我了，放下孩子就跑。

我愣住了，沒反應過來。孩子就在地上哭，那女人還在往前跑。我在想：自己是該趕緊追那女人，還是要趕緊抱起孩子？等我想明白要趕緊抱起孩子追那女人時，那女人已經不在了。

楊萬流和我婆婆聽到動靜，也全都到門口來了。

我說：「剛剛有個女的，問了幾句話，就把孩子扔這兒了。」

我婆婆說：「這還不簡單，送子觀音顯靈了，妳當時應該追著她拜一拜。」

楊萬流不開心，說：「明明是人，怎麼是觀音了？」

他又說：「送子觀音是把孩子送進女人的肚子裡，哪是送到地上就跑的？」

我婆婆剛想說什麼，楊萬流打斷了她，說：「更何況，那女人是跑走的，不是飛走的。觀音需要跑嗎？」

我婆婆聽到這個，來勁了，說：「神明也會跑的，我和屋樓說過的，比如那大普公……」

楊萬流氣極了：「這不是我的孩子，我不會要的。」

楊萬流說完就要出門。

我問：「你去哪兒？」

楊萬流回：「去找那觀音，看她在哪兒下凡了。」

楊萬流走了，我婆婆把那孩子抱起來，翻了下襠部，說：「多好，還是男的。」然後一把遞給我，說：「就是妳的了。」

那是我第一次抱孩子，軟乎乎的，像一個大麵團；暖乎乎的，像是剛從心裡掏出來的。我看著他，心想：哎呀，原來孩子是這樣的啊。那孩子頭一直往我胸部蹭，我想，他是在找奶吃，但我沒有奶給他吃——我果然不是他的母親。

楊萬流接近中午才回來，問我：「那女人是不是說的國語？」我說是啊。

「是不是很瘦？」我說是。

「是不是蓬頭垢面的？」我說是啊。

楊萬流說：「那就是了。」

我問就是什麼了。

楊萬流說，鎮上前幾天來了五個人，聽口音是北方來的。說是北方在鬧饑荒，他們一路乞討加上吃樹皮草根才撐到這鎮上。

楊萬流說，他們剛來時，在街上看到吃的東西就搶，搶了，就在街道中間狼吞虎嚥。有人看他們可憐，想提醒他們慢慢吃，其中一個年輕男的，發瘋一樣，見人就咬。大家不敢靠近，又覺得實在可憐，就把饅頭包子扔給他們。大家都是好意，結果一扔扔多了。這些人估計太餓了，吃得快，吃得凶，先是那個年輕男的，像被噎住了，突然臉就青了，腿就直了。其他人急著想把饅頭從那男的嘴裡掏出來，掏著掏著，那年紀大的男的，突然抱著肚子喊什麼，然後也走了。後來有郎中看了下，說，估計是撐死的。

說到這兒，楊萬流說：「妳看，沒被餓死，反而被撐死，多冤。」

我婆婆說：「這樣冤著死的，多了。記住，以後咱們再難都不要這麼死，難受。」

楊萬流說：「剩下一個老婆婆帶著一個年輕女人，抱著一個小孩。大家商量來商量去，大普公是管普渡眾生的，就把那兩具屍體先拉到大普公那兒，也讓大普公知道下，來了兩個外地的靈魂。然後好說歹說，帶著剩下的兩個女人一個小孩，也去廟裡先住下，再一起幫她們想辦法。

「昨天晚上，咱們幾個宗族的大佬都去了，在大普公廟裡圍著他們坐了一圈。

「一個大佬問：『你們為什麼來這兒？』

「她們不吭聲。

「大家以為是那大佬國語不標準，一起笑話了這位大佬，又換了另外一個自認為國語好點的，字正腔圓地問：『你，們，為，什，麼，來，這兒，啊？』

「她們也還是沒回。大家一起哄堂大笑。

「最後還是大普公廟的廟公插嘴了，用標準的國語說：『我也是外地跑來的，妳們不相信他們沒關係。妳看，咱們這神明看著呢，神明妳們總該相信吧。』

「那年老的女人抬頭看了一眼大普公的神像。神像依舊是一副雙眼低垂悲憫的樣子，可那女人冷漠地嘆了一口氣，說：『你們這幫傻子，哪裡有神明。』

「這是她們開口的第一句話。

「此後，那一老一少兩個女人便開口了。

「大家才知道，咱們鎮上往北去，現在都跟地獄一樣。那年老的女人說，一開始確實是老天爺不對，該下春雨了，卻怎麼都不下。大家怕著蝗害，蝗害就又來了。後來是人不對了。當時雖然年景不好，但其實只要大戶人家幫忙，家家戶戶商量著，應該還是能扛過的。但嘴巴裡是商量著，大戶人家早就開始囤糧，有糧的，開始坐地起價，然後大家就恐慌了，開始有人搶。

「那女人講著，一個宗族大佬覺得不對了，打斷她問：『你們沒有宗族嗎？那宗族大佬幹麼去了？』

「那女人說：『我們那沒有宗族。那些大戶人家有家族，他們家族大，更能這麼搞了啊。』

「那宗族大佬問：『死後那麼多祖宗饒得了他？』

「那女人回：『哪有什麼祖宗？』

「那宗族大佬臉頓時青了。

「旁邊不知道誰接過去說：『就是，我天天向祖宗告狀，也沒看祖宗懲罰你啊。』大家一起哄堂大笑。

「年輕的女人接著說：『我們那邊的祠堂都被砸了，哪還信什麼祖宗。』

「眾人一下安靜了。有人小聲嘀咕著：『連祖宗都不認，那該怎麼活啊？』

「那年老的女人接著說了：『人一壞起來啊，就特別壞。一開始先挑那些孤兒寡母下手，搶糧食占土地。後來，大家族開始欺負小家族。有人到處去巡人家的糞坑，見著是黃的，那必定是家裡有糧食的，就挖一把糞糊在人家大門上，當作證據，然後逼著要糧食。因為如果是吃樹皮或者草根，拉的屎會是綠色的。我兒子可聰明了，每次把樹皮草根曬熟後，都磨成粉，糧食不夠了，可以和糧食混著吃，然後，拉屎後就在上面撒一點樹皮粉。』

「一個宗族大佬聽得生氣，問：『這不對啊。他們不知道舉頭三尺有神明？怎麼能說搶就搶？』

「那年輕的女人接過去說：『剛說過了，我們那兒，沒有神明這種東西了。』

「眾人又安靜了。有人在嘀咕著：『咱們幾千年都這麼活。一會兒沒有祖宗一會兒沒有神明，難怪祖宗會不管，神明會不要他們，這才變那樣。』」

「雖然感覺這兩個人像異端，但是她們沒有神明，咱們這地方有。咱們還得做神明覺得對的事情。商量來商量去，最終大家決定讓她們自己選——可以選擇向一座座廟、一尊尊神明一一問卜過去，看神明是否願意她們在哪座廟當廟婆，孩子也住廟裡；又或者，咱們鎮上十幾個宗族，她們這幾天去看看，願意加入哪個宗族。只不過，加入了就得改為那個宗族的姓，認那個宗族的長輩當阿母。

「對於第一個選擇，那年紀小的女人說：『我可不信神明。如果有神明，怎麼讓我們活成那樣？我不幹。』

「對於第二個選擇，那年老的女人說：『我都六十九了，認誰當阿母啊？』郭姓宗族的大佬驕傲地站起來，說：『來我們家族。我們家族有一個九十二、一個八十九，還有一個八十六，都可以當妳阿母。』

「那年老的女人一聽，先是跟著大家一道笑得合不上嘴，接著喃喃自語起來：『誰想得到，活到快七十了，再找一個阿母。』說著說著，可能是想自己的阿母了，就嗚嗚地哭。

「郭姓宗族的大佬連忙說：『別難過啊。我們祖宗也都是從中原逃難過來的，只不過我們逃難的時候，都是一整個家族，還都帶著各自的神明。說不定，妳祖上和我祖上本就是親戚。』

「宗族大佬們走後，一老一少兩個女人，帶著孩子就在大普公廟住下來了。鎮上好事的人像麻雀一般，聚在大普公廟嘰嘰喳喳的。有國語好點的，就有一搭沒一搭問她們問題，得到她們回答後，再翻譯成閩南語給大家聽。那年紀小的女人，回答完大家的問題，奶著孩子，反問道：『你們這兒哪戶人家好點，又沒有小孩的？』就有人說到我家了。」

楊萬流講到這兒，我婆婆就把話接過去了：「你看，我就說是送子觀音送的。送子觀音知道屋樓不方便生孩子，讓人幫忙生了，千里迢迢送過來的。咱們還不趕緊接？」

楊萬流白了我婆婆一眼。

我問楊萬流：「那女人和老婆婆呢？我們把孩子還回去吧。」

楊萬流說：「那女人把孩子扔咱們這兒，就回大普公廟了。剛剛有人看到一老一少兩個女人，拖著一老一少兩個男人，往海裡去了。一開始還以為是兩個女人拖著兩艘船要出海，便有人追著她們喊：『要漲潮了，不要出海了。』那兩個女人聽不懂咱們這兒的話，但是一直對著那人鞠躬，鞠完躬，又繼續往海裡拖。」

楊萬流說完，就看著那孩子，沒說什麼了。

我聽著難過，心裡想：要不是咱們這兒有祖宗有神明，我也早死了吧。

這樣想後，我就把懷裡那團暖乎乎的肉抱得更緊一些。我說：「他沒有阿母，我也沒有阿母，所以我要當他的阿母。」

楊萬流沉默了一下，說：「我們必須得有自己的孩子。」

我說：「可以。」

於是我有孩子了。楊萬流不願意給他取名，我取了，就叫楊北來。

我婆婆說：「叫這名字他就知道他不是從妳肚子裡來的，是從北邊來的。」

我說：「我就是想讓他知道，等他長大了讓他再選一次，認不認我當阿母，是不是我兒子吧。」

我原本以為，帶小孩這事，那神婆該幫我的，不想，那神婆反而說她要忙了。

我見她確實很忙，不像以前，老是躺在藤搖椅上嗑瓜子。每天早上就出門，看到馬鮫魚就買，看到地瓜就買。每天買一大袋回來。魚就一條條剖肚清腸洗乾淨，醃製了，放在院子裡曬；地瓜去皮洗乾淨了，就切成一片一片，也鋪在院子裡曬。

魚和地瓜片像魚鱗一樣，布滿了院子。

為了曬尿布，我在院子裡拉上一根又一根繩子。我這邊在拉繩子曬尿布，我婆婆在下面鋪魚片和地瓜片。尿布總要滴水，我婆婆晾曬的位置不夠了，就總偷拆我的繩子，把尿布隨手扔在我們吃飯的桌子上。我惱極了，問：「幹麼呢？」

神婆繼續在院子裡鋪地瓜片，說：「妳就沒見識。饑荒就是這世間生病了。這世間和人一樣，生病肯定是全身發作的。北邊都那樣了，肯定要傳染到咱們這邊來了。」

我說：「那我的尿布怎麼辦？」

那神婆說：「那咱們以後的口糧怎麼辦？」

我沒有母乳，我婆婆說吃羊奶也可以。那時候咱們這賣羊奶的，也和你們現在城市裡一樣，都是送奶上門的。就每天早上五六點，趕著一群羊，大街小巷地喊：「羊——奶哦，羊——奶哦。」需要的人，五六點就得拿著鍋碗在門口等。有要的，就把鍋碗放在奶羊的肚皮下，那賣羊奶的就當著你的面擠奶，三下三毛錢。那人會做生意，最後總要送你半下。

孩子一晚上都要起床幾次，要麼餓了，要麼撒尿，而我早上五點還要爬起來，蹲在門口等羊奶。經常蹲著蹲著，直接靠著門睡著了。

有天晚上孩子又在鬧夜了，我實在爬不起來。我聽到楊萬流輕輕喚了喚我的名字，我還是假裝睡著。他爬起來了，笨拙地給孩子換好了尿布，餵好了奶。本來孩子不哭了，可以放下了，但他還是抱著一直搖。他以為我是睡著的，還偷偷親了孩子一下。

自此我晚上就不用起來了。

楊萬流果然是好父親。我想：我一定得為他生下他自己的孩子。

楊萬流依然每天煎好藥，看著我喝下去才出門；依然還是如同出海前，搞起了在小海裡養大海魚的事情；依然還是盯著我的肚子看。

孩子能一覺睡到天亮了，楊萬流就把孩子帶去我婆婆房間，說：「我們得有自己的孩子了。」

楊萬流帶來的藥，我又吃了兩年吧。

這兩年，我的肚子依舊沒什麼動靜。家裡的魚乾和地瓜乾，我婆婆囤得廚房都快走不了人了。

這兩年，楊萬流帶我去了一趟廈門，去了一趟廣州。

第一次去廈門是坐船，那是我第一次上船。船開得慢，開了五個小時吧，我吐了五個小時。

第二次去廣州，聽說比廈門遠，我問：「能不能坐車去？」那時候咱們隔壁鎮新開了一個汽車站，我們坐著馬車到了那個車站，買了去廣州的汽車票。其實那時候我還挺興奮的，感覺這汽車真的很神奇，不用馬拉，就自己吭哧吭哧往前跑了。但上車不到十分鐘，我又吐了。

剛到廈門我們就被趕下車來。我問楊萬流：「怎麼辦？」楊萬流說：「要不搭船去？」我說：「那可不行。我要吐死在路上了。」楊萬流問：「那怎麼辦？」我說：「即使這一趟去廣州有孩子了，回頭路上肯定也會把孩子吐出來的。」楊萬流問：「那怎麼辦？」

楊萬流像個賭氣的孩子，腳一直踢著路邊的石頭。我們在廈門僵持了大半天吧，最後還是搭上了去廣州的船。

咱們那地方，哪有女人可以像我出這麼遠的門？一回來大家都問我，廈門怎麼樣啊，廣州怎麼樣啊。我支支吾吾就是說不出來，因為，我還真不知道那兩個地方是什麼樣的。我吐得暈暈乎乎的，反正楊萬流讓我往哪走，我就往哪走，叫我坐哪，我就坐哪。我唯一記得的，這兩個地方我都踢傷過人——那兩個地方都有男醫生不要臉地要看我下面。楊萬流和我說，這是醫生，讓我堅持一下。但我看他臉色也是鐵青鐵青的，我又真的太不舒服了，所以往醫生的臉直接踹了過去。廣州那個醫生還被我踹出鼻血了。

我還記得，醫生都要單獨和楊萬流聊會兒天。聊完出來，他的臉都是鐵青鐵青的，有時候還罵罵咧咧。遠遠看到我了，就趕緊不罵了。

但其實我知道發生了什麼。

我是想過再問一次，要不要幫他討個新妻子。幾次話在嘴邊了，我又說不出口；我怕我一說，楊萬流又要去討大海了。我知道的，很多人去遠方，本來就是為了躲避自己內心那些無法解決的問題。其實這樣的人真傻。去了遠的地方，那些問題就不在了嗎？

楊萬流還是整天盯著我吃藥，還是整天盯著我的肚子看，還是張羅著自己的養殖場。我知道，他只能這樣活下去。他無法勸自己死心，但又捨不掉我。他在做的，其實就是讓自己忘記時間，直到老了，也肯定生不出孩子了，才假裝突然發現：哎呀，咱們還沒生孩子啊。

我知道他在幹麼。我在想，我一定要讓他有孩子。

日子就這樣過下去了，我忘記是哪一年，北來大了，楊萬流的養殖場也弄起來了。突然間，楊萬流每天回來都說，有點奇怪。

他說不上來是哪點奇怪，但就是覺得奇怪，奇怪到，他吃飯的時候要和我婆婆說，睡覺的時候要和我說。

直到有天晚上，他從睡夢中突然蹦起來，說他好像想明白了。

他把睡著的我叫了起來。

他說，具體說不出少了誰，但是，就是莫名感覺，這鎮上的人好像少了幾個，又少了幾個。在碼頭的船，好像少了幾艘，又少了幾艘。所以每次回來，就感覺心裡慌了一下，又慌了一下。

他想了想，還是覺得自己得去和神婆說。

神婆還在院子裡嗑著瓜子，聽楊萬流講了後，一副早知道的樣子。她往嘴裡送進一顆瓜子，表情得意洋洋，說：「放心，咱們地瓜乾和魚乾可多了。」吐出瓜子殼，又說：「那天三公爺路過也對我說：『蔡也好啊，妳快死了，死的時候我會來接妳的。』」

過了幾天，咱們這兒颳了一場很大的颱風。

那颱風大啊，把海都吹起來了，掀起來幾層樓高，像大大的巴掌，往陸地一遍一遍地拍。

堤壩被拍塌了，海水就這樣倒灌進來，一波波的，據說離咱們這兒十幾里地的城區都被淹了。

水一淹大家才看得更清楚：原來每座廟都建在高高的崖石上；原來每座廟都是天然的避難所——有吃的東西，有睡的地方，還有神明在。

我婆家倒沒有被淹到，但我婆婆過節一般，興致勃勃地堅持要全家人也到大普公廟集合。

她說，以前天熱時，大家愛在曬豆子的前院睡覺，一家的院子挨著另一家，像整個鎮子一起打大通鋪。她說，總有人會聊天，這邊說的話，可能十幾米遠的那戶人家答了。半夜還會有睡不著的小孩學貓叫，先是一聲叫了，然後到處都有貓叫了。

她說，那麼多人擠在一起的機會不多，要珍惜，說不定這次聚首後，大家就都要散開了。

她說，何況大普公廟裡還有很多等著離開的鬼魂。大家都聚一起，那該多好玩。

一進廟裡，我婆婆藏不住興奮，和這個人聊聊天，和那個人聊聊天。一會兒抬頭和神聊聊，一會兒對著空氣好像在和鬼聊天。

楊北來一進大普公廟，就很開心地一直笑。我想起來了，他認識大普公，大普公也認識他的。

我婆婆挑了神像正對的最中間，她和楊萬流各睡一邊，方便她去串門聊天。我帶著楊北來睡在中間。

半夜的時候我突然醒了，一睜眼，就看到低垂著眼睛的神明塑像直直盯著自己，感覺像是被自己的父母看著。我輕聲地問大普公：「咱們這世間沒事吧？」我婆婆也不知道是睡著還是醒著，突然回了一句：「我會陪著妳的。」說完，就又開始打呼了。

第二天，海水就開始一片一片往後撤。每撤一步，都裹著沖出來的物件一起。

海水開始撤的時候，每座廟都陸陸續續有人出來看，後來乾脆集體拿了椅子凳子，嗑著瓜子吃著飯，邊討論，邊看。

海水撤了整整一天，大家才發現，原來咱們鎮上，就數老街最低。被沖走的所有東西，就這樣一層一層堆在老街。

所有人的生活被攪成一團，都混在裡面了。

就靠著喊話，一座廟一座廟地把話接過去，最終商量好了，晚上每座廟各派五個人一起來看守這些共同的東西，明天一大早再來一一認領。

早上六點就開始，幾乎鎮上所有的人都圍著了，把土層撥開，才發現，堆在老街上的第一層是被淹死的人的屍體。

有人指著那些屍體說：「你看，這不，人終究是皮囊，靈魂一走，就浮起來了，比什麼都輕。」

也有人回：「嘖嘖嘖，那靈魂得多重啊。」

當然得先認領這些屍體。

認領屍體終究是容易的，各家領走各自的親人，籌辦各自的喪事去。

這些屍體有老有少、有男有女，認領的人有老有少、有男有女，不同的組合出現，總有人在猜度著發生了什麼故事。事實上他們都是用自己的故事去猜度別人的，猜著說著，反倒被別人知道了，說話的人大概經歷了什麼樣的人生。

有個大女孩帶著一個小女孩來領一個年長女人的屍體。我婆婆說：「妳看，多像當時妳們姐妹倆。」我剛想發火，那神婆又趕緊指著一個到處找不到老伴的中年婦女，說：「妳看那哭天搶地的樣子，多像當時的我啊。」

我一下子就噎住了。

來領屍體的人，還有從十里開外的城裡趕過來的。

往生的是他老母。他說他老母颱風天還想出去散步，他不讓，但老母還是倔強地出門了——最怕年紀大的人強起來，幾頭牛都拉不回。老母出門沒多久，颱風就突然撲過來了。老母著急想折返回家，一不小心，滑進自家附近的水溝了。他找了一天一夜，找不到，一直發脾氣，發脾氣還是找不到，就一直哭著罵他老母。直到哭累了睡著了，夢到老母一臉做錯事的表情羞愧地告訴他：她在海邊。她說她真不是故意的，但水就一路把她沖過來了。

他就尋思著過來了，還真尋到了。

那人抱著自己的老母先是責怪：「誰讓妳颱風天亂跑了？」然後，表揚了一下：「還懂得到夢裡告訴我。」最後還是難過起來：「真是的，多陪我幾年都不肯。妳走了，我就沒有可以撒嬌叫阿母的人了。」

說完，一個四五十歲的男人，也像小孩一樣哇哇地哭了。

剩下一具屍體沒有人領，細辨別，還是孩童的屍體。

據說神奇得很，泡了這一天一夜還是俊俏的模樣，臉上像睡著了一樣安寧。

我沒有湊前去看，不知道傳說是真是假。

話事的宗族大佬們不知道怎麼辦，商量來商量去，就叫來所有能叫來的神公神婆，讓他們都來看看究竟。

我婆婆當然也在邀請之列。一群神公神婆已經用各自的方式顯著神通。我婆婆的儀式是最簡單的，隨手抓起坑裡的一把椅子坐下來，從口袋裡掏出瓜子來，就嗑。一邊嗑，一邊好像在和誰聊天。

折騰了幾個時辰，他們就一起興高采烈地宣布：「確定了，這孩童是神明，明天就開始供起來。」

那個孩童被認證為神明帶走後，大家就開始認領各自的東西了。那裡面有太多東西了。有鍋碗瓢盆、椅子凳子桌子；有沒有名字的豬牛雞鴨，也有主人才知道名字的狗和貓；有家裡供奉的神像、祖宗的牌位，也有先人的畫像和現在人的書信；當然，肯定有許多的珠寶金銀……全都堆在一起了。

各個宗族大佬商量後，說好按照抽籤的順序，一個個進去認領。

抽籤的方法也確定了，就用籤詩筒。每支竹籤都刻著一個數字，以前對應的是神明要和你講的一句話，現在對應的是抽籤的人第幾個進去認領。

但第一個人認領就出了問題。他翻找的時間實在太長了，大約花了半個時辰，嘴裡還喊著：「還有那個呢！」他拿起一個東西，就有七八個人同時喊起來：「那是我的，別偷！」最終，當他拿起一對金手鐲的時候，也不知道誰喊了聲：「哇幹！別搶我的東西。」大家就全都湧進去了。

回家的路上，我背著楊北來追著神婆問：「怎麼那就是神了？」

我婆婆問：「什麼就是神了？」

我說：「憑什麼隨便漂來一具屍體，那就是神了？」

我婆婆說：「那可不是隨便漂來的，也不是隨便就是神。」她有點氣惱：「那都是磨難要來了，神明就趕緊派了分管的神來。」

那神婆見我不信，說：「比如夫人媽，妳不和她親嗎？她就是在小碼頭那邊發現的。當時她身穿一身戎裝，背上中了幾支箭。」當時的神婆問了之後才知道，她原本是個官家女，倭寇殺了她的將軍父親，她就想殺倭寇，可沒幾下就莫名其妙中箭了。她一個倭寇都沒殺成，但是她抵抗的那一會兒，好多父母因此帶著小孩成功逃脫了。

神婆說，她本來也覺得自己死得沒什麼特別，準備著好好隨大普公的安排去了，哪想她的靈魂怎麼也脫不開她的身體。她被雨沖到河裡，河推到江裡，江拱到這入海口，然後突然就被浪拍上來了。拍上岸時，有個神明和她開口說話，意思是：現在很多人逃到這海邊的鎮上求生，咱們得保佑他們活下來。我們神現在人手缺得厲害，妳就留在這裡負責當保護小孩的神吧。本來就這樣了，那神明又琢磨了下，補充：「要不把男女之事順便管了。」夫人媽聽著臊，想說：「我生前可是在室女。」但神明已經不耐煩地揮揮手，說：「就這樣了。」

我問：「所以，咱們這兒的神，大都是這樣漂過來的？」

神婆說：「是啊，咱們這地方晉朝開始就有人了。當時中原戰亂，咱們的老祖宗逃到這裡時，看到入海口，這些屍體堆滿了沙灘。他們當時就一個個問，該送走的，好好送他走，畢竟大家都是可憐人；能當神保護咱們的，大家就把他供起來，畢竟他們也當過可憐人，他們知道咱們世間的可憐。」

神婆繼續說：「咱們這兒，一千多年了，每年都有屍體漂來入海口，每個屍體，咱們都要問清楚的。有的當不了神，但還是告訴我們很多事情：有餓死的屍體漂過來，咱們就趕緊囤糧；有渾身刀傷的漂過來，咱們這邊的宗族就趕緊練兵。」

我說：「但他們也是活不下去的人，怎麼能當我們的神？」

神婆有點生氣了：「他們不是活不下去，是咱們這世間某個巨大的創傷剛好要他們承受了。他們是替咱們承受的，衝這點，他們就是神。」

我也槓上了，問神婆：「那個那麼小的孩童能管什麼？」

神婆說：「管災難的。妳剛沒去看，他是餓死的，而且，身上到處都是傷。太可憐了，一出生就要承受這麼壞的世道。」

神婆說著說著，有點難過了：「妳聞聞，是不是感覺海風的味道比以前鹹腥了？妳去海邊看看，瘋狗浪是不是比以前多了？」

我說：「我明白了，是大家怕什麼東西，就趕緊立什麼神，對吧？」

我婆婆確實被我的話噎住了，氣呼呼地說：「妳愛信不信。」

說完，還跺了一下腳。

災難確實要來了。都不用鬼神來說，不用鹹腥的海風說，也不用瘋狗一樣的浪說。

這畢竟是入海口，總有東西會從這裡出去，總有東西要從這裡進來。海風一年到頭都在吹，消息一年到頭滿天飛。隨便什麼時候走出去都是海風，海風裡都是消息，捂著耳朵都還要往腦子裡鑽。

先是聽說外面到處都在打來打去，然後聽說海的那邊也打來打去，然後海再遠點的那邊，什麼亂七八糟的國都來了。

反正，我記憶中就是陸地上和海上同時亂哄哄的。那時候走在鎮子的路上，總會看到打轉的風，吹得石板路街道和人心裡，也亂哄哄的。

大家心一亂，我婆家也格外熱鬧。

我起床不算晚。第一聲雞叫時醒來，抬頭看天，一般是魚肚般白，我就起床。

那個時辰，天是暈暈乎乎的，光是暈暈乎乎的，花草樹木也是暈暈乎乎的，但我一開窗門，就聽到神殿那邊、庭院裡邊一堆人輕聲細語著，像啃布袋的老鼠：嘰嘰嘰嘰，嘰嘰嘰嘰。

我睡覺不算早的，總是月亮要往東邊歪了才回房。但即使我關窗門了，也總會聽到神殿那邊、庭院裡邊，一堆人在嘰嘰嘰嘰。

那段日子我總有種錯覺，彷彿我就睡在一堆人的嘰嘰喳喳裡——像水氣，好像不在，又總是在的，還黏糊糊的。

估計是說的話太多了，或者聽的話太多了，或者向神鬼打聽的事太多了，我婆婆肉眼可見地疲憊，經常身邊一沒有人，就馬上入睡，還打呼。有次她在廁所裡喊著讓我幫她拿紙，我拿過去了，聽到廁所裡已響起了打呼聲。

西宅村那個七八年沒回鄉、據說在廣州當大官的山狼蔡，突然回來了。據看到的人和我婆婆說，他回來時是晚上十一點多。那山狼蔡左手臂被砍掉了，穿著一身軍服，還帶著槍。和他一起回來的，還有幾個同樣穿軍裝的人。一整個晚上都聽他在大喊大叫著，直到第二天醒來，大家才知道，他們家族的人走了一半。

剩下一半沒走的，見到鎮上的人就投訴那個山狼蔡：「突然間回來，突然間要我們走，沒說要去哪兒。他是收拾了祖宗牌位，但神像帶不走啊！還要我們去搭船，我就不去。」

有人問：「他沒說為什麼要走、去哪兒？」

「他火急火燎的，像趕著投胎，叫著：『來不及啦，來不及啦！都他媽給我上船。』」那人還是憤憤不平：「我是他伯父啊。他講話就不能尊敬點嗎？」

山狼蔡沒走的那些親戚鬧騰了一早上後，小鎮突然變得安靜。街上沒有叫賣聲，港口沒有吵架的聲音，路上沒有小孩嬉鬧的聲音，甚至狗叫聲都少了，安靜得連空氣都沉甸甸的。

我婆家來了許多人，大家也不怎麼說話，有的人圍著神殿坐著，有的人圍著我婆婆坐著。

我婆婆也沒說話，嗑著瓜子，搖著藤搖椅。

那個白天，什麼都沒有發生，大家陸陸續續散去。

又是一天晚上十一點多，港口那邊鬧哄哄一堆聲音被海風吹過來。先是一隻狗叫了，然後很多隻狗都叫了。除了幾個人的聲音，小鎮還是很安靜。

第二天醒來，又有人來告訴我婆婆，說十幾年沒回鄉、據說去南洋發家的路痞陳突然回來了，也是要整個家族的人連夜打包離開，但不是坐船去南洋，而是大家一起騎馬往北走。

他們家族也大約一半人不走，也見人就罵路痞陳：「突然間回來，突然間要我們走，沒說要去哪兒，還要我們去騎馬。我就不去……」

真正有事的那天，我記得霧很大，感覺連天都還沒醒透，就有人敲鑼了。鐺鐺鐺鐺鐺鐺。還不是一個人敲，聽聲音，應該分了七八路人。敲一會兒，就喊一會兒什麼。我還是聽不太懂國語，我婆婆雖然聽得懂鬼和神說話，但也聽不懂那些人說什麼。聽懂的是楊萬流。

楊萬流說：「他們喊大家去關帝廟裡集合。」

楊萬流說：「他們說，不去的人都要被抓起來。」

楊萬流說：「要不咱們趕緊往東或者往南跑，跑海那邊？我會開船。」

我婆婆說：「路痞陳不是從海上逃回來的嗎？」

楊萬流說：「要不咱們趕緊往西或者北跑？我在城裡還認識些朋友。」

我婆婆說：「山狼蔡不是從北邊來的嗎？」

楊萬流看著我婆婆，我婆婆吐出瓜子殼，說：「咱們就待著。這裡有神明有祖宗還有魚乾和地瓜乾，咱們還怕誰？」

我婆婆沒想到，自己會成為最早到的那批人。她覺得很丟臉，拉著我們躲到旁邊的沙灘上坐著。看見一個路過的人，她生氣地責問：「怎麼來得這麼遲？」

那人不明白這個神婆幹麼生氣，愣了下，回：「不是只有我遲啊。大家都去那個孩童神廟拜了一下，我也去了啊。我是去和他強調一下，該他發揮作用了。我得實話和他說，如果這次他不靈，大家以後就不來拜他了。」

我婆婆這才明白，樂呵呵地說：「提醒下總是對的。」

那人反問我婆婆：「妳說他第一次當神，可靠嗎？」

我婆婆咧嘴一笑：「我覺得不一定可靠。」

到關帝廟了，才發現，外面來的人也實在不多。十來個人，帶著槍，也帶鑼。看著凶巴巴的，其實，當中有人的腳偷偷在抖。

發現那群人害怕到腳發抖這件事情的，不是我。也不知道是誰看到的，一個偷偷給另外一個人說，說著說著，大家開始像看戲一樣，安心地就地坐下來。還有的不耐煩地催：「快點快點，等著了。」

有第一個人喊了，大家就都起鬨了。

我們坐得靠後面，什麼都聽不清。前面的人和我們說，那群人就是要我們到處都掛上他們的旗。

我問：「為什麼要掛他們的旗啊？」

前面的人說：「我也不知道啊。好像是什麼藍紅色的旗。他們是哪個皇帝派過來的？是鎮政府門口那種旗幟嗎？」

大家越說越糊塗，恰好有人舉手，問：「那個，請問，咱們現在算什麼國啊？」有個個子矮矮、說話怪怪的人，突然大聲喊：「中華——民國。」他以為喊完這一聲，大家會鼓掌吧，喊完就一直等著。但大家你看我我看你，竊竊私語著：「種花閩國？還是種花蒙古？」有人認真地回了：「蒙古我聽過，聽說就是清朝皇帝老家再往北邊。那邊不都是草原嗎？怎麼還種花了？」

晚上九點多吧，我婆婆還躺在院子裡的藤椅上，楊北來躺在我婆婆的肚子上，那個喊中華什麼國的矮子突然走進我家裡來了。

我正在沖洗廁所；前幾天來的人太多，拉屎拉尿都沒對準坑，味道衝得很。

我想著，我也聽不懂他們說什麼，咱們這兒人就這麼多，還有神有鬼，沒什麼好擔心的，所以我就不出去了。

等我洗好廁所出來，那矮子已經走了。

我問楊萬流：「咱們現在到底是什麼國？」

楊萬流說：「中華民國，也還是中國。」

我問：「他們是誰啊，來幹麼啊？」

楊萬流說：「他們說日本人在廈門又打起來了，可能很快要打到這邊來。他問咱們這鎮上的人可以做點什麼。」

我問：「日本人是什麼啊？」

我婆婆說：「就是殺了我丈夫、你公公的倭寇。」

我說：「那現在這群倭寇在廈門殺人嗎？」

楊萬流說：「殺的。剛進城，把人當狗當豬的，見人就殺。」

我說：「那『種花蒙古』的人來咱家幹麼？」

我婆婆說：「他是來問我，神或者鬼能做點什麼。還問楊萬流，咱們這裡的宗族能做點什麼。」

我問：「能做點什麼嗎？」

楊萬流說：「能，我就盼著殺仇人了。」

那神婆說：「能，當然能。我們要做的第一件事情是，先活下來。咱們只要活下來，就有他們受的。不過，咱們要是活不下來，那也沒事，他們更是要完蛋的，我要往他們一代又一代人心裡鑽。」

神婆惡狠狠地說：「我要搭上幾百年，不斷在他們心裡喊，他們是罪人。我還要見鬼魂就說，不要投胎去他們那兒成為罪人的後代。我要喊到他們斷子絕孫。」

我是後來才知道，楊萬流是自告奮勇當我們這片區所謂的保長的；也才知道，所謂保長是要拉著一堆人準備和外面來的人打架，而且是打那種「會死人」的架。我不去攔他，因為我知道這是他註定要去做的事情——我也發現自己理解了什麼是「註定」。

那神婆沒有騙我。只要看到一個人的過去再遠點再多點，自然就看得到那人更多的將來了。

那些敲鑼打鼓的「種花蒙古」的人，在每座廟裡掛了旗子就走了。

那些旗子整整齊齊掛了三四天吧，然後就陸續不見了。

其實也不是不見——我後來到街上時，看到賣肉的那家，頂棚用來隔雨的布就是那旗子縫起來的；還有次走在路上，看到有小孩包著屁股的是一團藍，我覺得新奇湊過去看，才發現，就是那旗子。

不斷有各種年輕人來找楊萬流，原來找我婆婆的人也沒少。這麼多人聚到家裡來，那廁所沒一會兒就臭。我婆婆在院子裡嗑瓜子，偶爾風吹過來，她就大喊：「屋樓啊，太臭了，妳快去沖啊。」

我回：「我才剛沖洗過啊。」

我婆婆叫苦著喊：「又臭啦，趕緊去沖。」

他們忙他們的，我也跟著忙我的。他們在院子裡討論時，我拿著掃帚跟著，哪裡扔了地瓜皮、瓜子殼的，我就氣呼呼地叫他們抬腳，趕緊掃起來。

我受不了的是試槍。那時候剛好天氣暖暖的，容易睏，他們非得冷不丁哪個時辰突然拿出槍，嘣一聲，把楊北來震得哭了，把所有鳥都驚得飛了，把所有狗都嚇得叫了，把我直接嚇得一哆嗦。

被嚇到的不僅是我。我剛想發作，就聽到院子裡藤搖椅上，我婆婆氣到大罵：「你們哪個孫子亂打雷啊？信不信我待會兒就叫雷公劈你們！」

吃飯的時候，楊萬流會有意無意地交代些什麼。他說，如果有天他火急火燎衝出去了，顧不上和我們說話，讓我就帶著婆婆和楊北來往北跑。跑上十幾里地，會看到那種旗子，看到了就和他們說：「我們是楊萬流家的。」

我問：「就是當尿布的那個旗子？」

我婆婆吐出瓜子殼，咂巴著嘴說：「反正我就不走。七王爺叫我不用走，關帝爺叫我不用走，夫人媽叫我不用走。」

我心裡想：反正我也不走。走之後，去哪兒？那裡會有撒著我祖宗們骨灰的海嗎？那裡會有這一座座廟嗎？那裡有每次見我都樂呵呵的神明嗎？

而且，那裡會有楊萬流嗎？

但楊萬流每交代一次，我心還是要慌一次。一慌，晚上就要問他一次：「咱們是不是要趕緊試試？哪天你不在或者我不在了，那真遂了命說的。我可不認這個命。」

楊萬流反而不想試了。他說：「我要是死了，我的孩子又和我一樣，沒有父親。」

「我管你死不死！」我很生氣，反正我不能認這個命。

我還說：「有孩子了，即使你死了，我還可以在孩子臉上看到你吧？」

楊萬流就這樣又教了我三四個月了吧，我肚子裡還是沒一點動靜。

不僅我肚子沒什麼動靜，好像一切都沒什麼動靜了。

那個什麼「種花蒙古」的，沒有再來，日本人也沒有來，鎮上沒有人突然離開，也沒有離開的人突然回來。一切安靜到讓我一度覺得，是不是這個小鎮突然被神明安了一個罩子，什麼東西都進不來。

我爬到屋頂，盯著天空一直看，有沒有鳥能從其他地方飛來。

我走到婆婆面前，問：「是不是最近神都不讓誰投胎到這裡來了啊？」

我婆婆一聽就噗哧一笑，把嘴巴裡的瓜子殼都噴出來了。她笑嘻嘻地看著我，終究什麼都沒說，又像是說了許多。我又氣又惱，想罵那個神婆幾句，但終究沒有開口。

來找楊萬流的人越來越少，越來越少，到第五個月後，就只有零零散散四五個人來找他了。然後，又變成楊萬流出門到處竄了。他和颱風來之前一樣，每天帶回來各種魚，每天挑著海水養在不同的缸裡。有次我突然想到，問楊萬流：「槍呢？」他想了許久：「是啊，槍呢？」然後翻找了大半天。

這樣的日子又過了好多年。

那天中午吃好飯，我又去廚房喝藥。

然後聽到有人奔跑進來的腳步聲，我一聽，好像是楊萬流。他好像喊著什麼。

我在想：楊萬流怎麼突然回來了啊？

然後我聽見楊萬流在喊我的名字，但我得喝完藥才能出去。

然後我聽到更多的人跑進家裡來的聲音，然後更多的人在說話。

那個藥剛煎好，太苦了，太燙了，我還是只能小口小口喝。

等我出來了，只剩下我婆婆還在院子裡，還在藤搖椅上，但是她沒有嗑瓜子，而是發著呆。

我問婆婆：「剛剛是不是萬流叫我？」

婆婆說：「是啊。」

我問：「那萬流呢？」

婆婆說：「萬流走了啊。」

我問：「那萬流什麼時候回來啊？」

婆婆說：「萬流不回來了。」

我說：「萬流為什麼不回來了？」

婆婆說：「萬流回不來了。」

我沒聽明白，問：「那他為什麼叫我啊？」

婆婆說：「他知道他自己回不來了，他想再見見妳。」

我還是沒聽明白：「那他在哪兒？我就讓他見見我。」

婆婆說：「見不上了。那種車妳知道嗎？不是妳爺爺那種三輪車，四輪的那種，跑得可快了。我想，比神明飛得還快。」

陸續有人來我家，他們圍著我婆婆嘰嘰喳喳的。

一開始我還沒反應過來，不理解為什麼有的人哭著，有的人鬧著，有的人拉著我婆婆的手一直說著。

我聽下來大概知道了；就是突然間，帶著那種旗子的人又來了。他們這次來了好幾百人，拿著槍，見到男人就抓，十三四歲的半小夥子也抓。他們抓了就往罩著綠色帆布的車上拱。

有人說，楊萬流看到那些人還想去理論，有個小矮子從車上下來了——就是上次來的那個——一開始還和楊萬流挺客氣的，說：「共軍打過來了，所有人得撤去一個地方準備反攻。」

楊萬流問：「共軍是誰啊？」

那小矮子說：「你們都是加入過我們的人，就要聽黨國的命令跟我們走。」

那小矮子還說：「我們是保護你們的，要不共產黨過來了，你們所有人都得被槍斃。特別是你，你還是我們的保長。」

楊萬流覺得奇怪：「沒有人加入你們，我們就是想打倭寇啊。」

然後那小矮子就想拉楊萬流。楊萬流撒腿就往家裡跑。

有人說，看到楊萬流最後是被架上去的；還有人說，他的左肩一直在流血，好像被槍子打了。

我婆婆坐在所有人中間，又掏出瓜子，嗑了起來。

有人問：「妳聽神明講過嗎？」

我婆婆吐出瓜子殼，說：「有啊。祂們說，這個世間病了，現在到處都有人在受苦，到處都在死人。」

又有人問：「神明有說讓咱們怎麼辦嗎？」

那神婆說：「有啊。祂說，活下來。活下來，等世間的病好了，就一切都好了。」

我阿妹果然是我阿妹，遠遠地我就聽到她哇哇地哭。就她一個人來。

她說王雙喜被抓走了，泥丸也被抓走了。

我問：「不是只抓大人嗎？」

我阿妹哭著說：「王雙喜一看一輛又一輛那種四輪的車來，他想著，肯定要抓人的。他趕緊帶著泥丸想躲。他本來想躲床底下，但我說，床底下太容易被發現了，讓他再找找。他想著，要不躲廚房裡，把柴火堆起來，他和泥丸就鑽進去。我覺得這主意好啊，趕緊幫著弄那柴火，結果柴火還沒弄好，進來幾個人，見到王雙喜就要抓。王雙喜又死死抱著泥丸，泥丸也跟著被抓走了。」

我妹妹哭著問我婆婆：「咱們怎麼辦？」

我婆婆不耐煩地說：「不都說了？先活下來啊。」

鎮裡的人還在家裡哭哭鬧鬧著。我婆婆催我陪著阿妹去她家把東西收拾了搬過來。

我和阿妹回來的時候，鎮裡還是有人在家裡哭哭鬧鬧的。我婆婆不催他們走，我們也不好催。陸陸續續有人走，說他們去各宗族大佬那打探打探，去各個廟裡拜一拜；陸陸續續有人來，他們帶來了各個廟的籤詩。大概折騰到凌晨四五點吧，所有人才走完。

說不上為什麼，他們走後，我突然想去關門。雖然我婆婆幾十年沒關大門了，但她這次也沒有阻止我。

我關上門，不知道自己要幹麼，就在門口站了一會兒，然後我說：「我當時還在吃藥呢。」

我婆婆說：「我知道啊。」

我接著說：「我還沒生孩子呢。」

我婆婆說：「我知道啊。」

我婆婆說：「我替妳好好罵神明好不好？我把祂們都罵哭好不好？」

我搖搖頭，身體哆嗦著，說：「妳幫我求求祂們好不好？幫我求求祂們。」

我還在哭著，忽然聽到有人敲門。我不想去開門，卻聽到門外有孩子在哭。

我還在哭著，但有孩子哭了，我還是得去開門。一開門，門口是一個花籃，花籃中間放滿了鮮花，鮮花中間放著一個嬰兒。

我就抱著那可憐的孩子，她哭著，我也哭著。

我婆婆也出來了。她看到我抱著一個孩子，笑著說：「這不，神明又給妳送孩子來了。」

其實，那天晚上拾到孩子的人不止我一個。

有人說，是那些從北方來的部隊留下來的。他們不知道自己踏上船之後，究竟是開往新的生活，還是開往死亡，但他們一定要把孩子留在活著的這邊。

又有人說，是那些自家男人被抓走的女人留下的。送完孩子，她們就覺得自己可以去死了。

那幾天，還是有很多人來我家。我知道，我可以聽到很多資訊，但我不敢靠近。我怕聽到，在哪一片海，海浪又推上來哪一個女人的屍體。我會擔心，其中的一個會是那孩子的阿母。我更願意信那神婆說的：這又是神明給我送的孩子。

那個孩子，神婆給取了個很好聽的名字。神婆說：「妳看，這孩子真是命好。自己的生父生母在如此困難的境地，還是找到了一個花籃，還在花籃裡鋪滿了花。所以咱們就叫她百花吧。」

你應該知道了吧？這個小孩就是你的外婆、我的女兒。

你可以理解了吧？為什麼從你有記憶開始，我就經常採一些花送去給你的外婆。也可以理解，為什麼在你外婆、我女兒要下葬的時候，我一定要在棺材裡鋪滿鮮花——她這一輩子我最終護不住她，但她渾身花香地來找我，我至少得讓她渾身花香地走。

鎮上突然變安靜了。安靜的那些天，許多人安靜地來我家，安靜地坐下，一坐就坐一天。

空氣確實沉了，一天比一天沉，海風都似乎吹得吃力了，總是呼哧呼哧的，像在喘氣，又像在嘆氣。大家不知道還能不能用原來的錢；不知道，不用原來的錢用什麼錢；不知道，蓋了一半的房子還蓋嗎，相好的親要結嗎？

我知道那種狀態，我阿母去世的時候我也是這樣的；鎮上許多人的心裡，沒有壓艙石了。

那神婆還是一副樂呵呵的樣子。我妹還在難過，難過了就問她：「妳怎麼不難過？」

我婆婆嗑著瓜子說：「我不是早就說這個世間生病了嗎？生病了就會難過一下，但難過後就好了。妳看，咱們不是已經囤了魚乾地瓜乾嗎？咱們就安心看看這命運到底安排咱們怎麼活。」

她說得，好像只是在看齣戲。

百花是真乖，才丁點大，拉屎拉尿或者餓了，就哭一聲。看到我馬上去處理，她就笑著等我，從來不鬧。

楊北來九歲了，開始懂許多事，也還是不懂許多事。他會幫忙做點家務，尤其喜歡給百花搖搖籃。他不知道從哪學來的歌，邊搖邊唱童謠：「囡囡仔，乖乖睡，一眠大一寸……」

楊北來曾問過我：「我叫北來，是因為我從北邊來的嗎？」

我說：「是啊。」

「那阿母妳是從北邊來的嗎？」

我說：「我一直在這邊長大的。」

楊北來就此不再問了。此後幾天，他一會兒就叫一次阿母，我每次都趕緊回。回得慢點，他就噔噔噔地跑過來，看著我，直到我趕緊應了。

楊北來還問過我：「阿母我沒看妳肚子大，怎麼我就有妹妹了？」

我說：「這是神明送來的。神明送的，就不用大肚子。」

楊北來問：「我是不是也是神明送來的？」

我說：「是啊，我的孩子都是神明送的。」

楊北來高興了，他說：「我也認識神明的。我認識大普公，長大後我也讓他送孩子給我。」

連著這樣安靜了許多天，有一天早上，鎮上的老街那邊傳來熱鬧的聲音。有腰鼓隊，有人在唱歌，還有人用自行車載著幾個大喇叭唱著些歡快的歌，在鎮上到處晃。

本來在我家待著的人，說他們出去看看。一個人出去看了，沒再回來；再出去一個，又一個沒有回來……第三天，我婆家這邊突然沒有人來了。

家裡越來越空，外面卻越來越熱鬧。

我說：「要不我出去看看吧。」

把孩子們託付給阿妹，我便出門了。

一走到街上，才發現，這鎮上似乎比以前還熱鬧。整條街上掛滿了紅色的旗子、紅色的布條，到處都是喇叭，到處都有腰鼓隊，到處都有歌聲。街上許多地方，還有人在排隊登記著什麼。

我看到常去和我婆婆說得眼淚嘩嘩流的桂花嬸，她也在排隊。我叫她，她好像沒聽見；我知道她耳朵不算好使。

我看到阿青姨，她一直笑咪咪的。自己兒子去世時，她哭的時候也是笑咪咪的。我走到她前面，問：「阿青姨在幹麼啊？」

阿青姨笑咪咪的，沒說話。我知道，她眼睛不是很好使。

但接連幾個人都像不認得我一樣。那一瞬間，我突然想：難道我變成鬼了？我聽我婆婆說過，人剛死的時候，還不一定知道自己死了，還經常會覺得奇怪，別人為什麼不搭理他。

但我反反覆覆地想：我就是從家裡出來，左轉，沿著石板路一直走，然後就是老街了啊。這條石板路很直，不用過橋也沒有交叉路，我要死也不好死啊。難不成，我就是剛好走過去，被什麼東西砸了？我就趕緊盯著石板路尋，沒有看到石板路上有什麼東西掉下來的樣子，也沒有看到我的身體。而且我走在路上，看得到自己的影子啊。不是說鬼沒有影子的嗎？

我不太明白，就想著：我婆婆那神婆不是能和鬼說話嗎？不是認識很多鬼嗎？我問她，自然就知道了。所以我就趕緊往回走。

往回走，是要經過大普公廟的，路過的時候，我突然好像聽到有人叫我。我想：難道我真死了，所以現在是大普公在叫我？但一想：不對啊，大普公是男的啊，聲音怎麼是女的？我往大普公廟走過去，發現是桂花嬸。

我說：「桂花孀妳不是聽不見我說話嗎？」

我又說：「桂花孀，難道妳也成神婆了？」

桂花孀左顧右盼了一下，說：「我不會舉報妳婆婆做過神婆的。如果以後出事了，和妳婆婆說，不是我。如果她以後要讓鬼神來算帳，千萬不要誤會。」

說完，桂花孀就撒腿跑了。

桂花孀說的那些，我沒聽明白，也沒想明白，但我知道，我應該是沒死。那我得再去探探。

我又折回鎮上，但我這次不走路中間了，走街道後面那條平行的小巷子。所謂街本來就是對著的兩排房子，房子的後面是和街道並行的小巷子，畢竟這邊是能出生意的，房子和房子間的巷子快被擠沒了，就留著一條細小的縫隙。風老愛從這些縫隙竄來竄去，順便把聲音也推過來了。

我走過一條縫隙，聽到一些話，又走過一條，又聽到一些……雖然他們不是專門對我說的，但我來回走了兩遍，大概弄清楚了。

來的人就是此前抓走我丈夫那幫人說的共產黨。

聽上去共產黨對窮人好啊。咱們鎮上原來的醬油廠是阿肥發的，現在說要拿出來分，以後買醬油不用錢了；咱們鎮上原來的茶廠是瘋狗朋的，現在說要拿出來分，以後大家都有茶喝了；咱們鎮上原來有幾支海上運輸隊，是瘋狗朋、大頭明、大虎等人的，現在說要拿出來分。

咱們這海邊地鹹，就那幾個村有可以種點東西的田地，現在也說可以拿出來分了。至於海呢？海本來就是所有人的。

我聽來聽去，不知道他們說的是不是真的，也沒明白別人為什麼要躲我，反而有點著急，想著：得趕緊叫我婆婆來登記，好分東西啊。

就在我要跑回家時，我聽到有人喊著：「大家趕緊去看啊，要把廟給敲了啊！」

我覺得好玩了。是不是那個主管災難的聖童子大家覺得不稱職，要廢掉祂？我心裡想：我阿母罵了那麼多年神明，不敢幹的事情最終有人幹了。以前就聽說過大家覺得不靈的神明，廟被拆掉，然後把神像放回海裡的事情。看來是真的啊。

我還聽到一遍又一遍的鼓掌聲。有人高喊著：「破除封建迷信。」

我不知道封建迷信是什麼意思，但聽著覺得有大事要發生了，我想：得趕緊拉我婆婆來看熱鬧。

我撒腿就跑，邊跑邊覺得不對勁。回到家，我和婆婆說：「外面在登記分東西。」

我婆婆開心地回：「妳看，這世間不就開始變好了嗎？」

我和婆婆說：「他們還說要拆廟。我不知道哪家，但我想，應該是那個聖童子廟。」

我婆婆樂呵呵地說：「所以神和人都要好好工作，要不就沒人要了。」

我和婆婆說：「他們還說要破除封建迷信。」

我婆婆聽了，想了一下，問我：「咱們是不是封建迷信啊？」

我問：「什麼叫封建迷信啊？」

那神婆又想了一會兒，好像想明白了一樣，咧開嘴笑：「傻姑娘，我就是封建迷信啊。難怪大家不來找我了，難怪。」

婆婆知道自己是封建迷信後，就交代了兩件事，然後還是躺在藤搖椅上嗑瓜子。

一件是，讓我把門從此關了。如果有人問，就說她死了。

一件是，讓我每天去老街後巷跑一趟，聽聽那些海風從縫隙裡遞過來的聲音。

那些叫共產黨的人，確實說到做到。才沒幾天，就開始每隔幾天分一樣東西。先分的是土地，然後是房子，然後是船。分什麼東西都一樣，就是有人喊著誰的名字，什麼東西多少多少，那人歡快地應一聲，拿到一張紙就開心地大喊大叫。

每次我回來都要把進展和我婆婆說。我婆婆總是聽得樂呵呵的，開心完就很難過地喃喃自語著：「但怎麼就不要我們了呢？」

那神婆一直耿耿於懷，那段時間的她，就像我阿母去世時的樣子：不和人說話，一個人在院子裡嗑著瓜子，偶爾抬起頭對著半空說著什麼。

我阿妹擔心她，想去和她說說話。我記得楊萬流說的，拉住阿妹，說：「別，鬼和神在安慰她了。」

那一天我婆婆沒嗑瓜子了，一個人悶悶地坐著。我問她：「怎麼不和鬼說話，怎麼不和神說話了啊？」

她說：「祂們也討論得嘰嘰喳喳的。」

我問：「祂們嘰嘰喳喳什麼啊？」

我婆婆說：「祂們嘰嘰喳喳說這世道好像不需要祂們了。祂們要死了。」

我問：「神也會死啊？」

我婆婆說：「會死啊。沒有人供養，沒有人記得，祂們就要死了。」

我說：「那沒關係啊。只要妳供養著，祂們就不會死了。」

那神婆說：「我也要死了。」

我聽不得她這麼說，生氣地說：「妳要死了，我就不理妳了。」

那神婆咧嘴一笑：「我死了，妳就理不了我了。」

那天我把家裡所有能吃的東西翻出來，攤在院子裡，一樣樣數。多虧我婆婆；米是不多了，但有地瓜，更主要的是，我們有一整個廚房的地瓜乾和魚乾。如果每頓就是地瓜乾煮水配魚乾，我估摸著也能吃上幾年。

但即使這樣，我心裡還是不踏實。我想了想，還是招呼阿妹，把庭院的一半撬開了，準備種地瓜——地瓜最好種，只需要把地瓜藤往土裡一插，就行了。

缺的，是我婆婆的瓜子。

我婆婆在院子裡還是一直躺在藤搖椅上，她現在嗑瓜子很節儉，許久送進一顆，含著，好一會兒，再咬開。就那小小的一粒瓜子仁，她嚼了又嚼，嚼了又嚼，直到嚼得碎之又碎，被口水溶了，才嚥下去，然後拿出瓜子殼吮吸一下。

接連吃地瓜乾配魚乾，先受不了的是楊北來。他也沒說什麼，只是嘟囔了一句：「阿母，我嘴很淡。」我婆婆聽了，趕緊應和：「屋樓啊，我嘴也很淡。」口氣還模仿撒嬌的北來。

但我們沒鮮肉。

我發愁到晚上，愁著愁著，就睡著了。

凌晨一兩點，我婆婆把我搖醒了。

我問婆婆：「這麼晚，幹麼啊？」

婆婆說：「我想起來了，咱們真是傻，咱們是靠海的啊。老天爺這個時間點都會甩一些肉到灘塗上，咱們趕緊去拿啊。」

我聽說過的，凌晨，螃蟹、蝦和一些魚總會探出頭來。我說：「好啊，那我和阿妹去就好了，妳別去了。去了別人認出來了怎麼辦？」

我婆婆說：「不行，我得去。我得趁我走之前，再去玩玩。而且黑燈瞎火的，他們怎麼知道我們是人是鬼啊？」

那個凌晨，我和那神婆出發了，我妹留下來看著孩子們。我想了想，拿了海鋤頭，拿了網和背簍——那些都是楊萬流留下來的。

我婆家的後面就是海。出門左拐，那是鎮子的方向，我們選擇了右拐。

到了海邊，海風真衝啊，礁石像躲起來的小朋友，會突然從浪裡露出頭來嚇你。

我光看到海，不知道肉在哪兒。

我看到有兩三個人結伴，也拿著海鋤頭。他們看著我們，可能也不知道肉在哪兒。

黑暗讓他們看不清我們的容貌，估計對他們碰到了什麼也沒把握，所以選擇假裝沒看見我們。他們在離我們遠遠的地方用海鋤頭撬動石頭，然後用手去摸。我也跟著用海鋤頭撬動石頭，用手去摸。

他們抓出了一隻螃蟹，我被一隻螃蟹抓住了。我疼得大叫一聲，對方這才確定我們是人，提醒說：「妳得看清楚了再抓牠後背。」但我已經被螃蟹抓住了。

我到家後，偷偷躲到廚房裡去看，才發現，自己的虎口差點被鉗開了，還被挖掉了一小塊肉。我手上一條一條，應該是被海石或者牡蠣的殼割出來的，還在流著血。

但沒關係，我們有肉了。我想著：我留下一點肉，拿走一點肉，其實挺公平的。這樣想之後，我就感覺沒那麼疼了。

那時候已經是凌晨三四點了，我婆婆一直在廚房外探頭。她不知道我受了傷，吞了吞口水，問：「妳是不是饞了，準備三更半夜煮肉啊？」

說完，她又吞了吞口水。

我想那神婆是真饞了，所以回：「是啊，咱們煮肉。」

那神婆開心地跑去房間，把兩個孩子和我妹叫起來：「吃肉了，吃肉了。」

已經好多天沒有瓜子了，我婆婆嘴巴好像癢得難受。她摘了蘆薈、玫瑰花葉、草根等放嘴裡嚼過，都覺得不對。她看我正在插地瓜藤，便拿了枯掉的一截洗一洗，往嘴巴裡放。一嚼，感覺還比較像，從此就總要偷偷掐我的地瓜藤。

那個嗑瓜子的神婆，現在變成一個躺在一小片地瓜田裡、嚼地瓜藤的神婆了。

那天我醒來，看到我婆婆還是在院子中間嚼地瓜藤。

但我看到她在哭。

我覺得奇怪了。她和我說她丈夫怎麼死的時候沒哭，我和她兒子結婚時她沒哭，她兒子被拉走她沒哭，這個時候她卻憑空哭了。

我問：「妳是在哭？」

我婆婆說：「是啊。」回答得理直氣壯的。

我問：「妳哭什麼？」

我婆婆說：「就是剛剛那個聖童子走了，祂來和我告別了。」

我問：「妳難過的是祂走了？」

我婆婆說：「我和那個聖童子又不熟。我難過的是，神明好像都要走了。如果祂們都走了，以後就沒有人和我聊天了；沒有人和我聊天，我就什麼都不知道了；我什麼都不知道，我就不知道楊萬流過得怎麼樣，不知道妳會過得怎麼樣，不知道自己什麼時候死了。」

我說：「不會不會，神明怎麼會捨得走？」

我婆婆說：「會的。祂們一個一個在走了。」

那天下午我出了一趟門。我在老街的巷子裡聽了一遍海風裡的話。還真是，真的有一座廟被拆了，就是聖童子廟。

我是從海風那裡聽來的，聽到的都是碎片。就聽說，那天早上浩浩蕩蕩圍了一圈人，一直喊著：「拆啊，打倒封建迷信啊！」喊了半天，大家還在喊著，沒有一個人衝上去。

聽說，一個外地來的幹部，叫了幾遍大家還是沒動，氣到想衝上去。結果旁邊一個女孩子，穿著中山裝，剪了個蘑菇頭，戴著眼鏡，一下子衝上去，腳一蹬，把神像給踹倒，滾下來，直接摔碎了。

聽說，那女孩是咱們本地的，喜歡外地來的那個幹部。

不過我聽著聽著，覺得不對啊。我婆婆說了，可以不要這個神，可以拆那座廟，但哪能踹神啊？你把祂請到海裡，送走就好了啊。何況，祂除了是神，也還是個孩子啊。

海風裡有人偷偷說，當時很多人尖叫一聲，眼淚都出來了，但憋著。除了個別幾個，其他人都沒哭出聲。

回家的路上，我心裡也開始慌了。我對著半空說：「神明啊，祢們不會走吧？祢們不會死吧？」

我當然聽不到任何聲音。

我想過，要不要讓婆婆去安慰一下神明，勸解下神明。但我又擔心，神明被人踹的事情，她要是知道了，肯定更難過了。所以我回家後，什麼都沒和那神婆說。

但那神婆，好像真的知道了些什麼。她有時候會突然和我說：「奇怪了啊，我好久沒看到七王爺經過了。祂最近都在忙什麼啊？」

我說：「我怎麼知道。」

過一會兒她又說：「我怎麼看到媽祖娘娘打包好行李往海那邊飛去了。」

我說：「我又看不到。」

那一段時間，每隔幾天就聽說哪座廟被拆了。聽說，現在大家都已經形成工作流程了——其他人負責拆廟，而神像，都是那個蘑菇頭女生來推的——我以前明明記得她名字的，我當時對她生氣了很久，但現在不知道為什麼，我就是想不起來。

而我婆婆，經常嚼著地瓜藤，對著天空，一副等不來老朋友的那種表情。

我見她孤單，經常抱著孩子坐在她旁邊。

那神婆知道我在安慰她。

她也安慰我。她說：「我知道了，不是神明和我錯了，只是我們老了。這世間也會生老病死的，我們是這世間老掉的那部分。」

那神婆笑嘻嘻地說：「所以我們可以去死了。」

有一天凌晨，我們都在睡著，突然嘣的一聲，整個大地好像都震了一下。

我左手抱著百花，右手拉著北來，趕緊往我婆婆的房間跑。不料又嘣一聲，又嘣一聲，還嘣一聲，再嘣一聲……

我軟著腿踉踉蹌蹌跑到我婆婆的房間，聽見我妹也喊著我，往我們的方向跑來。我推開婆婆的房門，看到我的婆婆，那個能和鬼神說話的神婆，癱坐在地板上。

我喊：「沒事吧蔡也好？」

我婆婆哭著說：「我尿褲子了，我尿褲子了。」

我說：「沒關係，妳拉屎都不怕神明看，尿褲子有什麼。」

我婆婆一聽，哭得更大聲了：「祂們也沒了，祂們都沒了。」

整個轟炸持續了整整半天，我們一家五口人窩在婆婆的房間裡。轟得久了，其實也大概摸到了規律，先是一下、兩下、三下、四下……然後安靜大概十多分鐘，應該是在換炮吧。換好，又是一下、兩下、三下、四下……知道規律後，心裡好受許多，但是每發炮彈落下的時候，心還是跟著一顫。

等炮聲消停了大半個小時，我才確定，應該是停了。這才發現，自己腦袋嗡嗡地響，心裡慌亂得如同被炸過一般。

我讓阿妹幫忙照看好孩子，我想，我得出去看看。

空氣中是有硝煙，是有塵土，還在飄著，但我一左拐，看到那條石板路，還是那麼完整，甚至因為沒有什麼人，顯得比以前更乾淨。

我驚奇地沿著石板路跑向鎮裡，除了有些震落的招牌，沒有太多地方受損。是有人在哭，那是嚇哭的。我循著硝煙來的方向跑，才發現那是老天爺給我們偷偷藏肉的那個沙灘。

我看到了，整個沙灘密密麻麻都是炮坑，但很少有炮坑是超過沙灘的。鎮上有許多人追到這邊來了。有喇叭在喊著：「臺灣國民黨反動派，悍然發動炮擊……」

海風中我聽到有人在竊竊私語著：「是不是神明發威，把炮彈都擋了啊？」

我回到家的時候，婆婆沒在庭院，沒在嚼地瓜藤。她還窩在房間裡。

我隔著門，和她說：「剛剛是臺灣的炮打過來。但是妳知道嗎？一顆炮彈都沒落到咱們鎮上哦，全部都在沙灘上。」

我婆婆不說話。

我說：「妳知道嗎？大家都說是神明發威，把炮彈擋住的。」

我婆婆開口了：「別騙我了，祂們都沒了。」

種在院子裡的地瓜都開始開花了，開花後就要結果了。

我婆婆坐在院子裡，就像坐在一片花叢中。

自從那次炮轟後，我婆婆比以前安靜了。她不怎麼嚼地瓜藤了，也不怎麼抬頭了，經常就靠在藤搖椅上，發著呆。

即使是我凌晨去灘塗找來的肉，我婆婆好像也沒什麼興致了。

我感覺得到，我知道，她準備要走了。

那段時間，我看到我婆婆打盹，我就推她，確定她是不是還活著。

我婆婆很生氣：「幹麼推我啊？」

我說：「妳不能走。」

我婆婆不滿地說：「我要走會偷偷走，就不告訴妳。」

我心裡很慌，亂糟糟的，比被炸彈炸過的灘塗還亂。我說：「蔡也好，妳不許走。」

我婆婆說：「我怎麼就不准走了啊？」

我說：「以前妳要走，我可以陪妳一起走。但我現在不能走了，我有小孩了，我阿妹又回來了。」

我婆婆說：「所以我可以走了啊。」

我說：「妳不許走。妳知道的，妳走了，我現在沒辦法把妳生下來。我是不能給自己生親人的人，妳早知道的。」

說完我眼眶就紅了。

我婆婆眼眶也紅了，但嘴裡哄著我，說：「放心放心，我沒法活著陪妳，我死後也陪著妳。這樣可以了吧？」

我說：「我怎麼知道妳死後有沒有陪我？我可不像妳，能和鬼神說話。」

「所以妳不能走。」我說。

我也忘記是哪一天，我婆婆突然對我說：「妳看妳看，這些花是不是都低著頭？」

我看了看，還真是。

我婆婆說：「妳看，那些玫瑰花就都仰著頭。」

我笑著說：「還真是，脖子伸得老長老長了，就像妳。」

我突然覺得這樣說不好，又加了句：「也像我。」

我婆婆笑著說：「從看到妳第一眼起，我就覺得妳像我。」

我就怕婆婆和我說從前的事。我知道她為什麼要回憶，眼眶一下子紅了。

我婆婆調侃我，說：「像我還不樂意啊？」

我搖搖頭。

我婆婆說：「妳發現了嗎？想結果的花，都早早地低頭。」

我哭著說：「我低頭了啊，我很早就低頭了啊。為什麼我還是結不出果？」

我婆婆笑咪咪地看著我，說：「我可憐的屋樓，不是低頭的花全部都能結果的。我們都要活到最後才知道，我們是不是能結果的那朵花。」

我記得那天，我正在挖地瓜。

在院子裡的婆婆醒來了，突然笑著和我說：「屋樓啊，妳要記得哦，我留了一尊神給妳哦。」

我白了她一眼，繼續挖。

我婆婆又說了一遍：「現在神都走得差不多了，我好不容易留住一尊的。」

我說：「我不要。」

我婆婆知道我在生氣，她說：「妳愛聽不聽，反正以後我不在了，記得，我留了一尊神給妳。」

我太生氣了，轉頭就走。

第二天，我婆婆一大早見到我又說：「屋樓，屋樓，記得啊，我可是留了一尊神給妳。」

我轉頭又要走。

我婆婆趕忙叫住我，說：「妳還給不給我飯吃啊？我餓了。」

我說：「妳要吃地瓜湯還是地瓜乾湯啊？」

我婆婆想了想，說：「地瓜湯吧，比地瓜乾湯甜一點。我嘴巴得甜一點。」

我就去煮地瓜湯了。其實也就是煮了三刻鐘吧，然後我端著地瓜湯進來，看到婆婆好像睡著了。

我邊走近，邊吹著熱氣，擔心燙著她。端到她面前的時候，我婆婆還是沒有醒。

我推她，她還是沒有醒。

我知道她走了。

我還是忍不住小聲地怪罪起她來：「妳看妳，當什麼神婆，連最後死的時間都算不準。妳看妳，還讓我煮了地瓜湯，自己還不是來不及喝？」

說完，我端起碗，喝完了那碗地瓜湯。估計是太燙了，我邊喝，眼淚邊一直掉。

/ /

我看到我阿太眼眶裡有什麼在閃爍。我想靠近去看，我阿太把我推開。

她說，老了，總會流眼油。

我想安慰她，她為了不讓我安慰，趕緊又開口：「對哦，忘了告訴你一件事情。」

「其實後來又發生了好幾次炮戰，而且，還是全部都打到沙灘上。大家後來才說，在那邊打炮的，都是咱們的親人，誰捨得打啊。打到沙灘上，炮彈的碎片炸開了，到處都是。也不知道是誰說的，那炮彈用的鋼鐵可好了，用來磨成菜刀使起來可快了。大家就都去沙灘拾炮彈殼，一拾才發現，有人在炮彈上面刻了東西。有刻『安』，有刻『母』，有刻佛，還有個炮彈上刻了個心。

「我只是聽說，我沒看見過。那個刻著心的炮彈碎片，也不知道被誰拿去了，但不知道為什麼，我就覺得是楊萬流刻的。他是刻給我的。那個『母』字，我也覺得，一定是楊萬流刻的，刻給我婆婆的。」

我阿太的眼淚還是沒停下，我想幫她擦掉眼淚，她推開我，笑著又趕緊繼續說：

「你記得我剛剛說到的那個蘑菇頭嗎？其實你見過啊。很小的時候，你去上小學，不是總有個老女人站在學校門口，一直唱著革命歌曲嗎？就是她啊。她的事情後來鬧得可大了，她和那個外地幹部處上了，懷了孩子，但那外地幹部突然被調走了，說是參加什麼祕密任務。總之，就是找不著了。她本想把孩子生下來一起等，結果孩子在炮戰的時候被嚇到了，流產了。流產之後她就開始瘋，每天站在學校門口唱革命歌曲。有人偷偷說，就是因為她踹了神好幾次，才會過成這樣的。我還和他們爭辯，我說，不會的，神怎麼會那麼小氣？但後來想想，其實我也不確定哦。你看，我婆婆不是也被神搧過耳光嗎？神有時候就是挺小氣的。」

說著說著，我阿太像突然想起什麼一樣，開心地叫起來：「我記得那個蘑菇頭的名字了！她叫明芳，對的，就叫明芳。當時我聽到這個名字可喜歡了，想著明芳明芳——明天的世界，充滿芳香。」

回憶四

廁中佛

腐爛之地，神明之所

你阿母——我外孫女——可是結結實實嘮叨三十年了。說她生你的前幾天，老是出血，本來是因為擔心自己扛不過這一關，才想請我來坐鎮。畢竟，我是陪著內內外外這麼多個孫子出生的人啊。她說，哪想待產那晚，我去醫院陪床，一進來沒和她說幾句話，就坐在躺椅上睡著了。她本來睡得好好的，偏偏我像牛一樣打呼。她睡不著，就覺得自己要生了，疼得說不出話，拚命推睡在旁邊的我，我還半天都搖不醒。她只好忍著疼自己下床，扶著吊瓶支架去找醫生。

她老愛說這件事情，從你出生起翻來覆去說到現在，哪天和誰聊天想到了，又說。你外婆——我女兒——百花和我轉述過，你三姨和我說過，你隔壁家的阿春姨、再隔壁家的阿花姨和我講過……我幾次當面問你阿母，你阿母每次趕緊跑，邊跑邊故意喊得很大聲：「外婆莫打我，莫打我！我哪有怪妳啊。我信妳當時不是在睡覺，我信。」

氣得我拿起拐杖就追。

我當時不是在睡覺，我是在和夫人媽說話。

我明明和她解釋過的，她就是不信。

夫人媽當時正抱著你過來，和我說，本來你阿母這一胎生的應該還是女兒，但是因為你阿母整天一直嘮叨，就想要兒子，夫人媽受不了嘮叨，幫忙臨時換了個兒子。夫人媽還交代，臨時換的，孩子還沒長全，得小心護著。

我記得你是凌晨三點出生的，生下來才四斤七兩，啼哭得有氣無力的，像隻貓，甚至頭頂骨都沒長好，頂上一摸軟乎乎的，還可以看到天靈蓋上的血管一蹦一跳的。

那天你舅舅騎著三輪車接你阿母出院的時候，是我堅持先直接去趟關帝廟再回家的。因為夫人媽交代了，你得有個神明乾爹護著，才能安全。那天夫人媽其實是陪著咱們去了一趟關帝廟並說服關帝爺的，要不，哪能連擲三聖筊，第一次問卜，關帝爺就同意收你當乾兒子啊？

這不，你回家時，就突然哭得豪情萬丈，跟你乾爹的結拜兄弟張飛一樣了。然後從小一路胖墩墩的，直到現在。

再過幾十天，我就要走了，你記得有空就去你乾爹的廟看看。雖然你不能聽到祂說話，也不知道這些神明是怎麼照顧你的，但你要記得，人家可是把你護得如此周全。你還要記得，你做的好的壞的，祂都看著的。

你還得多去夫人媽廟坐坐，不用幹麼，就坐坐。那是我這輩子最好的閨密了。沒有我這個神明閨密在，你可不一定能出生，而我，肯定沒辦法在神婆死後那段日子裡挺過來的。

對哦，我和你說過嗎？夫人媽就是你外太祖、我婆婆——也就是那神婆——留給我的那尊神。

對哦，我和你說過了嗎？那神婆竟然還把祂藏在廁所裡——後來我才理解，這藏的地方，還真對。

我是後來才知道，我一不小心給那神婆辦了咱們鎮子當時最牛的葬禮。按照當時的說法，咱們鎮子是沒有鬼魂的了，所以葬禮上是不用守靈的；咱們鎮子是沒有神明的了，自然也不會需要遊街送靈魂升天。

我當時什麼都不知道，結果，該有的不該有的，那神婆的葬禮都有。

那天神婆沒吃地瓜湯就走了。我記得她走之前說過，她死之後還會陪著我的，所以我就難過了一會兒，然後我想：反正那神婆還在的。開始著急地琢磨，怎麼才能和她說上話。

我仰著頭，對著半空問：「蔡也好，妳在的吧？」

我聽到海浪和海風的聲音，以及海風送過來的外面各種熱鬧的聲音，但我沒有聽到她的回應。

我想：估計她在忙著撿自己的腳印吧。

我婆婆人生的大部分時間就在那院子裡，就在那藤搖椅上。我想：她現在一定也在那兒。

我對著那藤搖椅又重複問了一遍：「蔡也好，妳在嗎？」

我聽到院子裡有鳥叫的聲音，不遠處還有狗吠的聲音，但我就是聽不到她的回答。

我想：我果然聽不到靈魂說話。

我發了一會兒呆，想：或許到夢裡就可以了。雖然這是個麻煩的辦法，以後我有事想和她商量，就得趕緊睡覺。

我忘了我是怎麼睡著的了，是我妹把我叫醒的。

我妹說：「阿姐，妳睡得真死。婆婆睡得更死，這次都不打呼。」

我說：「婆婆死了。」

我妹推了推婆婆，婆婆沒有反應。我妹哭著問：「那妳怎麼還睡著了？」

我說：「我是想，睡著了是不是就能和她說話。」

我妹問：「那妳和她說上話了嗎？」

我說：「沒有。」

我妹哭著說：「婆婆不在了。」

我很篤定地說：「她在的，就是說不上話了。」

阿妹問我接下來怎麼辦。我想了想：如果我聽得到那神婆說話，她會說什麼呢？然後我知道了，我說：「咱們先讓婆婆好好死，再讓自己好好活。」

我經歷過爺爺的葬禮、奶奶的葬禮、阿母的葬禮，還隨著神婆見習過那麼多葬禮；比起怎麼過日子，我更知道怎麼辦葬禮。

我記得，首先要穿麻戴白。

發黃的內衣依然還算是白的，我把它裁成條，綁在所有人頭上。我找不到麻，但是找得到草蓆。麻是草，草蓆也是草，我把草蓆裁成衣服的樣子，披在所有人身上。

這些是有了。我記得一個好的葬禮，還需要有人來給婆婆守靈，有樂隊，有人哭喪，有人表演，有人招魂，有人念悼詞，有人送靈，最後還要有一塊好的墓地。

我一一列舉給自己聽。我妹黏得太近了，聽到了，白了一眼，說：「現在肯定都沒有了。」

我妹果然年紀小，她不知道這世界上一件件事情，也是一條條生命。一件事情落了地，它自己就會掙扎著長出自己的模樣。所以很多時候，我們只需要把這件事生下來，然後看它到底能長成什麼樣子。

就像孩子一樣。

葬禮首先得有人來守靈。我就先把守靈這件事情生下來。

我叫上阿妹一起，把大門的門板卸了，底下用石頭疊成四條桌腿。這樣我就有兩張大桌子了。

我在門口搭了一個灶，把自己那個辦喜事用的大鍋抬出來，把火燒得旺旺的。地瓜無論大小，全部洗了，煮地瓜湯。我想：就讓海風帶著地瓜湯的香味往鎮上飄；我想：吃不飽飯的人應該不少，都煮得這麼香了，就不信沒有人來。

果然，香味飄著飄著，開始有人走過來張望。

有人問：「什麼好事啊？」

我說：「我婆婆走了，蔡也好走了。」

那人愣了一下，說：「現在不好守靈了，都新社會、新作風了。」

我說：「我有地瓜湯，你喝嗎？」

那個人愣了一下，說：「喝啊。我就喝地瓜湯，我不守靈。」

我說：「好啊。」

然後，那人就留下來守靈了。

第二個，第三個，第四個……陸陸續續地，大家都來喝地瓜湯，大家就都這樣來守靈了。有呼朋喚友來的，有拖家帶口來的。我妹開心地說：「婆婆的守靈人，真多。」

海風一吹，地瓜湯很容易就放涼了。地瓜湯一涼，總像在喝甜湯。先來的人把地瓜湯當晚餐，後來的人把地瓜湯當甜點。孩子在旁邊玩著，大人們有一搭沒一搭地聊。

一開始有人聊海水的流向，和他下網的方法。有人聊到他第一次在海上釣到的皇帶魚，說那皇帶魚活著的時候像潔淨的銀箔。然後就有人聊到今年颱風還沒到；大家就開始回憶自己經歷過的颱風，好像在回憶一個久久沒有造訪的遠親。

我和我阿妹坐在門檻上，有一搭沒一搭地聽著。

然後有人說，要不他去拿些花生來。又有人說，他去拿點酒來。還有人臨時去海邊翻來一些花蛤和蟶子。這樣，大家就喝起酒來。

喝著喝著，一個操著外地口音的姑娘突然站起來說，她是來參與組建紡織廠的。她原來是部隊文工團的，她說她很希望瞭解祖國大地各個地方的人，為了助興，她可以表演打快板。她說祝願祖國早日統一。

大家就鼓掌了，她就打起來了。

我妹開心地在我耳旁說：「婆婆算是有樂隊了。」

喝起酒來，總會回憶。有的人一回憶，就說到我婆婆了。

有個人說，他兒子溺水死了，他家女人一直嗚嗚地哭。然後我婆婆和她說：「妳兒子很愛你們，在等著投胎回妳肚子裡。你們趕緊生一個。」

然後，就有了現在的兒子。

有個人說，原來他老母親腿腳一直不好，老母親死後，他老父親整天派他來這裡找我婆婆問：「那老太婆腿好些了嗎？」我婆婆每次都嚷著說：「好了好了，等著你老父親死後在那邊和她賽跑。」我婆婆還說：「你老母親一定贏。」

「現在我老父親也不在了，本來我還挺想問她：他們在那邊比賽了嗎？到底是誰贏了啊？但現在妳婆婆也走了，我沒有人可以問了。」說著說著，那人開始嗚嗚地哭。另外幾個人也哭了，那個表演快板的小姑娘也哭了。我知道，有的人是在想念他老父親，有的人在想念他兒子，有的人在想念自己的家鄉。

他們一哭，我妹也跟著哭。我沒哭。我開心地和哭著的阿妹小聲地說：「咱們婆婆這不就有了哭喪的和念悼詞的了？」我妹一聽，流著鼻涕開心地笑了。

哭完，那個想知道自己父親母親在地下誰跑得快的男人說：「妳一定得給婆婆好好辦葬禮啊。」

我咧嘴一笑，說：「是啊，不正在辦嗎？」

大家其實都知道了，跟著笑了起來。

笑完，就正式當作喪禮幫忙琢磨起來了。

有人問：「還沒裝棺材？」我說：「在廳堂了。」咱們這兒，一般年紀到了五十多歲，有條件的就早早地打好了棺材，還要放在廳堂。用你們現在的說法，叫炫富。

大家吆喝著，一起把我婆婆的屍體放進棺材裡，又把棺材放到三輪車上，還把三輪車推到廳堂裡。

我問：「怎麼放三輪車上了？」

有人笑著：「葬禮都辦到這分兒上了，肯定得去遊街啊。」

我說：「這葬禮可太像樣了吧。」

大家笑著說：「咱們鎮上好久沒有像樣的葬禮了。」

有人問：「打算葬哪兒？」

我說：「要不就葬在這院子裡。我不想婆婆離開家裡。」

他們看到院子裡種滿了地瓜，覺得不對，說：「旁邊有地瓜在生根發芽，婆婆會覺得癢吧。」

我覺得有道理，我說：「那就葬院子後面。」

那個晚上他們還幫我在屋後挖了一個洞，好幾個人，挖到天矇矇亮。

守靈的人走的時候，天已經翻出魚肚白了。我也不睡了，我說：「阿妹，咱們送婆婆走吧。」

我把百花綁在自己身上。楊北來說，他長大了，可以幫忙推車。

我們就出發了。

我想著：要沿著通往老街的那條石板路走一趟，這樣所有人才知道，我婆婆的葬禮有遊街。我還想著：要沿著那些廟走一趟，這樣我婆婆就可以和她的老朋友們告別。

我妹在前面騎，我和北來在後面推，出門左拐，就往街裡走。

有狗看到我們，叫了一聲，然後傳染一樣，一隻隻狗幫我們把我婆婆葬禮遊街的消息就這樣傳下去。過一會兒，雞也加入了，前前後後比賽著打鳴，好像在幫我們奏樂。

我妹開心地說：「像樂隊在開路。」

我說：「就是樂隊在幫神婆開路。」

我突然想到一個主意，便大聲喊：「蔡也好，妳好好走。」

我妹臉紅了，問：「怎麼還喊上了？」

我說：「明天妳就懂了。」

我繼續喊：「蔡也好，妳好好走。」

聽見我的喊聲，有人推開窗戶，看到了我們，對我點了點頭。

我知道，他們也在送我婆婆。

我們走到我娘家，在門口轉了一個彎，沿著靠近原來那一座座廟的地方往回走。

我們這才看清，有的廟被完全推倒，有的廟推了一半，有的廟好像有人在裡面住，晾著衣服。還有的廟門就打開著，原來擺放神像的地方，擺滿了巨大的機器。機器轟隆隆的，還挺熱鬧。

我在路過每座廟的時候，都向祂們一一點頭，腦子裡浮現出的，是我十五歲那個晚上，一個人跑去找神婆時，祂們一個個幫我點燃燈火的樣子。我心裡想：祂們是那麼好。祂們現在到哪去了呢？

我阿妹心裡想到的，還有另外的人。她問：「那些原來和阿母吵架的廟公廟婆不知道去哪兒了？」

我說：「我也不知道。」

不遠處就是海，海翻出來一條浪，又被新追過來的海水吞了。我在想：那條浪去哪兒了呢？然後我們看著整個海面，海翻出來無數條浪，又吞沒了無數條浪。

我指了指浪，對阿妹說：「海好像在回答妳剛才的問題。」

我們遊街回來的時候，昨晚那些幫忙守靈的人已經在等著了。他們估摸著，我們需要有人幫忙把棺材抬進去。

最終是八個人幫著抬的。當他們穩穩地把婆婆放進墓地，要蓋上土的時候，大夥兒問：「最後說點什麼吧？」

我說：「我不講，反正那神婆在的。」

我阿妹說：「妳不講，我來講。」我阿妹對著墓地裡的婆婆嬉皮笑臉地說：「對這個葬禮還滿意嗎？滿意妳就保佑我們都活得好。」

說完，大家一起笑了。

有人喊了一聲：「我阿母是張阿環，到那邊幫我照顧我阿母啊！有空帶她來夢裡看看我。」

看到可以對神婆提請求了，其他人也趕緊說：「我父親是黃土豆。他腿腳不好，妳和神明交情好，幫著在那邊賜他一副好腿腳吧」、「我爺爺是蔡流水。我老夢不到他，妳提醒他，可不要忘了他有個孫子啊」。

我心裡得意地想：我總算生下一場葬禮了。接下來，該為大家生下好的活法了。

哪裡想到，葬禮都還沒辦完，我還沒來得及想好怎麼活下去，命運這傢伙又給我送來了一個小孩。

有次，我阿妹本來在切著地瓜片，突然興奮地朝我嚷：「蔡屋樓，我發現了，妳一個孩子都沒生的人，最終是來自祖國大地東南西北孩子的阿母。」

我問：「哪有？」

我阿妹說，「北來是北邊來的，西來是西邊來的，百花是咱們這邊的。咱們這邊是東南，所以就是東南西北了。」

我想了想，還真是。開心地想：我是東南西北的阿母了。

那天來的小孩就是你二舅公。

你二舅公的名字之所以叫楊西來，就是因為那天他和我說，他是從西邊來的。

那時候人群已經散去了，百花在北來的懷抱裡睡著了，我和阿妹正在把拆下來當桌子的門板重新裝上去。

你二舅公怯生生地跑來了。他五六歲的光景，眼睛大大的，穿著時髦的短襯衫和吊帶褲，還穿著皮鞋，只是一看就好多天沒收拾了，全身都是泥，臉上、頭髮上也是。

小男孩用一半國語一半閩南語問：「這裡有地瓜吃嗎？」

我用閩南語和自認為的國語說：「這裡剩一點點地瓜湯。」

小男孩說：「妳給我地瓜湯吃，我叫妳阿娘。」

我笑著說：「不用不用，吃完你就趕緊回去找你阿娘。」

那小男孩說：「我沒有阿娘了。我得找到阿娘才能一直有東西吃，所以妳就做我的阿娘吧。」

我妹問我：「妳是不是剛剛偷偷和神婆說，想再要個孩子？妳看，那神婆手腳也太麻利了吧。」

我說：「我沒有啊。」

我想：如果是那神婆送來的，她自己沒幫我算過嗎？家裡的存糧還夠咱們這幾張嘴吃多久啊？

你二舅公擔心我們不要他，也不管我聽不聽得懂國語，就奶聲奶氣地講他怎麼來到這裡的。他講得很清楚，我聽得不是很清楚。

他說，自己出生的地方叫昆明，他們一家人跟著父親坐火車去了北京，又搭飛機去了上海，又從上海坐車到這裡來。他年紀很小，但他走過的路，比我爺爺、我奶奶、我婆婆、我阿母一輩子加起來還多。

他記得，自己的父親是個官，自己的母親全身香香的，講話很溫柔，還會畫畫。

他說，從上海到這邊，一路上上下下要經過好多座山，他母親一路難受，一路吐。他倒沒事的，隨行的士兵誇他，說他以後可以去開飛機或者坦克。他說，他當時還回答說自己想開飛機，因為一飛，就能馬上飛回昆明了。他說他想念昆明，昆明一年四季都有好看的花。

他說，當時大家要上船，他父親攙著他母親走在前頭，他由家裡的傭人張婆牽著走在後面。本來排隊排得好好的，不知道誰喊了一聲什麼，大家慌亂地往前擠。你擠我我擠你，張婆一不小心掉海裡了。他停下來，對著海一直喊，張婆沒應答，再回頭看，他父母都不見了。

他說，他想等等張婆，這樣還可以讓張婆帶他去找父母。他下了船，一直等。他等啊等，等所有人都上船了，張婆還沒來，等船開走了，張婆還沒來。他估摸著去找張婆掉下去的地方。他以前沒見過海，看到巨大的海拍過來，拉出一條條白白的浪，他有點害怕，一直喊張婆，沒有人應答他。

他說，他也不知道海邊的晚上這麼冷。他被吹得一直哆嗦，後來就躲到別人房子後面的角落裡睡。第二天一醒來，他想去找張婆，結果天一亮，他往海邊一走，才發現，昨天看到的不是浪，而是一層屍體堆著一層屍體。遠看過去，像浪。

說到這，你二舅公一直哭。他說，他到現在還沒找到張婆，但他知道，張婆在那浪裡。

他哭著走進鎮裡，路過一戶人家，有個女人向他招手。那個女人見他好看，問他，可不可以叫她阿母，可以的話就給他東西吃。他叫了，女人也給東西吃了。

他在那人家裡住了幾個月。那戶人家有爺爺有奶奶，還有個姐姐，但沒有父親。大家都很疼他，不僅給他吃的，還給他衣服，教他閩南語，還想著要給他一個新名字。他一直期待那個閩南語的新名字，有了這個新名字，他覺得自己才算是這裡的人了。

有一天，那女人幫他穿上原來的衣服，說：「你得走了。」

他問她為什麼。

那女人說：「你是壞人的孩子，你不是我的孩子。」

她說：「我的丈夫就是被那些壞人抓走的。」

那爺爺在哭，那奶奶在哭，那姐姐在哭，但那女人哭著用掃帚趕他。

他沒再說話，換上原來的衣服出門了。

我問他：「那戶人家住哪兒？」

他搖搖頭，說不記得了。

我知道，他其實記得的。

我問他：「你叫什麼名字啊？」

他搖搖頭，說他忘記了。

我知道，他其實記得的。

他說，他想有個新名字。

我知道，他是想有個新阿娘。

他當時還在說著，北來抱著百花在旁邊聽著。北來聽到那小男孩也想要個阿母，跑到我身邊來，緊緊靠在我身上。

我問阿妹：「要不這孩子妳要了吧？」

我妹說：「我不要，我有我家泥丸。」

我妹看那小男孩眼眶又紅了，趕緊解釋：「我有親生的兒子。我知道他還活著，我肯定沒法疼另外的孩子的。」

我想了想，現在外面太多沒有阿母的孩子了，要不是那神婆，我早就是沒有阿母的孩子了。所以我說：「那我來當你的阿娘吧。」

其實，說完這句話，我自己心裡偷偷慌了一下。我知道的，家裡的地瓜乾本來那神婆就只準備了我、北來和她的量，後來百花也大了，又有了阿妹，現在又有了西來。

我想：要是我能和那神婆說話，神婆會怎麼說呢？然後我知道了，那神婆會說：「就活下來，偏活下來。活下來看它能拿你怎麼樣。」

北來以前是和我婆婆一起睡的。婆婆走了，我本來就擔心他，剛好讓西來和他同一間房。

北來嘴裡嘟嘟囔囔，但終究沒有說一個「不」字。

折騰了許多天，我抱著百花，一沾床就睡著了。

突然有人沒有敲門就要推門，那橫衝直撞的聲音，我知道是阿妹。

我說：「阿妹妳幹麼？」

阿妹說：「我想和妳們睡。」

我問：「為什麼？」

我阿妹說：「我怕。」

我說：「妳都當母親的人了。」

她說：「但我是妳阿妹。」

我知道拗不過她的，就開門讓她進了。

我們正睡著，又聽到很有禮貌的敲門聲，我問：「誰啊？」

外面的聲音是國語，他說：「阿娘，我能和阿娘睡嗎？」

是西來。我知道他怕夢見那個屍體做的浪。我開了門，讓他進來。

他真是懂事的孩子，看到床上很擠，就把席子往地上一鋪，說他打地鋪。我怕地上涼，在席子下面又鋪了被子。鋪好了，我問：「那北來呢？」

西來說，北來不肯過來。

我知道北來的，我叫西來陪我去叫他。果然，北來正把自己捂在被子裡，一個人嗚嗚地哭。

最終，一家人齊齊整整擠在一個房間裡了。

大家心裡都踏實了，一會兒就響起了此起彼伏的打呼聲，我反而睡不著了。藉著月光，我看看百花，看看阿妹，看看北來，看看西來。

我想：我就是死都要讓你們活下來。

第二天一大早，我早早地打開門，搬了張板凳，就坐在大門口等。

我阿妹看到了，問：「妳在等什麼啊？」

我說：「我在等管事的人來找我們。」

我阿妹問：「他們為什麼要找我們啊？」

我說：「婆婆的葬禮邊遊街還邊喊，就是想讓大家知道咱們在。知道咱們了，現在管事的人才知道來找咱們。以前婆婆說過，沒去祠堂登記的孤魂野鬼是沒供養吃的，最終都要餓成厲鬼。咱們在這新世道裡都還沒登記，都還是孤魂野鬼，肯定活不下去的。」

我阿妹笑得很開心地說：「所以那場葬禮一邊送婆婆去陰間，一邊送咱們回人間，是吧？」

我想了想，好像真是這樣。

那個早上，來接我們回人間的人，一直沒有來。

等到快十一點了，我想，不行我就開始嚷。這樣一想，我就馬上嚷了：「現在誰管事啊？管事的人管下我們啊！」

第一聲，沒有人應。

我站到路中間再喊：「管事的不管事，我就去鎮上叫嚷了。」

有鄰居探出頭來，說：「現在咱們這邊是楊先鋒管事，妳找楊先鋒。」

我問：「楊先鋒是誰啊？」

鄰居說：「就是楊仔屎。」

我說：「楊仔屎是誰啊？」

有人遠遠地答了：「別喊別喊，我是楊先鋒。」

楊先鋒其實就住我婆家斜對面。

楊先鋒是跑過來的，邊跑邊樂呵呵地笑：「萬流嫂啊，是我，楊先鋒啊。」

我不記得自己認識叫楊先鋒的，也不認識叫楊仔屎的，但他是管事的人就好。

楊先鋒一進門，就往我家院子裡走，一屁股坐在庭院裡的石墩上，掏出菸斗抽了起來，好像很熟悉我家的樣子。

抽了一口菸他就著急地嚷：「萬流嫂啊，可不許再叫我楊仔屎了，那是土名。我現在可是幹部，幹部得像個幹部的樣子。」

我想著他是管事的，嘴裡說好，但心裡想：我可知道了，以後你待我們不好，我就到街上叫你楊仔屎。

楊先鋒嗓門是真大，我阿妹他們以為是有人在和我吵架，都到院子裡來了。楊先鋒驚奇地數：「一二三，可厲害了。要麼沒孩子，要有就一下子三個。」

我說：「神明送來的。」

楊先鋒把聲音壓低了：「錯了，錯了。這三個小孩，就是人民群眾給妳的。」

我問：「什麼是人民群眾？」

楊先鋒說：「就是很多很多人，和咱們一樣的人。」

我想了想：如果這樣說，那倒確實是人民群眾給我的。

又想了想：如果這樣說，其實神明本來也是人民群眾啊。

那天楊先鋒和我講了許多。

楊先鋒說，他以前來過我家，還來過好幾次。一開始是因為想和楊萬流一起出去討大海，後來是因為想殺倭寇。說到殺倭寇的時候，他還強調了：「但我可沒加入什麼種花蒙古，我就是抗日志願者，所以別和我客氣，都是自己人。」

楊先鋒說：「楊萬流可是真好漢，可惜投了敵。要沒有投敵，現在要建設新中國，多缺人才啊。」

楊先鋒說，咱們這地方不按宗族分了，現在都是按區域分。這一片區，無論姓楊還是姓郭姓陳，都歸村長——也就是他管——所以讓我以後不能叫他楊仔屎了。

楊先鋒說：「咱們現在是新世界，要翻天覆地地改變。」他說：「妳看過那種像穿一身花在身上的，那是裙子，以後咱們這裡誰都有。」他說：「妳見過那種拖拉機嗎？以後咱們這裡家家戶戶都有。都在建廠了，生產出來了就發給大家。」

楊先鋒還說：「共產黨就是追求公平的，什麼東西都分。地分了，房子分了，船分了，連醬油廠和茶廠現在也歸大家集體所有了。」

楊先鋒說著，我就聽著。我得等他講完，才好問他。

他講了好一會兒，長長舒了一口氣，得意地抽了口菸。

我問：「村長你講完了嗎？」

他說講完了。

我說：「還有沒有忘記說的？」

他樂呵呵地說：「是不是聽了很激動，想多聽聽？我以後想到了，再和妳講。」

我說：「好啊。」

我開始說了：「你說的這些都是真的吧？」

楊先鋒說：「當然都是真的。」

我說：「太好了。首先啊，你是我們自己人，所以我家五張口，你得管，對吧？」

楊先鋒點頭，說：「不是自己人，只要是人民群眾，共產黨就會管。」

我說：「楊萬流可是被抓去的，你應該知道吧？我家是不是更應該被照顧？」

楊先鋒遲疑地點點頭。

我說：「現在要翻天覆地地變化了，需要大量建設人才，我和我阿妹是建設人才吧？你怎麼安排啊？」

楊先鋒愣了下。

我說：「什麼東西都分，我們家還沒分到，你可得給我們補。」

楊先鋒一下子站了起來：「但現在分完了啊。萬流嫂，不能我每句話妳都盯上啊。」

我說：「你是管事的，一句就是一句，我一定認真聽。」

楊先鋒臉通紅通紅的。

我說：「你要對我們不好，我就去找你祖宗和神明告狀。」說完這句，想了想，現在沒有神明了。於是我又加了一句：「我就整天在路上一直喊你楊仔屎。」

第二天早上六點多，雞剛打鳴，我給百花餵了地瓜湯，就打開大門，對著街上喊：「楊仔屎，你安排了嗎？」

他和家人估計還在睡覺，被吵醒了，就關上窗。我拿了把椅子，坐到他家門口，繼續喊著：「楊仔屎，你幫忙安排了嗎？」他老婆出來了，一開始客客氣氣地想和我商量什麼，我不聽，一直喊著楊仔屎。喊著喊著，他老婆開始指著我的鼻子罵；罵什麼我也不聽，反正不重要，我就一直喊著楊仔屎。

楊仔屎出來了，氣呼呼地說：「妳這樣我不去爭取了。」

我說：「你不去爭取我就繼續喊。」

楊仔屎說：「妳喊我就絕對不會去。」

於是他關上門，我就繼續喊，終於還是他開門了，說：「姑奶奶，妳得等政府上班啊。」

我問政府幾點上班，他說九點。我抬頭看了看天，心想：那剛好，就趕緊先回家給孩子們準備吃的。

煮好地瓜乾湯，時間也快到九點了，拿起板凳趕緊往楊仔屎家門口跑。剛跑到，看到他正要出門，我問：「去哪兒啊？」他氣呼呼地不看我，但回我了：「去鄉政府。」

我對著他喊：「謝謝村長啊！」

中午楊先鋒回來了。他先到我家喊我，但不進來。

他說，政府在研究了，他會儘量幫。

我說：「什麼時候？」

他說：「我儘量。」

我說：「我等不及了就去你門口喊。」

他說：「妳喊了，我就不幫了。」

接下來幾天，我每天估摸著八點多就站在門口看。如果楊先鋒還沒出門，我就拿張凳子往他家走。幾次我剛走到，就看他叼著餅，滿嘴還在嚼著，氣呼呼地趕緊出門。

我開心地說：「村長好。」

楊先鋒看都不看我。

但每次他從鎮上回來，都先繞到我家一趟，說一下推進的情況。我每次都問什麼時候，他每次都說儘量，我每次都說等不及就去他家門口喊，他每次都說：「妳喊了我就不幫了。」

這樣折騰了一週多吧，那天中午楊先鋒喜氣洋洋地來了。這次不站門口了，跨著大步就進了門，進來就坐在院子裡的石墩上，掏出菸斗就抽，嘴裡喊著：「蔡屋樓，趕緊來，好事來了。」

我趕緊過來，我阿妹也趕緊過來了，楊北來抱著百花來了，西來也跑過來了。

「一二三四五。」他數了數。「五張口，三個小孩。上面說給你們——」他伸出手掌，我以為他要說五畝。結果他笑開一口黃牙，說：「兩畝地。」

他說，本來已經分完的，但是有一家子偷渡走了，他知道了趕緊去申請。

他說，地就在海邊，讓我圍著田可以種一排甘蔗，這樣就可以榨糖，還可以當田界。只不過咱們海邊的都是紅土，就只能種點地瓜和花生。他說，他下午就陪我先去看地，然後趕緊去合作社要點苗。他還說，現在恰好是種地瓜的時節，明天就趕緊去。

說完，他眉毛一挑，兩手交叉在背後，得意洋洋地站起來，問：「妳說，我叫什麼名字啊？」

我笑著說：「你叫村長。」

他說：「不是的，我是說我的名字。」

我說：「反正我忘記了你所有的名字，我只知道你是村長。」

他開心得笑了，露出滿嘴因為抽菸黃掉的牙齒，拍了拍胸膛，對著孩子們說：「大家都得活下來啊，都得活得好哦，為建設新社會做貢獻。」

那塊地，其實就在我家往那片我和婆婆去拾過肉的海灘的中間。

那天我們全家五個人，把家裡能找到的工具都翻出來了——鋤頭、鏟子、釘耙、扁擔、水桶——但直到真的站在那塊地上，我才想起，除了在自己家院子裡插過地瓜藤，我們誰都沒種過地。

我們一起蹲在隔壁的田邊研究許久，我想：如果這個時候神婆在，她會讓我們做什麼？然後我知道了：做肯定對的事情。於是我說：「先鬆土，鬆土肯定是對的。然後等到大家都來了，看他們幹麼，我們跟著幹麼。」

四個人從四個角落開始鬆土，百花則被我們放在田的正中間。

我問：「除了地瓜，還想吃什麼啊？」

我妹說：「我想吃芋頭，香。」

我說：「種。」

西來說：「我想吃甘蔗，甜。」

我說：「種。」

北來說：「我想吃肉，貴。」

我還沒說話，我阿妹搶著說了：「種！」

大家一起哈哈大笑。西來說：「還沒問百花呢。」

北來搶著回：「百花我知道，她想種奶。」

我阿妹說：「種。」

大家哈哈大笑起來，我聽著卻難過了。百花從出生到現在，就沒喝過幾口奶。哪有孩子不喝奶的？我想著：要是真能種奶該多好？我難過的時候，西來看到了，他說：「阿娘，能不能在田中間，就是百花現在坐的地方種上花？最好有一百種花。」

我覺得這個想法挺好。我也知道了，西來是心裡有花田的小孩。

所以後來，咱們家的地瓜田中央一直是一片小花田。所以再後來，你外婆——我女兒百花——走了，我仍舊把她葬在那花田裡。也不知道是不是原來花田的根系還在，你外婆的墓地，後來還是長成了一片花田。

我們你一句我一句說著，隔壁田的人家來了，再隔壁的人家也來了……很快大家都來了。

和我們挨得最近的，是一個老爺爺領著一個老奶奶。老奶奶年紀比我婆婆大，背駝得厲害，像一直鞠著躬。老爺爺的膚色比土還黑，瞇著眼看我們倒騰了一會兒，對我們喊：「你們在幹麼？」

我回：「在種地啊。」

那爺爺笑得咧開了嘴：「我這輩子第一次知道種地是這麼種的，真行。」

我問：「爺爺能教我們種地嗎？」

那爺爺說：「可以啊。」

北來開心地說：「謝謝爺爺啊。」

那爺爺咧嘴一笑：「我又不是在幫你們，我在幫這塊地。這塊地性格那麼好，可不能被你們糟蹋了。」

那老爺爺指導了我們一早上，怎麼拉溝渠，怎麼壘土。拉出來的一條條土條，叫土龍；每條土龍中間的溝渠，叫龍溝。

我問爺爺：「為什麼這叫土龍啊？咱們叫龍的傳人，是因為咱們都是這一條條土龍養活的？」

爺爺笑著說：「妳這傻丫頭，叫土龍是要吹捧這些土的。它們一高興，產的口糧可多了。」

爺爺帶著北來整理溝渠，到了田的中間，西來還在弄想給百花的花田。

那爺爺說：「你這在幹麼？」

西來怯生生地問：「田中間種花是糟蹋地嗎？」

那老爺爺愣了一下，然後開心地笑：「反正我這輩子第一次知道田地中間應該種花，真行。」

西來問：「那可以嗎？」

那老爺爺笑著說：「糟不糟蹋別問我，你問地就知道。如果地裡長出茂盛的花，那就是這塊地同意了，還開心地在笑。」

已經中午了，老爺爺說：「要不中午咱們一起在這裡吃午飯吧。我教你們做在田裡能吃到的最好的午飯。」

老爺爺拿出幾個地瓜，尋了一塊平整的地方，鋪上草和樹枝，把地瓜放中間，然後讓我們去尋一些乾牛屎來。

挑乾牛屎可真是技術活。很多牛屎看上去都是乾的，一抓，那屎卻從指縫裡滑出來，大家都一手濕牛屎地收集好乾牛屎。那老爺爺把牛屎鋪到地瓜上面，火一點，一股帶著青草香的地瓜味，就飄出來了。

香味一飄出來，我阿妹和北來的肚子，馬上咕嚕地叫。

老爺爺笑著說：「對吧，肚子知道什麼是香的。」

老爺爺笑著說：「知道了吧，屎其實多香啊。」

那真的是地瓜最香的吃法了。

老爺爺邊吃地瓜邊和我們說話。他說，他就叫郭地瓜，他老婆叫黃芋頭。他們祖上都是務農的，他爺爺叫土豆，他奶奶叫玉米，生的孩子的名字都是作物名。他說，他們有個兒子，叫郭花生，本來也是在種田。

前幾年有穿軍裝的人來咱們鎮上敲鑼打鼓，說要招兵去打仗。這個消息他不當回事，他覺得，他們家那些田之外的事情，都不是他的事情。然後有一天，他家的郭花生，突然扛著槍就要走了。

他兒子說，他不想叫花生了，他想叫華生了。他不喜歡種田；這一生很長，只在一塊地裡活，就是白活了。

郭地瓜說他老婆芋頭當時還哭著怪自己的兒子不懂事，他倒覺得是自己老婆不懂事——有的人把一塊地當作一個世界，有的人把一個世界當作一塊地，哪有什麼對錯。

他對兒子說：「華生你就去吧。如果結了果，無論生死，都回來和我說；如果沒有結果，也沒關係，無論生死，都回來和我說一聲。你有結果了，我的一生也就有結果了。」

地瓜爺爺說：「我也忘記等了多少年了。但每年，總有親戚來說，聽說你兒子死了，你們種不了這麼大塊地，我幫你種一點吧。還有隔壁田的鄰居，知道我兒子沒回來，每次鬆土的時候，都往我們田裡推過來一些。我是說過他們的，怎麼把我的地占了，那鄰居還很生氣地倒過來說我誣賴他。我把他推過來的土龍挖開，露出的，是灰黑灰黑、鬆軟的土，而他那邊，是紅棕紅棕、硬邦邦的土。我說，這還不明顯？你那地，被你抽打得紅通通的；我的地，被我按摩得肥嘟嘟的，一看就不是一塊地。但畢竟我家沒有兒子了，我的地，就還是這樣，一天一天地縮小，到現在，只剩三畝不到了吧。」

我問地瓜爺爺：「你知道華生是去參加哪支部隊嗎？」

地瓜爺爺咧嘴一笑，說：「我沒問。」

我問：「你怎麼不去打聽下啊？」

地瓜爺爺說：「現在沒有神明，也沒有神婆了，我問誰啊？」

吃完飯，地瓜爺爺向我招手，要和我咬小耳朵，問：「妳細看你們那塊地了嗎？」

我說還不懂得看。

他笑咪咪地說：「我今天每個角度都下手去摸了，這塊地，溫柔得很，像阿母，估計能養活你們三口人。」

我說：「但我家五口人。」

地瓜爺爺瞇著眼笑說：「沒事，我快要死了。我死了，這三畝地，你們也種了，但就是要幫我照顧好我家那老婆娘。」

我們到夕陽快落山了才回家。

回到家，我趕緊去數廚房裡的地瓜乾。那地瓜爺爺和我說，要讓地瓜長得壯實，新一季地瓜最好是秋霜收。我算了算，到秋霜還有一二三四五六，六個月；我算了算，每個人一頓三塊地瓜乾，四個多月就沒有了。我還在裡面算著，如果一人一頓兩塊地瓜乾可以撐多久，外面阿妹和北來、西來就已經開心地玩鬧起來。我站在窗前，看著打打鬧鬧的他們，我想：我就是死也得讓他們活下來。

我不知道你活到這個年紀知道了沒有，這世界最容易的活法，就是為別人而活。而如果那人恰好也是為你活的，那日子過起來就和地瓜一樣甜了。

我是靠著他們才活下來的。每天我都覺得日子難熬，所以每個晚上我都會偷偷盯著他們看。

我阿妹睡在床最裡面，百花睡在中間，我睡在最外面。床下，北來還是護著西來的，讓西來睡在靠我的這邊，他自己睡外面。

月光透過窗戶照進來，敷在每個人臉上。我在阿妹臉上看到她小時候的樣子，和她現在臉上斑斑駁駁的紋路。我想，無論歲月在她臉上敷了多少層紋路，我都看得見她小時候的樣子；我想，無論歲月在我臉上敷了多少層紋路，她也都能看見我小時候的樣子。這樣一想，我就對自己說：還好我有阿妹。

百花明明吃不上什麼東西，但臉圓嘟嘟紅撲撲的。那神婆說，有的孩子是來報恩的，有的孩子是來報仇的，我家百花真是來報恩的，不亂哭不亂鬧，見我就笑。她一笑，我就知道，這世間除了眼前的苦，真真切切是有許多好的東西。這樣一想，我就對自己說：還好有百花。

睡不著，我就起身了。我看了看西來，西來邊睡邊笑，但看他耳朵背上全被陽光拍得紅紅的，怕是要掉皮了；看他手上也全破皮了，但他還一直笑著。

我又看了看北來。北來應該覺得全家有著落了，整個人睡成一個大字形，在說著夢話，聽著那個夢好像挺開心的。我看著他開心，也跟著開心。

可能我呼吸太重了，敏感的西來突然醒了，迷迷糊糊地問：「阿娘嗎？阿娘嗎？」

我說：「是我，你趕緊睡。」然後假裝躺下來睡著了。

西來看我躺下了，才又閉上了眼。

雞一叫，我就趕緊起來。起來後，我開始煮早餐——還是地瓜乾配魚乾。地瓜乾每人三片，但我想了想，把每片再偷偷地掰下一小塊。大家應該察覺不到吧？大家的肚子應該察覺不到吧？

地瓜真是性格好的作物，不挑土，即使是海邊的紅土混上海風吹過來的沙，它們照樣歡天喜地地長。不愛長蟲，即使長蟲了也沒關係，反正果實藏在土裡了。

地瓜爺爺說，等地瓜一抽苗，接下來就是每天鬆鬆土、澆澆水、拔拔草而已了，所以我可以去找找其他生路了。

我和我阿妹說：「以後百花就由妳來幫忙帶了，能不能順便把飯做了？反正也簡單，地瓜乾湯配魚乾，偶爾掐一點地瓜葉來炒一炒。」我妹說：「我還可以去挑水除草。」

我和北來、西來說：「挑水除草的事情得你們來了。」北來、西來說：「我們還可以幫忙照顧百花。」

然後我就出門了。

我出了門，往鎮上走。

以前阿母沿著海邊走，是去和一個個神明吵架的。現在神明都不在了，來了一座座工廠。

原來的大普公廟，連著原來演戲的廣場，加上旁邊幾座房子，現在都是紡織廠了。我聽到裡面咯吱咯吱紡織機的聲音，也不知道怎麼開口，就坐在那門口。

坐著坐著，有人問我了。問我的人說的是國語，我聽不太懂，我就對他們笑，邊笑我邊重複說著自認為的國語：「我家裡有五個人，需要賺錢。」對方又說了什麼，然後就走了。我就零零星星聽懂幾個詞語：「不缺了……要申請……」

我就繼續坐著。然後又有人來了，又說了一些話。我又聽不懂，那人又走了。

我看著太陽一點一點往西移，我想：要不換個地方試試。

三公爺廟現在是醬油廠的曬場，廟裡廟外，都放著一口口缸，缸上還蓋著一個個斗笠。我還是不知道怎麼開口，還是坐在門口。坐著坐著，還是有人問我，說的，還是我聽不太懂的話。

我走到碼頭的時候，太陽已經開始準備下山了。一片紅霞下，一群漁船正在歸港卸貨。我站在那兒，想著：我爺爺賣胭脂前就在這兒當裝卸工，我太爺爺也是，還有我太太爺爺。他們是不是全部都走了？如果他們在，看到我和我的孩子快活不下去了，他們會怎麼樣？

我正想著，有人用閩南語叫我了。我不認識這人，但是他確實在叫我：「萬流嫂妳在這裡幹麼？」

我不認得他，但我還是趕緊說：「我現在有三個孩子了，我只有兩畝地。」

那人本來正在卸魚的，隨手抓起幾條，就要拿給我。

我說：「我不能每天來要，你也不能每天給的。」

那人也為難了。

我問：「我能幫忙裝卸嗎？我爺爺、太爺爺、太太爺爺都是在這裡裝卸的。」

那人為難地說：「他們都是男人，妳是女人。」他轉過身看著一個工頭模樣的人，

那人也過來了，問：「妳有三個孩子啊？」

我說：「是啊。」

我看那工頭還在猶豫著，就學著村長的口氣說：「新社會不好餓死人的吧？」

那人笑著說：「哪個社會都不能吧。」

我說：「我祖宗都在這裡當裝卸工的。」

那人笑著說：「我祖宗也是。」

我說：「你聽不到你祖宗說話，說不定我祖宗已經和你祖宗說好，給我留一條活路了。」

那人笑著說：「是啊，說不定。」

然後他說：「要不這樣，妳挑小的搬，然後累了就休息，工錢算一半好不好？」

我眼眶一下紅了，說：「好啊。」

我一開始就衝去挑最大包的扛，我是想著：我拚命幹和男人一樣的活，讓工頭自己不好意思，待會兒給我男人的工錢。我用力一拉，真重啊，想著：這是我祖宗們以前拉的東西啊，原來我祖宗就是這樣給自己和子孫扛出一條生路來的啊。現在輪到我了。

我大喊一聲，把東西扛在肩上，但女人就是女人，我整個人被那包東西壓倒，直接摔在地上。大家笑開了。

我臉一下子紅了，想：我扛小包的，但我跑得快點。抓起旁邊小包的，扛著就趕緊跑，結果沒幾個來回，我就扶著欄杆喘不過氣來。

大家又笑開了。

我也不回話，繼續拚命搬。搬著搬著，他們反而勸我了：「萬流嫂，妳休息下」、「萬流嫂，妳小心受傷了」……不管他們怎麼說，我就拚命搬著。

工頭要給我今天的工錢，我有點不確定，是不是讓我明天別來了。我說：「今天不拿了。以後你讓我每天來，我明天開始拿。」

工頭硬塞給我了，只比他給別人的少一點點。工頭說：「明天可以來，但明天不准這麼拚命。妳這麼拚命，妳婆婆在天上看到會來罵我的；妳丈夫回來，會找我算帳的。」

我說不會的。

那工頭說：「會。楊萬流會，妳那婆婆更會。」

工頭說：「我晚上都不敢睡覺了，說不定一閉眼，妳那婆婆就等著了。」

說完，他就哈哈大笑起來了。

我翻來覆去地看那工頭塞給我的錢，薄薄的一張紙，心想：這就是新社會的錢了啊。我聞了聞，都是魚腥味，但我覺得，那味道真好。

我喜孜孜地回到家。一進門，阿妹抱著百花，北來、西來笑開了牙齦等著我。

我剛想說什麼，我妹掏出一張錢來，說：「咱們有錢了。」

我問哪兒來的。

她說：「我們下午三個人，輪流幫田裡其他人家挑糞水賺來的。」

我妹說：「比如這一段，我抱著百花跟著，西來幫著北來一起挑；然後換西來和北來抱著百花，我挑一段。」

我難過地說：「阿妹，一前一後兩個糞水桶，妳哪挑得動？」

我妹說：「兩個孩子都可以，我怎麼不可以了？」

我難過了，對著兩個孩子說：「你們兩個孩子才多大力氣，怎麼就挑得動？」

北來說：「小姨那種女人都可以，我們兩個男人怎麼不可以？」

就這樣，我每天沿著海邊走。因為漁船卸貨都得在下午，每天我還是先在紡織廠坐坐，再去醬油廠坐坐。有天紡織廠叫我進去，讓我看看別人是怎麼包裝的，問我能不能做，我說可以。從此，每週偶爾會有一兩次包裝的活。有次，醬油廠讓我看看別人怎麼把豆渣過濾掉，問我能不能做，我說我可以。

地上有在長的地瓜，每天還有固定的和零散的工可以打，再加上孩子們幫人挑糞，我那段時間老覺得，自己也是地瓜了，也長出許多根鬚，硬是往這地裡扎。雖然那地再怎麼鬆，終究很硬；那日子再怎麼開心，終究很難。但咬咬牙，還是可以扎進去的。

累到難受的時候，我就抬起頭偷偷對那神婆講：「如果妳在，還是抓緊找一些好的日子給我啊。」

雖然很感謝地瓜，但其實一直吃地瓜還是會有許多毛病的。比如，容易脹氣，脹氣了就會放屁。

大家還是一起擠在我房裡睡覺。

一開始大家都憋著，但總有一個人會先忍不住放了一聲，聽著有人帶頭，於是有了第二個、第三個、第四個屁……大家放完屁都不說話，躲在被子裡，偷偷笑。

畢竟每天都要放屁，對彼此的屁都熟悉後，就開始把放屁玩出不同的花樣來了。每天要睡覺前，要麼我阿妹，要麼北來，就開始宣布今天的新玩法，比如：今天比賽誰放的屁最大聲。

有了這樣的比賽，大家就格外認真地對待放屁這件事情了，輕易不敢讓屁探頭，各自醞釀著醞釀著，覺得時機到了，快準狠地噗一聲。如果響了，就得意地歡呼，催著其他人趕緊放；如果不響，就很沮喪，緊張地等下一個人放屁，看是不是也洩氣了。

我記得，有比賽誰放的屁聲音長，比賽一晚多少次屁，最後還分組比賽團隊合作連環屁……

最讓人意想不到的是你外婆。百花還小，本來沒有參賽資格的，但有次大家還在比著，她突然無比清亮地噗一聲，大家一起驚呼，她又噗噗噗，機關槍一般。大家才發現了，原來最小的百花才是放屁狀元。

你可能不知道，你外婆因此曾有個綽號，叫百發機關槍——這是北來取的。他當時一說，大家都笑開了，並一致覺得，這真是最好的綽號了。只是後來，想著百花長大了，以後還得嫁人的，才不叫了。

現在你外婆已經走了，我可以偷偷告訴你了。事實上，我後來偷偷問過我女婿——你外公：「那百花還放屁嗎？」你外公愣了一下，一副「原來妳早知道」的眼神看著我，但堅定地搖搖頭，咧著嘴笑著說：「反正我只能說不會。」

田裡的地瓜在長著，家裡的孩子也在長著。

西來到我家來的時候，已是懂事的孩子了。百花從一個小肉團，到會咿呀說話、會走路了，我看著就高興。她第一次叫阿母的時候，我開心得往每個人碗裡都加了一塊地瓜乾。

一開始我以為，是我每天搬的東西太重，把自己壓得越來越矮。後來看著孩子們的褲腳，才知道，是他們長得真快。

我把楊萬流的衣服翻出來，剪剪縫縫，給北來和西來穿。我自己開始挑一些婆婆的衣服穿，所以我從三十多歲，就穿得和現在一樣了。我阿妹還是愛美，霸占著我阿母的那些衣服，幾天就換一身。我阿母留的衣服裡，有幾套旗袍的，我阿妹幾次穿著旗袍去田裡澆水、施肥，甚至給人挑糞水。

你以後到咱們鎮上走的時候，看到那種年紀大點的就問：「你認識蔡屋閣嗎？」

他們會說：「是那個穿著旗袍挑肥的人嗎？」據說，鎮上還有人叫她挑肥西施。這個稱號，到底是在誇她還是在笑她，我是不知道，反正你太姨高興到不行，到老的時候，還經常得意地嘮叨。

臨近秋霜了，那個地瓜爺爺每天都預告：「地瓜要有收成了哦。」

他年紀越大臉越小，一笑，眼一瞇，本來牙齒就掉了許多，整個臉瘦長瘦長的，像地瓜。

我興奮地每天去巡視。北來和西來怕地瓜被偷了，後來乾脆就拿著席子和蚊帳，睡田邊了。

有地瓜爺爺幫忙帶著，收成就是好，堆起來像一座小山。地瓜爺爺說，留一半自家吃，留一半換錢去，換完錢，買米去。

聽到「米」字，孩子們興奮得一直叫。

地瓜爺爺瞇著眼笑：「那地瓜就是好。我們對它稍微好點，它就對我們這麼好。」

地瓜爺爺說：「有的東西自己一直吃著苦，然後就想著得讓自己變得甜。結果，它不僅甜了自己，最終還甜了許多人。」

我問：「地瓜爺爺你在誇地瓜還是誇自己啊？」

地瓜爺爺笑著說：「那當然是誇我自己啊。」

我們家一座小山，地瓜爺爺家一座小山，我們來來回回，挑了二三十趟，才總算把地瓜全部挑到合作社去。有些換了錢，有些直接買了米。

地瓜爺爺的三包米，他和芋頭奶奶一起挑回去。

我們家三包米，每包米十斤，百花也剛好三十斤。我抱著百花，阿妹、北來、西來像抱著孩子一樣各抱著一包米，每個人心裡都踏實得暖洋洋的。

阿妹說：「不如咱們去買點肉？好久沒吃肉了。」

我說：「好啊。」

北來說：「咱們去田裡摘點花？」

我說：「好啊。」

那個晚上，我們家第一次有飯、有菜、有肉還有花。

那個晚上，大家都沒放屁，而是此起彼伏、開心地打呼。

大家的打呼聲可真好聽。

第二天又是新一輪的鬆土、拉溝渠、插苗。

早上我還沒起床，北來、西來就起來了，他們早早扛起了鋤頭急著要去田裡。我知道，他們是看到過收成的人。

看到過收成的人，會更知道怎麼開始種地。

我們最終在天還沒亮透、樹葉都是露珠的時候就到田裡了。我們穿過鎮上的時候，那一隻隻還沒打最後一遍鳴的雞，困惑地看著我們。西來當時還和牠們解釋：「時間確實還沒到，不是你們忘記打鳴了啊。」

我們耕種到天全亮了，隔壁田的地瓜爺爺和芋頭奶奶還沒來。

我們耕種到接近中午了，地瓜爺爺和芋頭奶奶才來。那天，是芋頭奶奶扛鋤頭的，鋤頭把她的頭壓得更低了；地瓜爺爺還是一身黝黑的皮膚，但莫名地泛了白。

我問地瓜爺爺：「怎麼了？」

地瓜爺爺開心地說：「就是要結果了吧。」

我說：「爺爺你胡說。」

地瓜爺爺說：「真的，不信妳等著看。」

新一季還沒結束，一天下午，就芋頭奶奶一個人來了。

北來問：「地瓜爺爺呢？」

芋頭奶奶耳朵有點背，抬起頭來笑，看著北來。

北來問：「地瓜爺爺呢？」

芋頭奶奶聽到了，但因為耳背說話很大聲：「爺爺昨晚走了。」說完還是笑著，讓人感覺像是興高采烈在說著什麼開心的事情。

不開心的是北來。北來愣了好一會兒，問：「怎麼就走了？」

奶奶笑咪咪地說：「就像地瓜，熟了就是熟了。」

北來問：「那奶奶今天怎麼還來種地啊？」

芋頭奶奶說：「我就剩這塊地最親了。」

我問：「那爺爺的葬禮那邊怎麼辦？」

她說：「親戚們在搶著幫忙了。他們在討論我走後，這塊地怎麼分。」

我們想幫芋頭奶奶把田鬆好，芋頭奶奶不讓。她說，自己也等不到新一季收成了。她說，這塊地陪他們一輩子了，她今年不想讓它再辛苦了，就想多陪陪它。

芋頭奶奶一直坐在田埂上，就看著那塊地。

我說：「奶奶要不來我家吧。我家缺個奶奶，妳就當我們的奶奶。」

奶奶說：「那可不行，我也得趕緊走。地瓜妳別看他五大三粗的，從年輕時候就怕孤單。一個大老爺們，上個廁所都要我在門口等的。他現在估計還在等著我一起走呢。」

接下來的日子，芋頭奶奶還是每天來田裡，不下田，就坐在田埂上，呆呆地看著自己的地。就這樣過了三個月左右吧，芋頭奶奶有一天沒有坐在田埂上了。我們都知道，芋頭奶奶走了。

地瓜爺爺那塊地，後來由一對和我年紀差不多的夫妻接手了。他們人倒是樂呵呵的，還說自己是地瓜爺爺的堂親。他們說，他們和芋頭奶奶說好了，以後自己的一個孩子，算地瓜爺爺家的。

雖然他們見著我們總樂呵呵的，但北來和西來就是不願意和他們說話。

我問北來、西來：「你們是不是難過爺爺奶奶走了啊？」

北來、西來說：「不是。」他們知道爺爺奶奶是熟了，他們知道，爺爺奶奶走的時候是開心的；他們只是不願意和那對樂呵呵的夫妻說話。

我想，那也不安慰了，北來和西來知道還有一種死亡叫熟了，那就挺好。

我還是悄悄跑去找村長，請他幫忙寫了「地瓜」和「芋頭」這兩個名字。有段時間我一得空就找那幾個字。我不認得字，但我就一個個字一筆筆去比對，終於，我覺得我找到了。

那天，我把北來、西來拉到那個小沙灘。沙灘邊上，是一片相思樹林，樹林裡，有兩個小土堆。我讓西來拿著那四個字，一筆一畫對比墓碑上的字。

西來開心地說：「我們找到爺爺奶奶了。」

北來開心地說：「那墳墓上的土黝黑黝黑的，就像地瓜爺爺。」

那天中午，我們就在那墓地邊上用乾牛屎烤了地瓜。北來挑出最大最肥的兩個，放在墓碑前。

西來說：「地瓜爺爺，我家的這塊地，現在又黑又鬆，可像你的地了。那塊地就像是你的兒子。」

北來說：「地瓜爺爺，但你那塊地，好像也隨你死了，現在變得又紅又硬了。」

我妹問我：「阿姐，妳說人會死，地瓜會死，神明會死……地會死嗎？」

我想了想，說：「應該會吧。我看地瓜爺爺那塊地，好像真的快死了。至少，像是沒魂了一樣。」

那塊地那一年還真是死了一回。

臨近收成的時候，也不知道為什麼，總感覺地瓜爺爺的那塊地越來越臭，像一個大糞坑。那對夫妻想著收成，還是咬牙除草、施肥。到了收成日，鋤頭一挖，惡臭衝了上來，挖開了，才知道整個田裡都是腐爛的地瓜。

那對夫妻忙著責怪對方。丈夫說，都怪妻子，鬆土沒鬆夠，讓地瓜沒法透氣；妻子責怪丈夫，施肥施太多，讓土地板結了。西來聽他們吵了半天，和我說：「他們都說錯了。就是這塊地在爺爺奶奶走後難過得一直哭，那對夫妻不知道，沒有安慰它。淚水積壓著，當然發臭了。」

北來像老農民一樣，接過去說：「哎呀，就是溝渠沒挖好。說白了，就是對這地沒有像對自己孩子那樣珍惜。」

我確定能和大家活下來後，就開始偷偷找那神婆說會留給我的那尊神。我預料那神婆擔心這在當時是封建迷信，應該會把祂藏好的，但我真沒想到，那神婆藏得也過於好了。

我一開始是猜著找的。我找過各種牆角、櫃子，找過屋簷、床底……沒有找到；用鋤頭翻找過庭院，用手敲過每一面牆……沒有找到。後來，我每週細摳一個區域，每個區域一寸一寸、一塊磚一塊磚地翻找過去，廚房這種重點區域，我特意花了三週，依然沒有找到。

我越找越生氣，找到最後，神明不重要了，重要的是我竟然找不到。

有天晚上本來睡著了，半夢半醒間想到：或許灶臺煙囪上有暗格？那神明會不會就藏在裡面？這個念頭一旦產生了，就像條蟲，拚命往心裡鑽。我忍了幾個時辰，還是搖醒了北來，讓他幫我搭把手，架上竹梯，一塊塊磚頭敲。還是沒敲出什麼暗格，只好再回房睡了。

我阿妹說，那天看我氣呼呼地睡著了，在夢裡喊著：「我找到了，妳這臭神婆。」我之所以著急找神明，因為我是認識命運的。

我看過我爺爺的命運，也看過我奶奶的命運；我看過我阿母的命運，也看過那神婆的命運。我知道的，命運不會只是條潺潺流淌的溪流，它會在經過某個山谷時就突然墜落成瀑布，還可能在哪個拐彎後就匯入大海消失不見了。

不知道是不是因為名字叫百花，你外婆從小就水靈。那皮膚白得像茉莉花，嘴唇紅得像玫瑰花，兩邊臉頰總是紅粉粉的，像迎春花。我阿妹經常看著百花說：「還好她的名字叫百花，其他名字真配不上她。」

我每次抱你外婆的時候，總會聞到一股重重的口水味。我問阿妹：「是不是妳親的？」我阿妹說：「我沒有啊，肯定是北來或者西來。說完，趕緊擦了擦嘴，咧開嘴笑。」

你太姨也確實沒撒謊，你大舅公北來、二舅公西來也老愛偷親百花。每天從外面回來，第一句總要問：「我阿妹呢？」然後就要去親她。

北來終究是北方人，那身板就是比咱們鎮上的大部分人魁梧。楊萬流的衣服都不用改，只需要挽上兩挽，就可以穿了。

西來來我家的時候，那吊帶褲、皮鞋，現在肯定都不能穿了，但從小就把自己收拾得乾乾淨淨的性格真沒變。即使常年穿著的是一雙拖鞋，他每天回家來，都要用刷子一點一點刷洗乾淨，再晾曬好。

北來、西來長大了，可以自己幹農活了。我想，就不讓百花去田裡了，讓她和我阿妹待家裡。一來百花的皮膚太嫩了，隨便的草一拂就是一片紅，再來，還可以幫著阿妹收拾家裡。

兄弟倆每天出門前總要問：「百花百花，妳要什麼？」

百花說：「我要一隻螢火蟲。」

晚上家裡就好幾隻螢火蟲。

百花說：「我要一隻蝌蚪。」

晚上家裡就好幾隻蝌蚪。

有天早上，百花說想吃芋頭。

那天晚上，北來和西來到九點多才回來，全身汗涔涔，挑著兩個裝著芋頭的筐。

我問怎麼回事。西來說他們挑著擔子剛好路過一塊田，田裡就有芋頭，他們想挖三個給百花吃。哪想，被管那塊地的人發現了。他們兄弟倆挑著擔子一路跑，那人一路追。他們本來跑到隔壁鎮了，一回頭，那人還在追。看著時間晚了，他們趕緊往咱們鎮跑，那人還是一直追。他們不知道要跑哪兒去，西來提議，要不跑回那人家的田吧。跑到了，西來拿出剛剛挖的芋頭放回田裡，對那人喊：「對不起啊！我阿妹想吃芋頭，我們沒有錢買。」

那人喘著氣，說：「剛才你們用偷的不對，所以我追你們。現在你們還回來了，我可以送你們。」

那人從地裡刨出了比此前多三四倍的芋頭，放進那筐裡，說：「剛才是偷的，你們偷了心裡不舒服，我被偷了心裡難受。現在是我送你們的，你們心裡高興，我心裡也高興。」

這件事情，你二舅公後來發家了，在各個地方演講都講到過。很多人以為是編出來的故事；我可以作證，那人叫阿番，後來活到了七十八。還有人來採訪過那個阿番，他問阿番，當時為什麼這麼想。阿番想了好久，說：「我沒想啊，不就是要這樣？」那記者又問：「那誰教你這麼想的啊？」阿番指了指地面，說：「就這塊土啊。其實土地也嘮叨的，你只要願意聽，就知道它在和你講道理。比如，要誠實；你鬆了一遍土，它絕對不會給你鬆兩遍土的那種果。比如，要用心；你是不情願鋤的地，肯定要比認真鋤的地產量少。」

我阿妹就愛打扮百花，給百花做各種衣服，黃色的、白色的、綠色的，襯得百花那茉莉般的臉，像是會發光。衣服哪怕沾染上一點點灰塵，我阿妹總是趕緊讓百花換洗。我們其他人則因為幹活，經常全身髒兮兮黑乎乎的。我總感覺，他們疼愛百花，和我疼愛百花應該是一樣的想法——起碼我們之中有一個人，能代表我們所有人活得很好。

百花就是我們全家人活得很好的樣子。

百花大些了之後，每回我們要出門，她就哭著追我們。後來更大一點，估摸著我要離開的時間，就牢牢抱著我的腿，不讓我出門。

其實不怪百花的，還是要怪我；不僅百花想黏我，其實我也想黏她。無論我是在裝卸貨物還是包裝衣服，幹再累的活，只要抬頭看看百花，就會知道我自己為什麼活著，就會開心。

所以我開始帶百花出門了。

路熟悉後，百花喜歡走在前面，我跟在後面。走到了地方，她會掏出我阿妹給的手帕，幫我擦擦要坐的地方，也幫自己擦擦，這才坐下。

百花無論坐在哪兒，都像一盆花。紡織廠裡的女工多，看到我們在門口坐著等活，總有人過來摸一下她的頭，親一下她的臉，有糖果就往百花手裡塞。醬油廠的男工多，他們老愛往百花手裡塞花生——那是他們喝酒時的酒配。百花經常看著那些東西吞口水，但就是一粒都不吃，放在兜裡，兩隻手還要護著，等晚上回到家了，掏出來一顆顆平均分給大家。百花分完，大家又都放回到她手上，她這才開心地吃起來。

那天，我和百花要回家了，她還是走在前面，兩隻手護著褲兜裡的糖果和花生，像隻小鴨子一樣興奮地跑進家門，突然摔了一下。她沒哭，站起來，繼續往前跑，又摔了一下。我問百花怎麼了，百花笑著說：「我摔倒了。」然後她又往前跑，又摔倒了。

百花還是給大家分了糖果和花生，大家還是拿回給她，她還是拿起來開心地吃。吃了糖果，飯也做好了，大家才發現，百花已經睡著了。

大家捨不得叫醒百花，想著先吃飯，吃完飯，再叫百花。

大家吃完飯，百花還在睡。大家捨不得叫醒百花，該收拾家裡的收拾家裡，該洗農具的洗農具，該補衣服的補衣服。全部工作做好了，大家準備睡覺了，百花還在睡著。

我推了推百花：「百花吃飯了。」

百花還在睡。

大家捨不得叫醒百花，就把百花抱到床上睡。

全家人還是擠在一個房間裡：阿妹睡床裡面，百花睡中間，我睡床外面，北來和西來打地鋪。

那時候剛剛春天，本來晚上還是涼的，睡著睡著，感覺今天的百花真是暖和，想著，果然孩子屁股三點火。

睡著睡著，覺得這暖和得有點過分。我用手一摸，百花的額頭有點燙手。

我趕緊起身看。藉著月光，我看到了，百花的臉已經比玫瑰那種紅還紅了。

我心撲通撲通跳，推著百花：「百花起來。」

百花沒應。

我說：「百花，給妳糖吃。」

百花沒應。

其他人都醒了，但百花沒醒。

我什麼話都顧不上說，抱起百花就往衛生院跑。

我一跑，北來、西來也跟著跑，我阿妹也趕緊跟著跑。

我邊跑邊哭，邊哭邊罵：「我就知道你沒那麼安分，我就知道。我就要和你槓下去，我一輩子就和你沒完。」

我阿妹問我：「妳在罵誰？」

我說：「命運。」

我阿妹說：「那妳做好什麼準備了嗎？」

我哭著說：「我還沒找到神明。我找不到神明了。」

新社會比舊社會多的東西之一，就是衛生院。

我們聽說過，但以前從來沒去過。

我們跑到衛生院了。我看到有個人趴在桌子上睡覺，我哭著說：「救命啊，醫生。」

那人睡眼惺忪地抬起頭看我，說：「我是護士。」指了指裡面，說醫生在睡覺。

我不知道什麼是護士，但我知道什麼是醫生。我抱著百花，直接衝進那房間，看到那醫生正躺在一張行軍床上睡覺。我哭著喊：「救命啊，醫生。」

那醫生被吵醒了，迷迷糊糊地問：「怎麼了？」

我說了整個過程。醫生不滿地白了我們一眼：「發個燒，還需要救命嗎？」

醫生氣呼呼地給百花開了藥，找個毛巾給我們，要我們不斷蘸水擦百花的額頭、脖子、腋窩和關節，然後把門一關，又繼續睡了。

藥我們餵給百花吃了。

身體我們輪流用濕毛巾擦著。

衛生院的病房裡掛著一個大大的時鐘，我們邊擦邊看時間在走。

凌晨一點了，百花還在燒。

凌晨兩點了，百花還在燒。

西來忍不住了，去那個房間推了推醫生；醫生罵了西來一通，把門從裡面鎖上了。

凌晨三點，百花還在燒。

北來去敲醫生的房門，醫生還是關著門；北來踢了門，醫生罵了北來。

凌晨四點，百花還在燒。

我拚命拍打醫生的門；醫生生氣地罵我，我生氣地罵醫生。醫生就是不開門。

那種燒，我篤定是不對的燒。我跑去找那個護士：「咱們這有廚房嗎？」

護士覺得我問得奇怪，但還是回答了，說：「從主樓出去右拐最頂頭那間就是員工食堂，裡面有廚房。」

我找到廚房了，也果然在廚房裡找到劈柴用的斧頭。我拎著斧頭回來，對著醫生房間的那扇門就是一斧頭。

那醫生嚇醒了，喊：「誰啊？」

我說：「是我，楊百花的阿母。」

醫生邊拿聽診器要往百花胸口放，邊生氣地說：「我待會兒肯定要報警的……」話才說了一半，醫生愣住了，一會兒看看百花的眼睛，一會兒看看嘴巴，一會兒聽聽心跳。他生氣地說：「你們為什麼不早說沒退燒啊？」

小兒麻痺症，那是我第一次聽到它的名字。我不認得字，國語也不好，從醫生那兒聽到這個詞語後，我就一直念著，趕緊念著；我想，我必須記住它的名字。

那神婆說過，如果被鬼纏上，知道鬼的名字了，就好辦了。可以先叫著它的名字，和它說話，聽它講自己的故事。那神婆說，鬼都是因為在這世界受的傷痊癒不了，這才滯留在人間的。鬼是代替很多人去受這個傷的。

我不是神婆，我聽不到鬼說話，但我還是對著百花的身體說：「我知道名字了。我沒法和你說話，但你得趕緊走。」

百花還在發著燒。

我對著百花的身體說：「你再不走，我要去找神明了。」

百花還在發著燒。

我想，我應該找神明了。

但所有神明都走了。除了那神婆留給我的那尊，我找不到其他神明了。

醫生讓護士去叫其他醫生。其他醫生來了，更多其他醫生來了。我國語不好，模模糊糊地聽著。有醫生說「休克」，有醫生說「偏癱」、「痴呆」，有醫生說「植物人」……我不知道那幾個字什麼意思。我問西來，休克是什麼意思，西來說，就是「會好的」；我問植物人是什麼意思，西來說，也是會好的意思。

我不信，我一直念著，生怕忘記了。我想著：我一定要記住這些名字，找神明告狀。然後我聽懂了一個字——有醫生說，可能會「死」。

我認識這個字，我聽不得這個字。

我想：果然命運又開始胡搞了，我得趕緊去找神明。

我抬起頭，問：「蔡也好，妳給我留的那尊神在哪兒？」

當然聽不到回答。

我趕緊跑回了家。我知道自己已經慌了，但還是告訴自己要鎮定。我想：是不是藏在原來神殿的什麼地方。於是我趴在地上，一塊磚一塊磚地敲過去；我趴在牆上，一片牆一片牆敲過去。我果然還是沒找到。

找著找著，我突然想：那醫生說我的百花要死了。她如果真的要死，我不能讓百花要走的時候看不到我。這麼想著，我又趕緊跑回衛生院。

百花還是睡著，還在發著燒。醫生們還在想著辦法。

我知道自己的心裡已經像個糞坑，腐朽的東西在不斷發酵，沼氣一般刺鼻噁心。我趕緊捂住嘴；那難受的哭聲，還是從手指縫裡流了出來。

我知道，那種哭聲，爬進我妹、北來、西來的心裡，會讓他們也更難受。

我對他們笑了笑，說：「我去趟廁所。」

我一進廁所，蹲在茅坑上，就開始嘔吐著哭，哭著哭著，突然看到，那茅坑的矮牆上，好像有人用石塊畫著字。我用都是淚水和鼻涕的手去擦牆，那字沾上水後顏色更清晰了。

我認識的字不多，但那些字，以前經常看到，有「阿彌陀佛」，有「媽祖」，有「七王爺公」，有「大普公」。我知道了：此時是我蹲在廁所裡哭，但此前很多人和我一樣，在這個最臭的地方，假裝蹲著坑偷偷哭。然後，我還知道了：神明其實一個都沒有走，祂們就藏在廁所裡，祂們就藏在這世間最噁心的地方——好像這裡本來就是生下祂們的地方。

然後，我知道那神婆把留給我的神明藏哪兒了。

我趕緊往家裡跑，衝進廁所。我抬起頭，看到廁所頂上那根木頭上，好像有什麼。

我拿來一張凳子，踮著腳，搆著了。我拿下來——是神像。

我站在凳子上，抱著神像，下面是張開著的糞坑，像女人的產道。好像，這世界終於為我重新生下神明了。

那神像蒙著厚厚的粉塵和蠅蟲的屎，像嬰兒沾滿汙血。我用手擦拭著祂的臉，我還是認不出祂。我趕緊拿水沖，沖走蠅蟲的屎，沖走厚厚的粉塵——我看到了，看到祂悲憫的雙眼；我看到了，看到祂慈悲的微笑——我認出祂了。祂是夫人媽，是主管咱們這地方孩子生養的神明。

我一度不理解，那神婆為什麼留給我夫人媽，我可是個從來沒有生下、也不會再生下孩子的人。後來我想：或許，她是希望夫人媽陪我生下我的人生。或許，是夫人媽希望陪當時的那個鎮子，重新生下咱們的神明。或許，咱們的新社會也是剛剛重新生下來的孩子。

那天我用百花小時候用的襁褓包住夫人媽，抱在懷裡一路往衛生院跑。跑進病房，我阿妹哭著和我說，剛剛醫生說了，藥都用了，就看百花自己扛不扛得過去。阿妹說的時候，手一直抖。

我把阿妹、北來、西來叫過來，偷偷地把襁褓裡的夫人媽給他們看。我說：「咱們不怕了，咱們有神明了。」

我說，該吃藥就餵，該擦拭身體就擦，還要一直喊百花的名字。我說：「我就不信喊不回來。」

我把夫人媽放在百花枕頭邊。我對百花說：「夫人媽來了，妳必須活過來。妳要不活過來，我不認妳當我的女兒了。」我對著神像說：「夫人媽請祢保佑百花。如果百花沒好過來，我自此就不認祢，也不要祢了。」

我忘記恐嚇了百花和神明多少遍，大約在第二天凌晨，百花醒了。

百花醒來，一開始是笑著的，看見我們哭了，也才跟著哭。

我哭著問：「百花百花，妳為什麼哭？」

百花哭著問：「阿母、小姨、哥哥們為什麼哭？」

我哭著問：「百花百花，妳去哪兒了呢？」

百花哭著說，她記得本來回家了，然後不知道怎麼的，就在一條街上玩。那條街上，走來走去的，是穿著各種衣服的人，有現在的樣子的，有戲臺上那種打扮的。她覺得好玩，玩了一陣，然後就看到街上有個婆婆對著她喊，說：「百花百花，城門要關了，妳得趕緊回去。」她想著，得趕緊回來找阿母，就跟著那婆婆一直跑。跑到城門，城門已經關了，她著急得一直哭。那婆婆抱著她，來到一個狗洞，說，這是她在城牆上偷偷開的洞，只有小孩子鑽得過去，她就趕緊鑽了。一出來，就看到我們在哭。

我阿妹把襁褓中的夫人媽神像拿給百花看，問：「是這個婆婆嗎？」

百花看了看，說：「不像。那個婆婆老多了，也胖多了。」

我記得神婆說過的，神明要塑像的時候，老會將顯年輕好看的樣子給工匠。我噗哧一笑，說：「就是她了。」

百花是活過來了，但只是活了一半回來。

醫生說，百花的腿腳有可能會不斷萎縮，然後癱瘓。如果百花夠堅強，能忍著疼硬扛，還是有機會站起來的。但到了四五十歲，有很大概率還是會萎縮直至癱瘓。

醫生的說法我聽不懂，但我理解了。應該是夫人媽在讓百花鑽狗洞的時候，另外那個世界的門還是關上了，一不小心，就把腿腳那一部分的魂魄掉在那邊了。

如果是這樣，那得讓夫人媽幫忙找回來啊。

有一段時間，我睡覺前總是要輕聲說：「夫人媽啊，能不能到我夢裡說話？我想請祢幫忙了。」

每天晚上都好像見到了夫人媽，又好像沒見到。我想：我果然不是神婆，終究無法和神明說上話。

百花確確實實在試圖把自己的腿找回來，她經常用力地發著呆；我知道她在讓自己的意識一點一點往腿的深處爬。這真是個漫長而艱難的過程，看著她經常發呆到滿頭大汗，有時候腿上的青筋還會劇烈地抽動。我知道那很疼，我做不了什麼，就守在旁邊。一旦腿上的青筋出現了，我就像抓老鼠一樣，按住她抽動的那條青筋，拚命地按摩。

疼在自己身上好像沒那麼疼，疼在自己孩子身上可真疼，我心疼得眼眶裡淚水直打轉。但我可不想在孩子面前顯得很脆弱，所以我笑著問：「很疼吧？疼就和阿母說，阿母知道的。」

百花笑著和我說：「不疼啊，阿母我不疼。」

百花越說不疼，我越心疼。

每個人難過都不一樣，有的人用哭來讓難過流出來，有的人用生氣來讓難過蒸發出來。北來用的是生氣。

那段時間，北來總是罵罵咧咧的。太陽太大了，罵；今天陰天了，罵；今天有風了，罵；今天沒風了，罵。罵著罵著不甘心，見到路上的石頭就踢，見到路邊的樹就踢。踢完還是不解氣，氣呼呼地問我：「憑什麼讓百花這樣？」

我張了張口，不知道怎麼說，所以還是說：「百花的命運吧。」

北來說：「能找到命運那傢伙嗎？我要去和他打架。」

我想到十五歲的自己也說過一樣的話，便笑著說：「可以啊。只是你得找到和他打架的方法。」

也不知道怎麼傳出去的，百花出院回來後，總有人在我家門口晃。有的人會湊上來，偷偷問：「我能拜一拜那個嗎？」我說哪個；那人瞪大眼睛看著我，最終沒有說出是哪個。還有的人，會趁著晚上就在門口對著我家門拜。

村長說，他透過他家的窗戶看到有人在我們家門口準備要拜，心都快跳到喉嚨口了。他說：「你們好不容易活下來，可不要再和封建迷信扯上關係。」

我讓北來、西來有什麼活要幹就儘量在門口那邊幹，看著不對的人，趕緊先迎上去問：「什麼事情啊？」如果看到有人做出要跪拜的動作，趕忙上去攙扶住。但還是有人突然跑過來，拜了一下後趕緊跑。

後來我知道怎麼辨別了，就看眼睛。如果是那種眼睛濁黃濁黃的，裡面有大量的紅絲，好像還在尋覓著什麼——那就是走投無路但又依然不甘心的人的眼睛。我有過那種眼睛；我熟悉這種眼睛。

一看到那種眼睛，我就招呼他們坐下來，他們說話了，我就聽。聽了一個又一個人說故事，這世界翻來覆去讓人難受的事情都還是那些。後來講到什麼地方我恰好聽過那神婆是怎麼安慰人的，我就重複一遍神婆的話。經常有人聽著聽著，會像小溪一樣，潺潺地流淚。

那樣的流淚是沒有聲音的，但我總可以從他們身上聽到山谷中那種叮咚叮咚的泉水跳動的聲音。

最難受的人是說不出話的。他們的眼睛，有時候像是又深又黑的隧道，我好像因此可以看到他們心裡那又黑又深的海。他們不說，我就不問。我會在他們準備走的時候不經意說一句「神明好像還在的」、「活下去才知道會怎麼樣」……說完這些話，感覺像是把一團漁火拋進海裡。

海上一浪一浪，那點漁火一明一暗，最終流到大海深處，也不知道是否還燃著。

或許真是夫人媽幫忙找回來了，又或許是百花自己爭氣，過了幾個月，百花開始能動腳趾頭了，再過幾個月，百花開始能站起來了。過了三四年吧，百花可以蹣跚地走起來了，終於能挪動到門口走一走。估計是太久沒出門了，百花更白了。當百花邁出大門，走在路上的時候，陽光打在她身上，感覺她整個人都在發光。我還看到，那些路過的人看著她，眼睛裡也彷彿跟著閃光。

自此，來我家坐著聊天的人越來越多，都快趕上神婆在的時候了。我知道他們來幹什麼，有人甚至直接問我：「妳能當神婆嗎？」我說：「我可不懂，我和鬼神說不上話。」

然後我記得村長提醒的，趕緊再說一句：「而且，現在哪有鬼神啊？」

我記得，那天衛生院的醫生還組織幾個同樣得了小兒麻痺症的人，一起來我家看望百花。我才知道，原來那段日子，和百花一樣得了這種病的孩子還真不少；我才知道那種病和鬼一樣，是到處飄的。

醫生對著那些孩子說：「你們看，如果都像楊百花一樣堅強，你們也是可以站起來的。」

等大家要走了，醫生拉著我悄悄問：「聽說，妳家有一尊神啊？」

我說：「沒有啊。」

我剛才忘記說了吧。從醫院回來後，我擔心有人會來找那尊神像，想來想去，我終於還是把那神像又藏到廁所頂的木梁上。藏好之後，我抬起頭對著半空說：「蔡也好，妳藏的地方真對。」我依然聽不到她的回答，但我知道，她肯定在得意地笑。

我忘了是哪一年，一天晚上，我們一家人剛吃完飯，村長領著個人直直地走進來，坐在院子裡的石墩上，開心地抽起了菸。上次見他這樣子，還是給我們爭取到那塊地的時候。

我還不知道是什麼事，已經開心起來。我問村長：「什麼事啊？」

村長說：「你們家有僑批了。」然後指著他帶過來的那個人說：「這是郵局的。」

我問什麼是僑批。

村長說：「就是妳家有華僑，華僑給妳寄信還寄錢來了。」

我說：「我家沒有華僑的。」

村長笑出一口黃牙，說：「妳等著哈，我變給妳看。」

郵局的那人從口袋裡掏出那封信，信封上寫了一行外國字一行中國字，兩種字我都看不懂。

我問：「這上面寫的是什麼？」

那郵局的人說：「英語我看不懂，中文寫的是：馬來西亞楊萬流。」

村長得意洋洋地想對我說什麼，才發現我眼眶紅了。

村長問：「妳怎麼啦？」

我說：「楊萬流活過來了啊？」

郵局的人幫著把那封信念了一遍。

楊萬流只認得一些字，所以寫得很簡單。信大概的意思是：他被抓去臺灣了，找機會從臺灣跑去馬來西亞了。村長說，果然是楊萬流。

他在馬來西亞已經有了養殖場。村長說，果然是楊萬流。

他要接婆婆、我和北來去馬來西亞。我想：果然婆婆是在這裡陪著我，沒飛去馬來西亞找楊萬流，所以他還不知道婆婆走了。

隨信還寄來了二十元。北來開心地說：「二十元可真多，我得挑幾千擔糞水吧？」

那郵局的人問：「需要回信嗎？幫忙回一封信五毛，郵費五毛。」

我說回。

我說你就這麼回：「萬流，婆婆已經死了，但她說一直陪著我。我現在不僅有北來，還有我阿妹陪著我，後來人民群眾又給我送來了西來和百花。」

我說：「這麼多人去馬來西亞肯定很貴，而且我坐船會暈。我不知道你在馬來西亞有沒有娶妻子，我覺得你還是用給我們買船票的錢娶個妻子吧。咱們的事情下輩子再說。」

念到最後這一句，我都沒想到自己會難過。

阿妹也難過了，本來想說什麼，但或許覺得我說得對，就沒說什麼了。

信已經裝好了，我阿妹才想起來問：「能加一句嗎？能問下楊萬流，他知不知道王雙喜和泥丸是不是還活著？」

我問過郵局的人，他說，從咱們這裡發出去的信件，要先統一收到城裡，城裡過幾天收集整理好，馬來西亞的信件會統一再送到廈門。這些信件會在廈門搭上輪船，再坐船去馬來西亞……滿打滿算，到馬來西亞要一個月吧。楊萬流收到信之後，如果當天回信，再把流程倒過來一下，到咱們這兒又得一個月。

那封信北來拿著翻來覆去地看；他也看不懂，但就是看。他喃喃自語：「這上面有我的名字。我父親記得我的名字。」

西來努力裝作很開心的樣子。他說：「阿母妳去吧。」

我知道他在想什麼，但他從來都不說。

百花就一直拉著我，好像生怕我離開，嘴裡卻說著：「阿母妳去吧。」

我說：「我不去，我不坐船。」

第二天出門的時候我想：信應該窩在鎮上的郵局了。我在去碼頭的路上，特意繞了路，從郵局經過了一下。我想：它過幾天就要出遠門了。我知道，我路過也看不到它，它也看不到我，但我還是想經過一下。

第五天，我想：信應該進城了。我又繞路去了郵局一趟。

第十四天，我想：信應該在開往馬來西亞的船上了。我這樣想之後，就好像自己跟著頭暈噁心，好像我也坐在船上。

才過了一個月，郵局的人騎著自行車來敲門。他說，有人給我打了電報，要我去郵局領。

我問：「什麼是電報？」

郵局的人說：「就是從很遠的地方發幾個字，然後有個網一抓，咱們這邊就收到了。」

到了郵局，我等了一會兒，拿到了一張紙條，就一行字。郵局的人幫我念了：「全來帶母給日訂票有喜。」

我知道了：讓我們全部去，帶上婆婆的牌位，給他出發時間他來訂票。王雙喜在。

郵局的人問：「妳回電報嗎？」

我問：「多少錢啊？」

他說一個字七毛錢。

我說：「我還是寄信吧。你能幫我寫信嗎？」

我請郵局的人寫的信是這樣說的：不要發電報了，電報貴。你在那邊估計也不容易，我這邊能活下來。你應該在馬來西亞娶妻子的。我不能生孩子，你應該有孩子的。咱們的事情，下輩子再說。

幫我寫信的郵局的人，念著最後一句，自己眼眶紅了。

我說你怎麼了。

他說：「我那個訂了婚的未婚妻現在還不知道在哪兒。」

我說：「你別傷心，活著找不到，咱們死後去找。這輩子成不了，不是還有下輩子嗎？」

他說：「我不相信有下輩子。」

他說：「而且不是說咱們已經沒有鬼魂了嗎，怎麼還有下輩子？」

哪想，第二天，我的信還沒發去泉州，楊萬流的電報又來了。

那張紙條寫著的是：吾妻來。

郵局的人問我：「還發昨天那個信嗎？要不改一下？」

我說：「還發。」

第三天，電報又來了，寫著：妻來。

我甚至能聽到楊萬流的聲音和口氣。我想：當著面他可不會這麼和我說話。

郵局的人問：「還發前天那個信嗎？」

我問：「你還沒發嗎？」

郵局那人說：「我覺得妳不能那樣回。」

郵局的人說：「妳發個電報吧。就發一個字，一個字便宜。」

我說我想想，發什麼字。

郵局那人明顯有點生我的氣了，說：「我幫妳發了，就寫『來』。」

郵局那個人就那樣發了，還收了我七毛錢。

我把那張寫著「妻來」的紙條摺好，放在胸口處那個兜兜裡，心裡暖乎乎的。走回家的路上我想：這電報真好玩。楊萬流對著天空說幾個字，那幾個字就這麼飛，飛過大海、飛過山脈、飛來咱們鎮上，然後就被抓到了，通過別人的朗讀，送到我耳朵裡。

我還在想：楊萬流念「妻來」這兩個字用的是如何的口吻？但這個問題，我哪怕見面也不好意思問他。

晚飯的時候，我隨口和大家說了一下。我還交代，那塊地咱們還得認真種著，一來不知道什麼時候走；二來，那塊地待咱們如此好，咱們也要對它負責任。

說完，我就說要去洗衣服了。

我妹跟過來，問：「是連我一起吧？」

我說：「當然啊。我還想帶上咱阿母和婆婆的牌位，還要帶上那尊夫人媽。」

我阿妹開心地說：「那我可以去找雙喜了。這幾天我就開始和夫人媽交代，保佑咱們不會暈船。」

我說：「夫人媽好像不管這個。」

果然，第二天楊萬流的電報就來了，就一個字：好。

我翻來覆去看那個「好」字，覺得，楊萬流待我真好，命運待我真好。我甚至在想：我此前是不是誤解命運了？雖然日子苦了點，但留在最後的還是甜滋滋的感覺。楊萬流不斷有資訊過來——在申請了，在訂票了，在確定日期了，然後確定日期了。我記得，是十月初，楊萬流的一封電報裡說：月圓人團圓。

那一天，村長給我送來了一堆本子和幾張紙，樂呵呵地說：「拿好了，這是妳和楊萬流的鵲橋。」

自那天開始，我就每天晚上都要看著月亮。

月初的時候自然就是月牙，每天胖一點，每天胖一點。我看著月亮，心就撲通撲通地跳。

我讓全家人開始整理東西了。

除了我阿妹有幾箱子衣服，大家可以整理的東西也不多。

我看見西來還是帶上了他第一天來找我時穿的衣服和皮鞋；他用其他衣服包住，生怕我看見了。我就假裝看不見。

當時送百花來的那個花籃，是北來惦記著要帶上的。北來自己帶上了他來時包他的襁褓。

家越整理越空，鎮裡知道我們要走的人越來越多。

他們就坐在我家，看著我們各自收拾。

有人難過了，會偷偷問我：「那尊神能不能留給我們？」

我看著他們，不好拒絕，但我又真想帶祂走。祂是那神婆留給我的，我要去面對的還不知道是什麼日子。

但我沒說出「不」字。我就笑了笑。

出發的前夜，我跑去敲了村長家的門。村長開門了，樂呵呵地笑：「要走啦？」

我說：「是啊。」

我說：「村長，那塊地就還給人民群眾了。地裡的地瓜這幾天就可以收成了，你得找個對它好點的人。那塊地，真是溫柔的地啊。」

村長說：「好，我找個溫柔的人。」

我說：「村長，我的家我就先鎖上，你幫我看著好不？說不定以後還會回來的。」

村長說：「好，但妳最好別回來了。楊萬流多好的人啊。」

我說：「是啊。楊萬流多好的人啊，他應該再娶一個。」

村長說：「妳下輩子再嫁他，再多生幾個補償給他不就好了。」

我、我阿妹、北來、西來各挑一個擔子。

我前面的大筐裡挑著百花，後面挑著行李，行李裡藏著那神像以及我阿母、我婆婆的牌位。他們三人挑的全部是行李。我們就這樣出發去車站了。

我們要從鎮上的車站，搭車去隔壁的安海鎮，再從安海鎮搭車去廈門，然後從廈門搭船。

上了車，我就很緊張，擔心孩子們會不會暈車。

還好，阿妹、北來、西來、百花都不暈車。

反而是我緊張過頭了，吐了一路。

到廈門的碼頭，我們遠遠地就看到「馬來西亞」四個字，跟那僑批上一模一樣。

萬流就在馬來西亞啊。我要去見楊萬流了。

西來用國語問了一路，我們終於找到了一個關卡。我把所有本子和紙都拿給工作人員，他們一個個核實著，說，喊一個名字，我們就過去一個人。

過道不讓停的，一進去就要直直往裡走，說裡面還要檢查幾下，然後就上船了。

第一個喊的是蔡屋樓。

我得挑百花過去。我說，能否讓別人先過去，我等一下。

第二個喊的是楊北來。北來開心地過去了。

第三個喊的是楊西來。西來開心地過去了。

第四個喊的是楊百花。我開心地挑起擔子想過去。我看見阿妹緊張得一直抖腳，就讓她先進去。

然後我就站著不動了。工作人員說：「妳怎麼還不過去？」

我說：「還有一個蔡屋閣啊。」

他們翻出那本子和紙，說：「沒有了。蔡屋閣沒有自己丈夫簽字，和楊萬流不是直系，是不能辦訪親的。」

我知道了，王雙喜那個沒良心的，沒有給我阿妹簽字。

我阿妹知道了，王雙喜不要她了。

我阿妹又哇哇地哭，然後，我突然知道該怎麼辦了。

我推著阿妹，說：「她是蔡屋樓。」

我阿妹愣了，說：「我是蔡屋閣。」

我和阿妹說：「妳得去找王雙喜算帳啊。」

我阿妹說：「我不去。」

我和阿妹說：「妳得找妳家泥丸啊。」

我阿妹哭著問：「那妳怎麼辦？」

我說：「傻阿妹，妳還不懂，這就是夫人媽安排的啊。楊萬流必須重新娶個妻子，他這麼好的人，必須有孩子。」

我要把百花抱到阿妹的擔子裡，百花瘋了一樣掙扎；她那一下的力氣太大了，整個人直接摔在地上。

百花說：「阿母不走，我也不走。」

我和百花說：「妳哥哥們都走了。」

百花說：「我就要阿母。」

我阿妹還是像小時候一樣哇哇哭著，一步步往裡走的。

我一直笑著，笑著和她揮手。

我說：「妳和北來、西來說，不怕的。楊萬流要不疼你們，我會罵他，然後死後找他算帳的。」

我說：「妳一定和楊萬流說，我這輩子見不到他了，也不見他了。他如果不趕緊娶一個妻子生一堆孩子，我死都不原諒他。」

我說：「阿妹，妳一定要活得很好。被欺負了，隨時回來找我，妳有阿姐的。」

說完，我也不管阿妹走了沒，挑起擔子轉頭就走。

擔子前面是我的百花，擔子的後面，是我的神明、阿母和婆婆。

我知道，我這輩子沒有楊萬流了。雖然我告訴自己，可以下輩子再找他的，但眼淚一直一直掉。

我又一路吐著坐車回到安海鎮，又一路吐著回到咱們鎮裡。我吐到全身沒力氣，下了車，想挑起那擔子，猛地踉蹌一下，就是挑不起來。

百花掙扎著從筐裡爬出來，摔倒了，磕著了腿。

我說：「百花百花不哭，我給妳吹吹氣。」

我家百花哇哇一直哭，嘴裡喊著：「阿母不哭，百花陪著阿母的。」

我可不能讓百花傷心，所以我笑著說：「阿母沒哭啊。」但眼淚一顆顆往外蹦。

百花堅持不讓我繼續挑著她了。她幫著把一些行李放在前面的筐裡，然後一步一步在前面走著。

我家百花的兩條腿因為萎縮，像兩根被開水煮過的筷子。別人的走是走，她的走，是先把左腳直直往前戳，戳到地上了，再讓右腳往前戳。我看著心疼，說：「百花百花，咱們不走，阿母挑著妳。」

百花笑著回過頭來說：「阿母我可以走的。咱們比賽誰先到家。」走了幾步，百花又摔倒了。她笑著想爬起來，我生氣了。我說：「如果妳不讓阿母挑，阿母要生氣了。」百花怕我難過，乖乖地幫忙把東西搬回後面的筐，自己又坐回筐裡了。

我們就這樣走一陣歇一陣，最終還是走回家了。

我找了許久才找到鑰匙，打開鎖，但一直不想推開那扇門。我知道，推開了，我會看到，沒有阿妹、沒有北來、沒有西來的家了。

我沒推，百花也安靜地窩在筐裡。

我低下頭看，百花在偷偷抹眼淚。

我說：「妳想小姨，想哥哥們了？」

百花說：「想。」

我說：「沒關係，我也想。」

庭院太大了；以前坐著的是那神婆，後來是我阿妹經常在那兒補衣服，北來、西來在那兒洗農具，現在空落落的。

房間太大了；以前北來、西來打地鋪，阿妹睡裡面。

現在只有我們倆了。

聽不到放屁聲，我心裡空落落的；聽不到打呼聲，我心裡空落落的。

我躺在床上，剛好可以看到外面的月亮。我在想：阿妹、北來、西來現在是在海上了，不知道他們在船上能不能也看到這個月亮。月亮越來越圓了，楊萬流說得對，月亮圓的時候，他們就到馬來西亞了。

確定百花睡著後，我一個人爬了起來。我想：還是把行李整理一下。我把阿母和婆婆的牌位請出來，放回廳堂，然後把夫人媽神像請出來，想了想，就把祂放在了神婆的牌位背後，方便我和祂聊天。

行李整理完，我想：整個房子還是應該打掃一下，也挪動一下。比如，我把吃飯的桌子從庭院挪到了大門口，這樣，我坐下來的時候，就看不到過去歲月裡的他們。比如，我把藤搖椅搬進房間裡，放在北來、西來他們打地鋪的地方，這樣，我就不會睡覺的時候老是習慣醒來瞄地上幾眼。

我還在騰挪著，一不小心天就亮了。百花揉了揉眼睛，喊了聲阿母，然後她看了看原來北來他們打地鋪的地方。我知道，她的視線落空了。但她看到了我放的那神婆的藤搖椅，她知道我在想什麼。她畢竟還小，眼眶還是藏不住地紅了。

月亮明明已經圓了，他們肯定已經到了，但我還是沒收到電報。我知道，楊萬流生我氣了。

我空下來的時候，就一直在想像：楊萬流接到他們時的表情是如何的？楊萬流肯定不記得北來了，他也從沒見過西來，他會對他們如何？楊萬流看著那麼圓的月亮，他想到的是什麼？

一開始我想：要不要發個電報和他說一下？但電報費真是貴，而且，這件事情怎麼可能用很少的字說清楚？

接著，我越想越生氣：他怎麼可以生氣到都不和我說話了？所以，楊萬流不發電報，我也不發。

回來後，那塊地我還是要回來了。每天前面挑著百花後面挑著農具，一早就去田裡，忙到下午，再挑著擔子趕去碼頭。現在要養的人一下子少了，但是，不做那麼多活，一空下來心就慌慌的，所以還是忙點好。

百花沒問我什麼，就是每次要出門的時候就會往郵局的方向看過去。看到我在看她了，她趕緊轉頭看其他地方。

我想：要不我就發個電報，不問楊萬流，就問北來他們。比如：你們好嗎？四個字，兩塊八毛錢。

但我就是太好強了，終究還是忍著不去發。我記得就這樣耗了快一個月吧，楊萬流發電報過來了，六個字：妹喜孩學我婚。

我知道他說的是什麼：我妹找到王雙喜了。孩子他送去上學了。他自己結婚了。郵局的人念完就一直看著我，好像想安慰我。沒等他開口，我先說了。

「這才對啊，楊萬流就該結婚啊。」

我說：「我和他說過很多年了，他就應該重新娶一個啊。」

我挑著擔子走出郵局，心想：那這樣我到底算有丈夫還是沒有丈夫呢？我不知道。我也不知道，為什麼楊萬流終於聽我的話了，我怎麼還這麼難受。

過了兩個多月，阿妹給我來信了。信應該是她僱人寫的，半文半白的，可能是流亡到那邊的老書生寫的吧。

大意是，她找到王雙喜了，泥丸在臺灣夭折了，王雙喜是跟著楊萬流去馬來西亞的。王雙喜已經娶了別人了。楊萬流幫她找了份工作，在那邊做衣服。她攢夠錢就回來陪我。

說，楊萬流當時見不到我，躺了好多天不吃飯，也不和他們說話，後來怒氣沖沖地去相親了。咱們在馬來西亞的人不少，楊萬流最終娶的也是咱們鎮過去的。

說，楊萬流那生意大啊，一片海都是他的。

說，北來不是讀書的料，職業學校的功課跟不上，老被楊萬流罰站。

說，雖然從沒見過西來，但楊萬流很喜歡西來。西來讀書很好。

說，楊萬流的新妻子偷偷嫌棄這兩個孩子。但沒事，楊萬流對這個妻子可嚴肅了。那女人怕他。

我就知道楊萬流會待他們好的。

又過了半年，北來、西來來信了。信應該是西來寫的。

他們說，楊萬流待他們很好；他們說，小姨很難過，一直哭，不讓楊萬流救濟，賺錢養活自己。她租住在離王雙喜家不遠的地方，嘴裡說一輩子不原諒王雙喜，但總是站在門口，往王雙喜家裡望。

說，馬來西亞有咱們泉州的同鄉會，他們有去打聽，怎麼才能讓我去馬來西亞。他們還在想辦法。

他們說，他們很想念百花。

我回信說：「我們不去了。你們記得你們是有阿母疼的人就好。」

後來阿妹又來過幾次信，大概意思就是：楊萬流的新妻子懷孕了。楊萬流有第一個孩子了，是兒子；然後又懷孕了，又有孩子了，是女兒；然後又懷孕了，又有孩子了，是兒子……

王雙喜偷偷跟她和好了；王雙喜說要和現在這個女人離婚；王雙喜和她吵架了；王雙喜沒有和那女人離婚；她想回來了；她又和王雙喜和好了……

北來、西來每個月來一次信。他們絕口不提楊萬流有小孩的事情，只說，可能辦什麼手續能讓我去，後來又不行了；又有什麼新辦法，又不行了……

以及，西來讀書真好，得了第一名；又得第一名，還是第一名……北來的成績一次都沒提。

其中一封信裡，還夾了一張我阿妹和他們兄弟倆的照片。我後來就拿著這張照片，摸了又摸。我去忙的時候，百花坐在旁邊等我，她就要了這張照片，翻來覆去地看，摸了又摸。

好像是他們去馬來西亞的第七年吧，有一天，應該是中午，我正在田裡幹活，百花坐在田埂上看北來他們的照片，郵局的人竟然找到田裡來了，說，有封很著急的電報要我趕緊去郵局領。

我說：「電報已經著急了，還有更著急的？」

郵局的人說：「是加了價的急件，所以得趕緊找到妳。」

一聽這麼著急，我趕緊挑上百花，往郵局跑。

邊跑我邊琢磨：不對啊，這麼著急肯定有急事；發電報的，肯定是馬來西亞那邊。然後我擔心了，喃喃自語著，也不知道在警告誰，就是低聲喊著：「無論你是什麼東西在哪兒，如果北來出事，我就馬上跟著死，死後上天入地我都要鬧到底；如果西來出事，我就馬上跟著死，死後上天入地我都要鬧到底；如果阿妹出事，我就馬上跟著死，死後上天入地我都要鬧到底；如果楊萬流死了……」我說到這，愣了許久。我突然知道了，楊萬流死了。我好像聽到他的聲音了。

那份電報就七個字：萬流亡遺物寄回。

我就知道。

我感覺到了，我剛剛就感覺到了。楊萬流走了，我沒有丈夫了。

我挑著百花，邊哭邊回家。到了家，我對著那神婆的牌位和牌位背後的夫人媽說：

「萬流走了，你們趕緊去陪他啊。」

我很想知道，他是怎麼走的。他那麼強壯的人，他那麼聰明的人，討大海沒讓他死，被抓壯丁沒讓他死，跑到馬來西亞沒讓他死，怎麼現在就死了？但電報上分明有這三個字：萬流亡。

我想著：我可以做什麼呢？我做不了什麼。我沒有他的屍體，我沒有他的照片或者畫像，我沒法給他辦葬禮；我不會和鬼神說話，也沒法和他說說話。我甚至發現，我開始忘記他長什麼樣了。

我其實有好多話想問他。

我想問楊萬流：炮彈上那顆心是你刻給我的嗎？

我想問楊萬流：下輩子還要不要我繼續當你妻子？我知道，你可太生我氣了。但我就想問：這麼生我氣，還要我嗎？

我想問楊萬流：如果他願意我下輩子還當他妻子，他希望要幾個孩子啊？十個、二十個，要多少個我都生。

但我不是神婆，我沒法和他說話。要不，我知道的，他現在肯定飛回來了，肯定就在我身邊了。

足足等了半個月，我才收到楊萬流的遺物——那是一堆信。

原來楊萬流每週都給我寫一封信。從他到臺灣再到馬來西亞，只有我不去馬來西亞的那些日子，他停了三個月，但此後又繼續寫了，只是一直沒給我寄。

我想：他開始寫的時候，應該是想等我去馬來西亞的時候拿給我看。他應該一直在想像，我看到這些信時的表情。

結果我沒去。

我想：他後來寫的時候，就是準備等自己死後才給我了。

郵局的人問我，要不要幫我念。那郵局的人很好，說，他可以每天下班後，來我家幫我念，一天念幾封。

我說：「不念了。」

一來，我害羞，不知道楊萬流會寫什麼；二來，我覺得不用念了。我死後自己拿著這些信去找他，讓他念給我聽。我知道，他肯定捨不得投胎，一定會等我一起走的。

不過我還是一封封地把信拆開了，一張張地摸。然後，我看到了，每封信的結尾，他都畫了一顆心。

我開心地想：我就知道，當時那顆炮彈就是楊萬流打過來的。他從來不對我說什麼肉麻的話，但他把那顆心刻在炮彈上，那炮說得可大聲了。

/

/

阿太講著講著，笑得像個孩子。溝溝壑壑的臉，突然害羞地緋紅了起來，看上去，就像是夕陽映照著的斑斑駁駁的大地。

我還想問關於楊萬流的故事，她用腳踢了我一下，說：「我和他的事情，我自然會說，你幹麼問？」

然後，我阿太說：「對哦，我得告訴你一件事情。過了許久許久之後——我也忘記具體時間了——很多華僑寄僑批回來，說自己要出門前，向神明許過願，如果自己平安健康，就一定要給神明的廟宇添磚加瓦。

「據村長說，上面研究了很久，想著，還是得趕緊把廟重新修起來。但是修廟遇到一個問題：那些神明的樣子，又沒有畫像，怎麼塑啊？

「這個時候，先是有人不好意思地說：『其實當時我偷偷把媽祖金身給藏了。』大家聽了，愣了一下，這怎麼藏啊？當時要煉鋼，誰的家當沒被翻過？那人紅著臉說：『我把媽祖金身藏被窩裡啦。』大家一聽奇了：『你抱著神明的金身，你怎麼敢啊？』

那人生氣了：『怎麼不可以啊？那可是老母親啊。』

「大家還在笑著，另外一個人舉手了，說：『其實大普公的金身被我藏在我家祖宗的骨灰盒裡。』但藏得最多的，竟然還真是廁所。有的和那神婆一樣，就放在頂上；有的特意把廁所鑿出一個洞來，再用牛糞把牆塗一遍。

「有尊叫紫姑的神明最可愛，問卜了半天，說不想建廟了，祂就住廁所裡了。

「那尊神明，用咱們現在的說法是神界的婦聯主任。祂估計是看到太多女人都躲在廁所裡哭吧。」

回憶五

天頂孔

要麼入土為安，

要麼向天開槍

一輩子說起來很長，其實，真不經算。

你外婆我是陪她從頭走到尾的，就差肚子裡懷她那一程。但我那兩個兒子，你那兩個舅公，我掰著指頭數了又數，陪他們前前後後加起來就幾十年吧。

我後來偷偷在想：我的這些孩子算我的孩子嗎？到我要死了，命運那傢伙會不會不認，依然說我無子無孫無兒送終？

你大舅公北來越老心越大，後來五六十歲了，我哪件事情惹他不開心了，還會懟我一句：「妳就沒當我是親生的。」說完還要委屈巴巴地看著我，等著我哄他一下。

你二舅公西來心細，他應該早琢磨到我心裡想什麼了。我送他去找他生母的時候，車本來已經開了，他特意讓車往後倒，搖下車窗，探出頭，喊我：「阿娘啊。」

我回：「哎。」

他說：「阿娘啊，妳千萬記得，我只有妳這個阿娘。」

當時你二舅公都已經快五十歲的人了，西裝革履，頭髮鋥亮鋥亮，又和剛來找我的時候一樣了，還剛被馬來西亞封了什麼爵。我當時不理解那個爵是什麼東西，不理解他為什麼領完那個什麼爵就突然飛回來看我，不理解他那天晚上為什麼要像小時候一樣在我房裡打地鋪，還不理解他為什麼第二天馬上要坐飛機去昆明。

他那時候哭得像個孩子，還一直說對不起我。

他說：「我只想去看看自己從哪兒來的。」

我說：「你不要哭啊。這麼大的人了，還是什麼爵呢。」

我說：「你沒有對不起我。你認我是阿娘，我就是阿娘了。」

但哪想，那卻是他最後一次叫我阿娘了。他不僅沒有很快回來，而且從此再也沒回來了。

楊萬流走後，北來和西來在馬來西亞的真實情況，是你太姨回來之後才告訴我的。那幾年，北來、西來依然每個月來信。信裡就說，北來去楊萬流的養殖場工作了，西來還在讀書；又說，西來也不讀書了，也去養殖場工作了；然後說，北來、西來覺得自己歲數大了，自己出來找房子住了。然後說，北來、西來不在楊萬流的養殖場工作了；北來去了碼頭當搬運工，西來跑去一家貨運公司幫人算帳。

他們每次都說：「我們很好，勿念。」我知道的，他們不好。自己的孩子過得好不好，阿母都是知道的。

所以我每次都請人幫我回信，回信都說：「阿母想你們，阿母希望你們回來。」

他們每次都回：「我們過段時間就回來。」

我阿妹則幾個月給我來一封信。信裡總是先說，北來、西來一切都順遂，勿念，然後就說自己的事情了。說她和王雙喜又結婚了；過段時間又和我說，離婚了；然後再和我說，她攢的路費夠了，下個月就回來。過段時間又說，她還是等北來、西來一起回來……然後依然遲遲沒有回來。

百花已經出落成一個花一樣的姑娘了。在我擔子快挑不動百花時，村長幫我找來木匠給她打了一雙拐杖。百花不用拐杖大概就走個幾百米，如今拄上拐杖，還可以再走個幾百米。

百花能走這樣的距離就夠了。她每天早上陪著我去田裡，我在田裡幹活，她坐在旁邊縫衣服或者整理待會兒要做的菜。每天大家都見到百花，每次見到了都要說一句：「百花真美啊！今天像茉莉花，昨天像玉蘭花。」

每天下午百花都陪我去碼頭，我在裝卸，她就坐在那兒開始清洗早上的農具。碼頭很多人，認識的、不認識的，都要說一句：「真是花一般好看的姑娘啊！」

後來我老是想：百花是不是天上的花投胎來的？所以她註定要像花一樣，安靜地扎根在一個地方。

最終我阿妹過了好些年才回來；那時候百花都已經大了，到了要嫁人的年紀了。

我是不知道阿妹要回來的。就那天，看到有人穿著旗袍，戴著一副黑乎乎像盲人戴的眼鏡，穿著跟很細的鞋子，也沒敲門，啪一聲就用力推進來了。

我記得這個動作，像我阿妹；但我阿妹原來不長這樣，而且我阿妹在馬來西亞。

我還在猶豫著，那人哇哇地哭著向我走來。

那人一哭，我知道了，是阿妹。

阿妹說，她把王雙喜甩了。

我問：「什麼叫甩了？」

阿妹說，她就陪著我到老了，也不嫁人了。

我說：「這麼老還想嫁人，不要臉。」

阿妹說：「妳怎麼還是那麼老思想？」

我說：「思想是什麼意思？活著就那些道理，沒有老和新的差別。」

果然，阿妹信裡沒說實話。

楊萬流還是給北來和西來分了家產的，但楊萬流走後，那個馬來西亞的妻子什麼東西都不給，就把他們趕走了。我阿妹本來想去爭論的，但北來和西來說，他們確實算不上楊萬流的孩子，沒有臉面要什麼。他們沒地方去，我阿妹就收留了他們，可阿妹租的就是一個小小的房間，只夠擺一張床。北來和西來打了一段時間地鋪，找到工作後才搬出去。

阿妹說，西來是趴在地上給我寫信的，每次她看著他趴在地上說他們過得很好，她就想笑。

阿妹說，楊萬流死前也一直不肯和她說話，甚至不願意看她。她想，他是不是擔心在她的臉上看到一點我的樣子。所以，她其實也沒見到楊萬流最後一面。

我不願意和她說楊萬流，所以我趕緊問，北來、西來為什麼還不肯回來。

阿妹說：「沒錢買船票，還有他們知道妳就這點地，咱們這裡就這些活，他們擔心又拖累妳。」

阿妹說：「我可是攢夠了錢，就馬上回來找妳了。妳說，我對妳好不好？」

我白了阿妹一眼。

阿妹回來了，百花才覺得自己可以嫁了。

從百花十六歲起，就有人來問百花的婚事。百花雖然腿腳不便，但長得好看，可比我那時候強多了。

此前我假裝不經意地問：「百花啊，我在妳這個年紀已經嫁了，我阿母——妳奶奶——在這個年紀也嫁了。」

我知道百花是想嫁人的，但百花還是對我說：「我不嫁，我一輩子都不嫁。我得陪著阿母。」

說起來也是我自私，總是捨不得，想著百花那樣說，就再等等。

果然，阿妹回來了，我問百花：「小姨陪著阿母了，妳可以嫁了？」

百花這才開心地說：「好啊！」

然後，笑得像芍藥花一般。

那幾個月，總有各種人介紹不同的小夥子來。

每個小夥子來，我都會講一遍：「百花可能是天上的花投胎的，可能年紀再大點就下不了床的，像朵花待在一個地方，你願意嗎？我家雖然有孩子在馬來西亞，但他們很窮，你願意嗎？百花是我的心肝寶貝，誰要欺負了她，我是死都要找他算帳的，你願意嗎？」

我這樣說，當然嚇跑了許多人，但依然剩下很多人，差使著媒人不斷來提親。

我可得意了。我想：我阿母當年挑丈夫也差不多這種感覺吧。我想：雖然我自己當時差點沒人要，但我女兒現在又可以挑別人了。

百花問：「阿母我得怎麼挑？妳丈夫那麼好，妳來幫我挑。」

我想了想：是啊，我丈夫很好，但是，那時候又不是我選人家。但我突然想到了——是我婆婆好，丈夫才好的。畢竟人一代一代，就是層層浪。

所以我想：我必須去見見他們的阿母。

我拉著阿妹，一家家拜訪過去。我阿妹可喜歡幹這件事了，每次出門一定要換上旗袍，穿上很高的鞋，還要戴那種盲人戴的眼鏡。別人家裡一看我阿妹，都慌亂得氣勢矮了好幾分。

後來成為你外公的水得，家境比我家還差，但我到現在還記得的，一進門就看到你外公的阿母那個笑臉——我知道那種笑的；那是經歷過非常多難受的事情，但依然可以為了這人生中出現了一點好事而讓自己開心的笑。

一聊，你外公的父親也是很早去世的，你外公的阿母也是一個人撫養你外公長大的。你外公自己也爭氣，讀到了初中，進了咱們鎮上的紡織廠當技術員。

她一直握著我的手，輕輕拍著，說：「妳看，多好啊。」

我不知道她在說什麼多好，但我看到她身體裡的那些歲月，最終讓她可以舒舒服服地這麼笑。我知道，這樣的人，是長不出很壞的人生，也生不出不好的孩子的。

到出門了，我才想起，我都沒看清楚小夥子長什麼樣，更沒說上話。

我阿妹取笑我，說：「怎麼像是妳相親，而不是給百花相親。」

回到家，我對百花說：「要不我先不說覺得哪個好，妳先把妳最喜歡的排個序和我說，再看我心裡的人選。」

你外婆第一個就說：「黃水得。」

我問：「為什麼啊？」

百花說：「我覺得他長得有點像阿母的兒子，特別是笑的時候。」

我說：「妳見到他阿母就知道了，他阿母的笑和我一樣。」

我女兒要嫁人了。我感覺自己的人生要完成一個任務了。我說不出地開心，也說不出地難過。

我想：是不是有孩子的女人都是這樣？我還想：是不是經歷過足夠多歲月的人都是這樣？

然後我想到：我那兩個年紀更大的兒子都還沒結婚。他們過得很不好，我還做不了什麼。這樣想，我就一直難過。

百花要結婚的事情，我咬咬牙花錢發了電報給北來和西來：花婚母想速回。

北來和西來回了電報：好。

我不知道，是讓他們回來的「好」，還是百花結婚這件事情的「好」。

過了幾天，馬來西亞急件寄來了三十元，但沒有其他的消息，也沒有新的電報。

我又發電報：錢不人回。

我等啊等，一直等不到。我知道，他們回不來了。

我問阿妹：「讓北來、西來回來的路費到底要多少啊？」

阿妹問：「妳有錢？」

我說：「我數了數，我有一百多塊了。」

我還想說，我考慮，是不是一半給百花當嫁妝，一半給北來、西來他們當路費。還沒等我說出口，阿妹就白了我一眼，說：「妳還是去請夫人媽吧。讓她過去馬來西亞保佑北來、西來，這樣靠譜點，也快點。」

我阿妹不知道的是，我一直在和夫人媽說話。我每天早上醒來第一件事，就是坐在廳堂裡，對著那神婆的牌位，以及藏在它背後的夫人媽神像說話。

我聽不到祂們的回答，但我想：我就不斷嘮叨，祂們不得不聽著。如果沒有達成，我就繼續嘮叨。

我問阿妹：「你們在馬來西亞會看月亮嗎？」我想：雖然我看不到他們，但如果北來、西來也看著月亮，我也看著月亮，我們也算有聯繫了吧。

哪想，我阿妹想了半天說：「顧不上的。幹活的時候幹活，回家的時候就趴著睡了，誰看月亮啊？」

「又不是楊萬流。」我阿妹加了這麼一句。

我頓時眼眶紅了。自此我也不看月亮了。

結婚那天，水得是背著百花走的。

他對我說：「阿母啊，從今天起我就背著百花。她能走的時候不想走，我背；她以後不能走了，我也背。」

我聽著開心，但我阿妹不開心。我阿妹哇哇地哭，說自己家的百花被人背走了，還說，明明是僱不起花轎，還整這種有的沒的。

百花結婚後，真不像我嫁個女兒，反而是來了個兒子。結婚七天後，百花拉著水得住到我這邊的家裡來了，還說，我家這邊離紡織廠近，他們週六週日才回去。

我問水得：「你阿母會不會不開心？」

水得說：「我阿母說，她是不好意思，要不也跟著過來住的。」

我說：「那就過來啊。」

水得說：「我父親的牌位在家裡的，她每天都得和我父親說說話，來不了。」

直到百花結婚後第二個月，才再次收到北來、西來的信。信裡他們沒有提回來這件事，我也沒問。

我不問他們，我就每天早上都和夫人媽嘮叨，說得保佑他們儘快回來。可能因為我求的事情不是夫人媽的管理範疇，那夫人媽被我嘮叨了好些年，北來和西來才回來的。

那幾年，北來西來寫來信說，西來打算自己做個貨運點，北來也去幫忙看著裝卸貨，然後說開了更多的貨運點，要管更多人了……按照他們的說法，後來不是沒錢回來，是忙到沒法回來。

我不知道這是安慰我的話，還是真的，反正我每天早上醒來，就和夫人媽嘮叨。有次我還夢見夫人媽氣呼呼地跑來找我，說安排著了，別催了。我還在夢裡說，他們不回來一天，我就嘮叨一天。

其實那幾年不是沒發生事情的，但它們已經傷害不了我了——那個時候我已經知道，每個即將到來的日子最終都會是我的一部分。它們到來了，然後就貼在我身上，成為我了。

我記得中間有過饑荒。

我早已經不怕饑荒了。從那神婆教我開始，我總要囤地瓜乾和魚乾，而且咱們田裡還有地瓜，灘塗裡還有老天爺藏的肉。

我還知道人和狼一樣，一餓，那牙齒就會露出來的。那時候總可以聽到，哪個地方的哪個家族和哪個家族在械鬥。我阿妹好事去看過，回來驚慌地說，有被鐵鏟直接鏟斷腿的，有被鋤頭劈開腦袋的，還有腸子被馬刀捅出來的。

有一次，一個大家族的幾十個人衝去咱們田裡，說，這本來就是他們郭姓家族的地，那塊田和田裡的地瓜都歸他們了。

我阿妹又嚇得哇哇哭了。我扛著鋤頭，走到他們跟前，說：「你們抬下頭，抬下頭看看。」

那群人驚訝地看著我。

我指了指天：「神明正盯著你們，祖宗正盯著你們。」

有人笑了，說：「真是神經病，現在哪兒還有那種東西了？」

我盯著那人說：「其實你知道有的，不信你抬頭看看。」

就是沒有人抬頭。

然後他們準備把我和阿妹趕走。

我就一下子坐在地上，說：「你們拖一下我試試。我指天發誓，你們敢動我，我就敢死。我敢死，我就敢死後去找你們祖宗，說他們丟人，生了這種東西。」我說：「我還要讓我婆婆，叫來滿天神明和滿地祖宗，詛咒你們。我要纏你們世世代代，纏到你們斷子絕孫。」

也不知道他們是怕我真的死了，還是怕我真的纏到他們斷子絕孫，有人說了句：「算了，不惹瘋子了。」然後就要走了。

我還追著喊：「你們知道的，所以你們怕了。」

他們沒有一個人回覆我。

我記得，還有一段時間，老看到街上有戴著紅袖章的人綁著誰來罵。從一開始就有人站在我家門口罵，說我是封建餘孽，要打倒我。

有一次他們罵得比較激烈了，我就走出去，問：「你爺爺或者奶奶疼你嗎？」

那些年輕人沒有預料到我會問這個，繼續喊著口號。

我又問了一句：「你爺爺或者奶奶還在世嗎？」

有個人回了：「關妳這個封建餘孽什麼事？」

我說：「那你希望你們死去的親人來看你嗎？」

那群人就愣了。

愣了一會兒，他們繼續喊口號，而且喊得更大聲了，或許想以此證明，他們不認可我說的。

那時候他們罵完咱們家就去罵村長家。

估計他們以為我是神婆，看上去又很凶，也不確定我是否真能叫來鬼神，就對著我喊喊口號。但村長就倒楣了，經常被推著去街上讓大家一起罵。

有的人爭一口氣，有的人爭一張臉。村長連楊仔屎都不讓人叫，他就是爭臉的人，怎麼能受得住這種罵？

每天村長回來，就邊走邊哭，走回家裡，就趕緊把門關上。

我在門外喊：「村長啊，是我。」

村長不開門，但對我說：「萬流嫂啊，我沒事，妳可得好好的。」

我說：「我很好啊，我連天都敢罵回去，怕那幾個兔崽子？」

村長隔著門在那兒嘿嘿笑著，說：「那妳記得幫我罵回去。」

我本來不知道他這句話什麼意思，直到有一天，我看到他家辦起了喪禮，我知道他還是走了。

他出殯那天，我還是太生氣，站在路上，對著他家喊了半天楊仔屎。自此但凡在路上看到那種戴著紅袖章的，我就追著罵。

後來那些戴紅袖章的人一看到我就說：「瘋子來了，咱們趕緊跑。」

這樣的日子又過了好些年。有一天，咱們鎮上通往我家的這條路，突然開始綁紅花。有的綁在樹上，有的綁在電線杆上，有的綁在門上。

百花當時正懷著孩子。那時候我每天又挑著擔子出門了，前面挑著你舅舅，後面挑著你大姨，早上去田裡，下午去碼頭。

我到家的時間一般就是五六點。

阿妹正在炒著菜，百花挺著肚子收拾著家裡。

我才剛踏進門，就聽到路上有人敲鑼打鼓地過來了。

我阿妹顧不上做菜了，擦了擦手，興奮地想去看熱鬧。你舅舅喊著他也要去，我阿妹抱上他，就往外跑。

我接過阿妹做了一半的菜，繼續收拾。正在收拾著，聽著那鑼鼓離得越來越近，我從廚房一探頭，那鑼鼓隊居然從我家大門進來了。

我拿著勺子喊：「你們走錯了。」

鑼鼓隊不管，排著隊，一個個進來。

鑼鼓隊走完，是一群披著紅馬褂的人走進來了。好幾個穿的是中山裝，兩個穿的是西裝。

我拿著勺子走出來。

那兩個穿著西裝的人直直朝我走來。

一個高高壯壯，一個清清爽爽，還梳著油頭。

我問：「你們找誰啊？」

那個梳著油頭的人哭著說：「我們找我阿娘。」

我問：「你阿娘是誰啊？」

那個梳著油頭的人哭著說：「是妳啊。」

我說：「你是誰啊？」

那個梳著油頭的人哭著說：「我是西來啊。」

高高壯壯的人走到我跟前，說：「阿母，我是北來。」

北來剛走的時候還是個小夥子，現在身高超出我一大截了。我仰著頭看他，看了許久才辨識出五官。

西來走的時候那麼矮那麼瘦，現在長成一副大人物的樣子了。

我愣了一會兒，問：「你們吃了嗎？吃地瓜湯還是地瓜乾湯啊？」

原來這都是西來的主意。

北來從回來就興奮得一直說話，西來則一直握著我的手。

北來說，這些人都是咱們鎮上的幹部，他們是歡迎西來和他回來的。

北來說：「西來的公司一開始就是接單然後調配運輸的，後來，賺了錢開始買貨車，買了很多輛貨車，開始買船，買了好多艘船。現在是馬來西亞最大的出口物流公司了。」

我聽得不太懂，問：「就是討大海是吧？」

西來說：「是啊。」

北來說，西來前幾年錢還得用於擴張公司，去年開始，有些餘錢了，然後他們就想得趕緊回來告訴阿母。回來的時候就想，得讓阿母開心開心，所以就搞了這齣。

我說：「你們變得太多了，阿母都不認得你們了。」

北來說：「是我太高了妳看不清楚，我低下來讓妳看看。」

那個晚上，西來建議大家還是一起擠在我的房間。

百花嫁人了，水得上完晚班待會兒也得回來了，而且，他們都生了好幾個孩子了。

百花一家睡他們原來的房間，阿妹和我睡床上，北來和西來無論如何要打地鋪。

我說：「北來西來，地上涼。」

西來自己找到那櫃子，翻出原來我給他鋪地用的被子。

我說：「北來西來，你們現在是大人物了，打地鋪會被人笑的。」

西來調皮地對我說：「阿娘我怕，我不敢一個人睡。」

說完，西來就哭了。

我也哭了。

那晚北來和西來睡得很沉。阿妹睡裡面，我睡外面，我翻過身來看著他們；我看著月光照在他們臉上，我看到小時候的他們。我想著：真好，咱們都活下來了。

第二天一早，那些穿著中山裝的人早早地就來了。我本來挑著擔，前面坐著你舅舅，後面坐著你大姨，正想出門。北來把我的擔子給接過去了，說：「今天可有其他的事情了。」

西來拉著我的手，一路往鎮子裡走，走進小學，走到一塊空地上，讓我站在那邊等一下。

鑼鼓隊敲起來了，有穿著中山裝的人說話了，你二舅公講話了。他們用的是國語，我聽不太懂。然後你二舅公牽著我走到地上蓋著一塊紅布的地方，要我掀開來。我掀開了，看到是一塊石頭刻著幾個字。

大家一下子鼓掌了，我也跟著鼓掌了。

然後很多人要來和我握手，我只好一個個地和他們握。

我偷偷問西來：「這是幹麼啊？」西來說：「他們在誇妳做了一件大好事啊。」

我沒明白，我說：「我沒做什麼啊。」

西來說：「有啊，妳做得可多了。」

我是後來才知道，那塊石頭上刻著五個字：母恩教學樓。

總是有各種人要來找北來、西來，或者接他們出去。

我還是每天挑著擔子出門。

鎮子裡認識我的人突然變多了。明明比我老的人，還叫我萬流嫂；那種年紀小的，叫我萬流嬸，他們見我就對我比拇指，然後跑來和我說，我的兒子有多厲害。我不認識他們，挑著擔子趕緊跑。

我還是照常去碼頭。碼頭的人說我可不能再幹搬運的活。我問為什麼不能，他們勸了我半天，我氣呼呼地站在卸貨點，堵住裝卸的隊伍，直到他們終於肯把貨物放在我肩頭上。

晚上北來說：「阿母，咱們不耕地不裝卸了，好不好？」

我說：「不行，我不幹那些活我心會慌。」

北來說：「妳不用擔心沒錢了。」

我說：「我擔心的是，不那樣活，我就不知道怎麼活了。」

北來和西來那一趟就待了七八天吧，他們每天晚上都在我房間裡打地鋪。

第二天要走了，北來、西來打著地鋪，我睡在床上。西來問：「阿娘能陪我去馬來西亞嗎？」

我說：「我會暈船。」

西來說：「現在有飛機的。」

我說：「你現在在那邊如果不好，我就去；如果你在那邊很好，我就不去了。」

西來說：「我不好，我會常掛念阿娘。」

我笑著說：「西來比小時候還會撒嬌了。」

北來說：「我也發現了，人年紀越大反而越愛撒嬌。」

北來、西來第二天走了。

我還是挑著擔子，去田裡、去碼頭。

路過的幾乎所有人，認識的、不認識的，都要喊我的名字。我低著頭裝作沒聽見，趕緊跑。我家裡也莫名地總有人來，熱熱鬧鬧聚在庭院裡。我反正是躲著的；我阿妹喜歡熱鬧，就教大家學起了做衣服。

這中間，偶爾還是有人對著我家叫罵，還是罵著牛鬼蛇神之類的。我阿妹得意地出去，問那人：「你是剛來的，對吧？還沒打聽清楚對吧？我家不是牛鬼蛇神了，是愛國僑領了。」

那人愣了下，掏出小本本困惑地看了半天。

你大舅公北來不到三個月又回來了。他說，他和西來商量好了，他回來一方面陪我，一方面在中國發展業務。

我不懂什麼叫業務，我也不問。

北來回來的第一件事情，就是建房子。第二件事情，是相親找老婆。

第二件事情是應該著急的，第一件事情我覺得也沒必要，但我不說也不問。

我知道的，這世間一直在變化著，哪能用過去的經歷去教誰面對未來？對於未來，老的少的都一無所知。我想：我就把我認為對的活法活出來，如果他們也覺得對，就跟著這樣活；他們若覺得不對，就自己找。

我活到那個時候終於知道了：我們能為孩子做的事情，就是陪著。

那時候北來都快四十歲了吧，最終找的是個十八歲的妻子，叫惠瓊，臉小小的，說話甜甜的。

我聽過的最甜的阿母，就是她叫的。

房子是用了一年多蓋好的，兩層樓。別人和我說，這是當時最時髦的南洋樓。地磚花花綠綠的，牆上雕花描金的，還頂著兩個門匾，一個叫「心懷家園」，一個叫「放眼世界」。

這是北來念給我聽的。我問：「這什麼意思啊？」

北來說：「意思是，我們會看到全世界，但心永遠和阿母在一起。」

我聽著覺得肉麻，但心裡甜滋滋的。我說：「這個是西來寫的吧？」

北來說：「那是，我寫不來這麼肉麻的。」

北來的新房落成典禮，又搞得一條街上張燈結綵的。

自從開始建那房子，我就沒去看過。我打定主意不會去住，倒不是因為其他，只是，我現在住的這個房子，和我的人生長在一起了。

落成典禮那天一大早，北來就讓惠瓊來帶我去。惠瓊說，床是西來從馬來西亞買過來的什麼木頭的，睡在上面，像睡在香氣裡，可以多活好多年。

我挑著擔子還是出門了。我對惠瓊說：「我待會兒去啊。我得先去田裡，還得去碼頭。」

我還是傍晚才回來。我阿妹說，北來都來叫了好多次了，還說派人去尋我了。

我說不急，我吃了這碗地瓜粥就去。

我阿妹說，聽說那裡好吃的東西可多了。

我知道阿妹嘴饞。你舅舅和大姨也眼巴巴看著我，百花也看著我。

我說：「要不你們先去，我待會兒就來啊。」

他們都走了，我自己一個人趕緊煮了地瓜粥。

後來為了這事，北來還和我嘔過氣。我解釋了，他還是不認。我說，有人吃東西，是吃滋味；我吃東西，只是為了心裡踏實。

除了地瓜和米，我吃什麼都不踏實。

北來結婚沒多久，西來也發來電報，說他找著妻子了，也是咱們中國過去的，名字叫麗明，等下次回來家鄉，再正式辦婚禮。

或許是為了補償我，順便也補償我阿母和我爺爺，我那三個孩子，在生養這件事情上，可真是太順遂。

百花一胎接一胎的，後來生了六個孩子，而且第一個就是男孩。

惠瓊房子還沒落成肚子就大了，剛入住沒多久就生了，感覺剛出月子不久，又懷上了，也是男孩。

而我還沒見過的麗明，沒來得及回老家辦婚禮，就懷上了，生的還是男孩。

我爺爺一輩子都求不來一個男孩，我倒是一來，就一堆。

我估計，我爺爺知道了，等我死後也要找我抱怨——這都算什麼事啊？

北來說，西來每個月給我寄來八十元的生活費，他添了三十五元，一個月共一百一十五元。

他問怎麼給我。

「那錢可真多。」我說。「要不你幫我裝進一個鐵盒子，我找個地方埋起來。」

北來說：「妳真像老鼠，一有東西就想藏。」

北來說：「要不就寄我那兒，我現在還開了個錢莊。」

我說：「我聽說開錢莊的可是有很多錢的人。」

北來抖了一下眉毛，說：「阿母，咱們已經是了。妳還不知道嗎？」

西來每年回來一次，他沒說，但我發現了——他挑的，就是他第一次來找我的那個日子。他也把那個日子，定為他的生日。

雖然北來建好了新房，但西來每次回來還是要到我的房間裡打地鋪。西來愛牽著我的手，還要看上半天，然後要細細打量我的臉。有次我上完廁所，他還趕緊去廁所看看。我趕緊喊住——那裡可臭了。西來說：「我在馬來西亞的醫生說，看著大便就能知道自己身體的情況。」

西來說：「我得看看阿娘身體怎麼樣。」

北來每隔幾天就來找我說說話。

他說西來現在是什麼馬來西亞福建同鄉會會長了，說西來又捐了多少座母恩教學樓了，說西來又得什麼獎了。

還有那些馬來西亞的記者特意飛到中國來，見什麼都拍，還拍那兩個糞桶。我問過的，一張膠片就要兩塊錢；我也不知道，糞桶有什麼好拍的。那麼貴的膠片，對著臭烘烘的東西，喀嚓喀嚓一直拍。他們喀嚓一聲，我心就跳一下。最後我忍不住了，氣呼呼地想把那兩個糞桶洗洗收起來，結果我洗糞桶的時候，他們又一頓喀嚓喀嚓地拍。

聽說，我洗糞桶的照片還登上了他們馬來西亞的報紙。我也實在不理解，甚至想起來就生氣：馬來西亞的人是不是一想起楊西來，就會馬上想到挑糞，還想到他有一個正在洗糞桶的阿娘？

西來的妻子第一次回家的時候，我也正在洗糞桶。

麗明抱著孩子走進來了。麗明很乾淨，像西來一樣乾淨，走路腰都是直挺挺的，就像海報上那種人。我知道糞桶臭，想趕緊去洗手換衣服，麗明卻突然撲通一下跪了下來，然後把孩子抱給我。

那孩子白白淨淨，像在發光，但我手上還都是沒洗乾淨的糞水。我還在猶豫著，麗明已經抱給我了。我臭烘烘地抱著個香噴噴的小寶貝，不敢用手摸，但忍不住用嘴輕輕親了下孩子。

西來說：「這是妳孫子，叫念中。」

麗明回來的那一次，西來提議，大家就一起在北來那座新房子裡聚一下。

一聚，才發現，現在人可是真多了。

百花、水得一大家子——你大舅、你大姨、你阿母、你三姨、你四姨，肚子裡還懷著你小舅。

北來這邊，除了惠瓊，還有兩個孩子。

西來和麗明，還有一個孩子。

那天，北來叫了一個廚師來，總共擺了三桌。

沒想到，就是北來那麼大的房子也睡不下這麼多人。北來的院子全部是用石頭鋪好的，西來提議，就一起在院子裡鋪席子睡。我記得我婆婆帶我去大普公廟睡過大通鋪的，於是我開心地贊成了。

我和阿妹睡在中間，西來一家睡我左邊，再左邊是北來一家，百花一家睡我右邊。

那個晚上，我又沒睡著。我看看左邊，看看右邊，我看看我阿妹，看看西來、麗明，看看北來、惠瓊，看看百花、水得，看看孩子們。

他們都是我的孩子。我有這麼多孩子了。

我在算，現在人可真多，以後要遇到什麼壞事，我得囤多少地瓜乾和魚乾了啊。

我在想：其實我可以去死了，我想要的可都有了。我如果就此死了，那我死得多漂亮啊。

我還想：而且那神婆在等著我的，楊萬流在等著我的。

我這麼想之後，才發現，我阿妹早就這麼想了。

你太姨經常往外跑，一開始我不知道她去幹麼了，後來她每次回來都要和我講她看到的那一個個人的死亡，我才知道，她參加了鎮上老人組織的死亡觀摩團。她那些團員聽到誰的床已經抬到廳堂了，就會到我家嚷著：「蔡屋閣快點，那人要走了，等不及了！」

我阿妹趕緊塗好胭脂穿上旗袍就往外跑。

我問她：「妳怎麼這麼著急想走啊？」

我阿妹說：「我這輩子遺憾可太多，又補不回來，所以著急盼著下輩子啊。」

我不太喜歡熱鬧，只能等阿妹回來的時候聽聽她的心得。更多時候，我就是搬了椅子，坐在夫人媽神像面前嘮叨。

雖然我知道這不是夫人媽的業務範圍，但我想著：我就這樣把孩子們嘮叨回來了，應該也可以把死亡嘮叨過來。

我這邊在盼著死亡，那邊，一個個孩子落地了，一個個孩子會走路了，一個個孩子會叫我了，一個個孩子去讀書了，一個個孩子結婚了，一個個孩子又生了一個個孩子了，又一個個孩子會走路了。而我還是沒死成。

有天我走在去碼頭的路上，才突然發現：哎呀，這世間真是大變樣了。有馬路了，有汽車站了，有很高的樓了。我想著：那村長果然沒騙我。他說，我想得到的，會有；想不到的，也會有。

還真是如他所說。只是，他沒有了。他要還在，該多得意。

有一次，我在碼頭搬東西時摔倒了，躺了好幾個月，能走路了，我還是再去。那碼頭的工頭怕到不行，都喊我老祖宗，說：「妳要有個三長兩短，我擔不起。」他不讓我搬，可我還是站到了隊伍的前面，抬了半天，實在抬不起一袋東西，只好嘿嘿地笑著說：「真的是老了啊。」碼頭的人全都鬆了一口氣。

此後我不再裝卸了，但是每天都還要走到碼頭看看。

田我還是種著。一個人挑不動水了，我就拉上阿妹一起。

我妹越活越回去了，經常挑著挑著，往地上一坐，撒嬌地哭著：「我幹麼一把年紀了還要陪妳幹這種活？」

我說：「妳起來，再不起來我生氣了。」

我妹就趕緊起來了。我妹怕了我一輩子。

以前不知道什麼是老，直到老了之後，才知道，老了就是感到自己的一切在收縮。

手腳在縮，身高在縮，力氣在縮，感覺在縮，好像縮到心口那地方，可心口那地方反而越來越重了，呼吸重，走路重，抬手抬腳也重。

我偷偷地和那塊地商量，說：「我真的老了。我就偷個懶，以前一尺插一根藤，現在我兩尺插一根好不好？你也偷偷懶。」

我說：「我知道你的日子漫長得很，這幾年就當作陪我休息一下。」

有時候實在幹不動了，我就有點生氣，生氣了我就跑到家裡逼問夫人媽：「我怎麼還不死啊？怎麼還不死啊？」

後來想著：我這氣不能找夫人媽撒。又跑去大普公廟裡問：「我怎麼還不死啊？怎麼還不死啊？」

我不知道大普公有沒有回覆我。我不是那神婆，我聽不到回答。

那一天，你太姨正在陪我挑糞水，準備給田裡施肥，挑著挑著，她突然倒下去了。我以為她又要耍賴撒嬌不肯挑了，哪想，她這次倒了個四腳朝天。

我問阿妹：「阿妹妳沒事吧？」

我阿妹四腳朝天地朝我笑，說：「我沒事，估計是要死了。妳趕緊讓人把我抬去廳堂。」

我趕緊跑去找北來。

我邊走邊罵著：「蔡屋閣，妳要這個年紀就走了可真是太賴皮了。妳多陪我幾年不行啊？我是妳姐，應該走在妳前頭。」

北來帶著人來的時候，我阿妹興奮地喊：「快點快點，我快扛不住了！」

大家哈哈大笑，覺得這可不像要走的人。

他們不知道我阿妹，我知道的。

小的時候難受，她就愛哇哇地哭；真的難受了，她就會開玩笑。這脾性都一輩子了，就沒變。

阿妹剛被抬到廳堂裡，整個人突然鬆弛下來了。我看著她，像是正在漏氣的輪胎，一會兒癟一點。

阿妹說：「妳把藏著的夫人媽拿出來吧，現在可以信神明了。」

我說：「好。」

阿妹說：「阿姐，我這輩子都用來陪妳了。我先走了，這樣下輩子我會先投胎，咱們換一下，妳記得來找我，當我阿妹。」

我說：「好。」

阿妹說：「我怎麼還沒看到阿母來接我？」

我說：「阿母好像投胎了。」

阿妹說：「我看到有個七八十歲的男的來接我，是不是咱阿爸啊？」

我說：「他長什麼樣啊？」

阿妹突然激動地說：「我看到了，他是咱們阿爸。」

阿妹笑了。

阿妹走了。

阿妹走後，我生氣了好一會兒。

明明應該是我先走的。

然後我想了想，從此也去參加死亡觀摩團了。

阿妹走後，那塊地我一個人真種不動了。北來說，他找人種，我要哪天心癢，想去動一下，就去動一下，想鬆多少土，就鬆多少土。

我想想，這也好。

我特意跑去和那塊田解釋了。我當然聽不到它說話，但我知道，它看過多少人的生與老。一個個人就是它一季季的作物，它都知道的。

沒去種地，沒去裝卸，沒有阿妹，我的時間一下子空出來了。空出來的時間，黑乎乎的，盯著我，老讓我心慌。

還好，百花和水得一直陪著我。還好你大舅、大姨、阿母、三姨、四姨、小舅……輪著長大，我一發現時間空了，就去幫著帶孩子。

我把神婆那藤搖椅搬到院子中間來。我躺在那上面，用腳推著，想：那神婆當時就躺在這兒和路過的神明說話啊。

我對著半空小聲喊：「神明祢們回來了吧？」

我聽到遠處狗在叫，孩子在嬉鬧著。

我笑著想，自己果然不是神婆。

然後我好像突然聽到了一句：「是啊，回來了。」

我趕緊坐起來，拚命回想，那聲音是從哪兒來的。好像不是從天上來的，好像不是從地上來的，好像就是從我心裡來的。

我想：我是不是也能聽到神明說話了？

我是不是也可以當神婆了？

應該從你有記憶起，你外婆就一直是躺在床上的，對吧？其實她生完你小舅，從此就站不起來了。

百花從三十多歲起，就真的活成一盆花了。

一開始是她的腿長了一個個紅點，像一朵朵梅花，然後那梅花枯萎了，變成一塊塊黑斑。當黑斑布滿了整條腿，腿就開始浮腫，開始一點一點地爛。經常一天不到，就淤積了黏糊糊的膿。

水得真是好丈夫，每天都要打一桶水到院子裡，再把百花背到院子裡，用水把腿細細地沖洗乾淨。

百花的臉越來越白，身體也莫名地變白。我後來躺在藤搖椅上，經常對著半空問：「我家百花是怎麼了？」

然後我聽到一句話——我不知道是從天上來的，還是地上來的，或者我心裡來的——但我就聽到一句話：「百花是天上下凡的水仙花。」

我難過地想：水仙開完花就要死了啊。所以我一定不能讓百花開花了。

我又想：百花已經生了六個孩子，開了六朵花了。我一這麼想就著急了。

我開始像我阿母一樣，一圈圈地去一座座寺廟。但我不是去和神明吵架，我只是和祂們說話。我一個個神明說過去：「咱們商量一下，我的壽命都給百花。這樣我可以快點死，百花可以多活一些時間。」

我就知道命運這傢伙不省心。

一開始是好消息。那天，北來說，你二舅公西來被馬來西亞國王封了什麼爵位。咱們中國歸僑總會還特意發賀信給他，還說你二舅公過幾天就回國。

我不知道什麼是爵位，我只想著：我又可以見西來了。

西來第二天就回來了。這次回來，他沒帶妻子沒帶孩子，就他一個人。

西來那天還是問我：「阿娘，我可以在妳房裡打地鋪嗎？」

我說：「當然啊。」

西來那天晚上卻怎麼也睡不著。我問西來：「是不是地板硌身體？要不你和阿娘一起睡床上？」

西來說好。

西來一躺到床上就難過起來。

我說：「西來你幹麼難過？」

西來說：「這是我第一次和阿娘睡床上。」

我也難過了。我說：「西來啊，阿娘這輩子護你不夠。」

西來說：「不是的，阿娘對我最好了。」

第二天一大早，有車開到家門口來。我看西來已經收拾好行李了。

我問西來：「你怎麼就要走了？」

西來說：「阿娘對不起。」

我說：「為什麼要說對不起？」

西來沒回我，就一直哭。

西來上車了，車開走了，車又倒退回來。

西來喊：「阿娘啊。」

我回：「哎。」

西來說：「阿娘啊，其實我一直在找我生父生母。其實我二十多年前就知道了，他們死後又葬回昆明了，我這次是去昆明看他們的。」

我說：「我家西來真好，還知道念著父母。你趕緊去。」

西來說：「阿娘啊，其實我之所以娶麗明，是因為麗明也是昆明過去的。她的父親希望她記住，她來自美麗的昆明，所以叫麗明。」

我說：「那真好。你趕緊去。」

西來說：「阿娘妳記得，我這輩子就妳一個阿娘。」

我說：「好啊，我記得的。」

西來去昆明了。我以為他直接從昆明回馬來西亞了，但是北來和我說，西來到了昆明就不回去了，住在昆明了。

我想：西來肯定還有事情沒辦完。

過了幾天，北來和我說，麗明也帶著孩子去昆明了。

我說：「真好啊。麗明和孩子陪著西來回家了。」

又過幾天，北來來找我了。

他一進門就讓我先找把椅子坐下來。

我問：「什麼事情神祕兮兮的？」

北來說：「阿母妳不哭啊。西來走了。」

我沒反應過來，說：「西來去昆明了我知道啊。」

北來哭了。北來說：「西來死了。」

北來說：「其實西來查出來是肝癌晚期，他這次之所以去昆明，只是想死在昆明。」

北來說：「西來好幾次想和妳說，但說不出口。西來臨死前讓麗明一定轉達，說他對不起妳。」

我說：「傻孩子啊，你這一輩子沒有哪一件事情對不起我。」

我說：「傻孩子啊，你這輩子唯一對不起我的，只有這次。你走的時候怎麼不讓我陪著你啊？」

第二天，麗明和孩子們捧著西來的骨灰回來了。

麗明說，這是西來交代的。他想死在生他的地方，但他想死後一直陪著阿娘。

那骨灰連盒大概十幾斤重；我抱著那骨灰，像是抱著剛來找我時的西來。

我對著骨灰說：「西來，你可得等我。阿娘陪你一起回天上去。」

北來給西來辦了一個很鋪張的葬禮，好多大領導都來了。我聽不懂國語，不知道他們在說什麼。他們說著，我就笑著。

西來葬禮後一週，一個晚上，我本來睡著了，北來來找我。

他和我說：「阿母，我今天要和惠瓊帶著孩子去廣東了。」

我問：「為什麼去廣東？」

北來突然一下子跪了下來，說：「西來走了，一堆人到我的錢莊提錢。阿母，我沒錢了，此前都是西來給我補的。」

我說：「那我的錢給你啊。」

北來說：「不夠。」

我說：「那你把那房子賣了啊。」

北來說：「不夠。」

我想了好久，說：「北來你不能走，神明看著的。」

北來哭著說：「但是阿母，我活不下去了。」

我說：「阿母囤了一廚房的地瓜乾和魚乾，肯定能養活咱們很久。」

我說：「那塊地阿母明天再去種起來。」

北來天矇矇亮才回自己家。接近中午了，沒有再來找我。

我想了想，還是跑去北來的房子看看。

還沒到，就聽到一堆人的罵聲。許多人見我來了，衝過來指著我一直罵。

我一路往人群裡走，中間是北來，被人綁著，渾身上下都是傷。

我要去解開北來的繩子，有人衝過來要打我。我站起來，把臉迎上去。我說：「你打吧。兒子的錯，就是母親的錯。」

可能因為我太老了，可能因為我是神婆的媳婦，可能因為我好像可以和神明說話，終究沒有人打。

我把北來的繩子解開，我問北來：「你怎麼被人綁這兒了？」

北來哭著說：「我讓惠瓊帶孩子走了。」

我說：「那難怪，是該打。」

最終是新的村長來了。

那村長說：「萬流嬸，要不妳跟西來的妻子聯繫一下，看能不能騰挪騰挪。」

我說：「我不懂怎麼聯繫。」

北來說：「我知道。」

在村長的勸說下，大家這才暫時散去，叮囑著，有回信就給所有人交代。

那一天，我第一次陪著北來住在他那房子裡。

一開始，北來一直不說話。我說：「北來，你問問麗明。麗明那麼好的人，一定會幫的。」

北來說：「阿母，其實我知道的，西來賺的錢一直捐，剩下的錢，如果拿來補我的坑了，麗明和孩子們怎麼辦？」

我說：「北來真是好孩子，這個時候還想著西來一家子。」

我說：「那咱們就說好，任人罵任人打，然後拚命賺錢，咱們一起還。」

北來抬起頭看著我，哭著說：「阿母，我一輩子都在拖累妳。妳當時就不應該要我的。」

我說：「你可是神明送給我的，我怎麼能不要？」

我想著，北來肯定一直沒吃飯。我說：「北來你幫我挑桶水來廚房，我幫你煮碗地瓜湯。」

我把地瓜去了皮，洗乾淨，切了塊，北來還是沒來。

我想：北來應該太久沒幹粗活了，做不來，還是我來挑吧。

我正要往院子裡的水井走，就聽到撲通一聲。

我走到水井邊，沒看到北來。我喊著：「北來你在哪兒？」我聽到風聲，和風送過來的海浪的聲音。我沒聽到北來的聲音。

我趕緊低下頭看那井裡；北來也沒在裡面。

我想，北來逃走了。我想，北來果然還是小孩。我想，北來又做錯事了。

我走出去，站在路上，扯著嗓子喊：「北來不見了。」

一下子湧來一堆人，把我圍起來了。有的人趕緊去搶北來房子裡的東西，然後派人占房間，還有人宣稱院子是他的……

我想著，西來給我買的床我還沒睡過。我想著，那可是西來買給我的。

大家都在搶來搶去的時候，我還是擠進了那個北來給我準備的房間，趕緊在西來給我買的床上躺了一下。

真的如惠瓊所說，像躺進一片香的大海裡。

從那天起，各家都派了自家女人，每天有人來我家，不讓我出門，連我去廁所都要盯著。

過了幾天，村長來找我了。他說：「萬流嬸啊，找到北來了。」

我問：「北來在哪兒？」

我這才知道，北來不是跑了，而是走了。

他說：「北來是在海邊被發現的，是被浪打上來的。」

我說：「是不是大普公廟後面那片海啊？」

村長說：「是啊，妳怎麼知道？」

我當然知道，北來的親生父母和爺爺奶奶就是往那片海走的。

看來北來早就知道自己從哪兒來——他小時候大概經常悄悄去看那片海吧。我當了他這麼多年的阿母，竟然不知道。如果知道，我肯定會陪他去看那片海的。雖然多活了幾十年，北來最終還是和他們一家人一起走了。北來走了，問題卻沒有走。村長問我怎麼聯繫麗明，我說：「我真不知道，以前都是北來聯繫的。」

村長說：「放心，我想想辦法啊。」

水得和百花本來堅持要陪我，但當時百花已經不能起床了，我發了一通脾氣，這才把你外婆一家趕走了。現在整個房子又只剩我一個了；不過我不是一個人，總有人一直看著我。

一開始的幾天，幾十個人把我團團圍住，連晚上都在我的房間裡打地鋪。到後來，他們商量著值班，每天兩個人。又過了一兩個月，就變成一個人值班了。負責聯繫麗明的是村長。村長偶爾來，也告訴我情況，說電話聯繫上麗明了，麗明在想辦法。

過了幾天，村長和我說：「麗明和我來電話說想回來，我讓她別回來。」我說：「村長你真是好人。」村長笑著和我說：「那楊仔屎是我堂哥。他走的時候寫了封遺書，遺書上交代了我要照顧妳。我本來想，你們都是大人物了，照顧不到，沒想到，還真可以幫上忙。」

我說：「你不能叫他楊仔屎，他是村長。」

村長眼眶也紅了。

那段時間真是辛苦了你外公水得。他每天早上騎著自行車，給我送來可以吃一天的飯菜，週六週日不用上班的時候就背著百花來看我。

我和水得說：「可真拖累你了。」

水得說：「沒有拖累。我和百花相親的時候妳就說過，百花以後不能走路，雖然是華僑家屬，但家裡很窮——阿母都說過，阿母沒有撒過謊，我也都想過的。我答應要背百花背到老的。」

不讓我幹活了，我就躺在院子裡的藤搖椅上，一躺就是一天。躺著躺著，總是不甘願，抬起頭，對著半空喊：「有誰在嗎？鬼也可以，神也可以，和我說說話啊！」

常常是我認真等著的時候，偏偏聽不到誰回話；但每次將睡未睡的時候，我會突然聽到有什麼在和我說話。

我在想：這是不是就是那神婆聽到的？

這種日子應該持續了大半年，有天村長喜孜孜地來了，和我說，麗明終究匯來了一些錢。具體多少我也不知道，但據說，還了大家一大半，剩下的，麗明說把公司每年的利潤寄過來還。

過了幾天，家裡突然沒有人來盯我了，我等到下午還是沒有人來。我出門了，左拐，往鎮上走，往百花的家走。走在村子裡，很多人看著我，看見我往村子外走，有人問：「妳去哪兒啊？」我說：「放心，我阿母、我婆婆的牌位和西來的骨灰都在家裡的，我不會跑的。」

那人想了想，覺得有道理，就沒再說什麼了。

我一路走過去，一路有人看著我，我一路解釋過去，他們就一路放我走了。

我走到百花家，百花沒想到我能出來了，問：「阿母妳怎麼出來的啊？」

我說：「是神明加妳奶奶加妳哥哥們護送我來的。」

最終，麗明前前後後還了七八年，才把欠款還完。她一還完欠款，就說要幫我辦去馬來西亞的手續。

她說，她不想在咱們這裡了；不希望我還在這裡，也不希望西來的骨灰在這裡。

她說，而且西來本來就不是這裡的人。

麗明也是執拗的人，還是幫我辦了去馬來西亞的手續，還讓自己的兒子我的孫子念中特意飛回來接我。

我其實就見過念中一面，他上次回來時還是個抱在懷裡的小孩。我和這個鎮子的所有一切，本來就和他無關。

是村長去車站接念中的。念中進到家裡來，估計是覺得髒，一直站著不肯坐下。

我理解的。念中不知道這裡發生的故事，所以他看到的只有髒。

但是我不會國語，也不會外國話，我不知道怎麼和他講那些故事。

念中先開口了：「奶奶，我父親說，您是全世界最好的阿娘。」

念中說的是閩南語。

我一下子哭了。我問：「你怎麼會講我們的話？」

念中說：「我父親一定要我學的，還特意找了同鄉會的人來教我。」

念中說：「我父親說，奶奶妳只會講閩南語，所以我必須會講閩南語。」

那天，我就用閩南語給念中講了發生在這房子裡的所有故事。聽完，念中不僅坐下來了，他還問我：「奶奶，我今天晚上能睡在這兒嗎？我想睡在妳房間裡打地鋪，在我父親打地鋪的地方。」

我開心地說：「可以啊。」

我問念中：「想父親了？」

念中哭著說：「是啊。」

我說：「念中不哭，我也一樣。」

我還是騙了念中。我和念中說，我和他一起回馬來西亞，我們還帶上西來的骨灰。當時去馬來西亞，從咱們泉州也可以飛了。泉州的華僑們一起給家鄉捐了一個機場，說是方便他們回家的。據說我兒子西來出了很多錢。

那天早上，我讓水得幫我們僱了一輛車，陪著我們去機場。

等到了機場，我一塊塊磚頭看過去，一面面牆摸過去。我不知道，究竟哪一塊磚頭、哪一面牆算是西來捐的。

要登機了，我說：「念中，奶奶不懂，你先進去做給奶奶看，要怎麼弄。」

念中進去了。

他進去後，我和他揮揮手，說：「念中，奶奶不去了。你和你阿母說，她會知道為什麼的。」

念中哭著說：「奶奶怎麼年紀這麼大了還這麼調皮。」

我笑著說：「奶奶從小就調皮。」

麗明沒在馬來西亞接到我，知道我肯定不會去了，就開始每個月給我寄錢，每個月打來電話。我每個月都去郵局接。

有次她生病了，有氣無力地說：「阿母啊，我答應了西來給妳養老的。如果這次我沒了，妳別怪我，妳讓西來別怪我，我讓念中繼續給妳養老。」

我說：「麗明，那我不幹。妳如果怕被西來怪罪，妳就得活下去，活得比我久。」

後來，麗明又活得好好的。

我的時間完全空出來了。我就每天去參加死亡觀摩團，每天琢磨怎麼死。哪想，那些團員一個個順順利利地走了。我好幾次生氣地問神明，一座座廟地問過去：「不會讓我死在百花後面吧？如果真是，祢們可真壞。」

神明可能回答我了，我沒聽到。

也不知道為什麼，開始有人傳說我是個很厲害的神婆，每天總有人來我家等我，想問我他人生遇到的事情。

我聽著他們的故事，就翻找下自己的記憶，如果記憶裡剛好有類似的故事，我就講給他們聽。

有時候我講自己的故事，有時候我講神婆說過的故事，有時候我講葬禮上聽來的故事，有時候我講神明籤詩裡的故事……莫名其妙地，我就被說成是咱們這地方最好的神婆了。

但我明明還不能和鬼神說話啊。

北來的妻小還是沒有消息。百花的孩子一個個長大了，該娶的娶、該嫁的嫁。我實在沒事幹，就在百花和百花幾個孩子家輪流著住。這不，連你出生也都是我陪著的。我住得最長的，還是百花家裡。

你外婆百花後來就動不了了，一直坐在床上，我也搬了把椅子，坐在旁邊。百花看著我一直笑；她沒什麼事需要和我說，因為，她的故事，我都知道。我倒有故事。

每次我都給百花講我在一個個孩子那兒看到的事，講我去參加死亡觀摩團以及別人來找我說的故事，講我們以前的故事。

說著說著，百花累了，就閉上眼了。我趕緊推推她，問：「百花妳沒走吧？」百花被我推醒了，笑著說：「我在啊，阿母。」

我放心了。然後輪到我睏了，我還在睡著，百花一直推我。

我睜眼，只聽百花著急地問：「阿母妳沒走吧？」

我笑著說：「百花，我在。」

如果我沒記錯，百花是在你讀小學一年級時走的，對吧？我記得的。我想百花那麼疼你，你肯定要難過的，是我去小學接的你。

我記得你那時候正在上課，讀的是〈春天在哪裡〉。老師念課文的時候是國語，我聽不懂，但講解的時候是閩南語，我聽懂了。

我聽著聽著，也跟著想：春天在哪裡啊？

直到你下課了我才進去找你，然後我和你說，你當時果然哇哇地哭。

我當時沒哭，你還生氣地問我：「阿太妳為什麼不哭？」

我當時其實還在生氣，嘴裡在偷偷罵著命運那傢伙，真的讓百花走在我前面，所以我還是沒有哭。

但現在我要走了，我得告訴你，其實我覺得百花走得挺好的。她的身體實在太疼了。她又怕我擔心，一疼就笑，所以她整天一直笑。

但我怎麼可能不知道呢？我可是百花的阿母。

我後來老是和夫人媽說：「算了算了，讓百花先走吧。我要是先走了，百花身體難受，心裡還得難過。」我說，我都送走其他孩子了，最後這個孩子，也由我來送吧。

／／

故事講到這裡，阿太笑咪咪地對我說：「我的故事講完了，你可以走了。」

我知道，阿太準備走了。我知道，我留不了她的。我知道，這是我見阿太的最後一面了。

我一句話都說不出來，一直看著她。

阿太說：「如果你真的不想我走，就扶著我，咱們再出去走走。」

我說：「好啊。」

我攙扶著阿太，先是把整間房子一個個角落走了一遍，走到故事對應的地點，就問我：「記不記得，這是我偷藏藥的地方……記不記得，這是西來打地鋪的地方……」

我攙扶著我阿太，把這個小鎮的一個個地方又走了一遍。她說：「你看，這就是我婆婆說的、那個愛讀書的鬼住的地方。你看，這就是我阿母滑下去的地方。你看，這就是我看到那隻巨龜的地方……」

我們走回到大普公廟，坐在那個入海口旁。

阿太瞇著眼看著大海，我看著阿太。

阿太像突然想起來什麼一樣，說：「我死的那天晚上，你一定要盯著天上看。」

阿太得意地看著我好奇的樣子，問：「你知道為什麼嗎？」

我搖搖頭。

阿太說：「一個人如果是好死的，那到他最後要走的時候，他可以有一次選擇：可以入土為安趕緊輪迴，也可以向天開槍，再不回來。那樣，天上就會多一個洞。」

阿太說：「你看，天上一顆顆的星，就是一個個不願再回人間的靈魂向天開的槍。」

附錄／皮囊

聽完阿太的故事回到北京後，我請母親每天下午都要去探望她，探望她的時候和我打個電話。我說，我想和她說幾句話。

雖然我沒有想說什麼，但我一定要在她離開前，和她說些什麼。

但母親每次要把手機遞給阿太時，阿太總是不肯接。母親說：「你阿太一直擺著手，打到她手上還挺疼的，畢竟阿太的手瘦得只剩下骨頭了。」

阿太嚷著說：「哎呀，有什麼好說的？妳叫他在北京好好的，在這世間好好的，反正阿太都在。」

我對著電話喊：「那妳走後我找得到妳嗎？妳會留一尊神給我嗎？」

阿太聽到了，就是不肯接電話，但在電話那頭喊著：「我也沒那麼神通廣大，不確定能讓你找到我。神我也沒有。我爭取啊，爭取常來夢裡看你。」

我在週刊社工作，每週總有一個晚上要熬夜盯著排版。那個晚上，我就在編輯部的行軍床上睡著了。

正睡著，我感覺有人打開了我的辦公室，推門進來。我太睏了，沒有爬起來，只感覺到有手在摸我的頭。我醒來，看到是阿太。

阿太說：「我要去搭飛機了，你送我嗎？」

我愣了一下：「搭飛機？妳去哪兒？二舅公不是不在馬來西亞了嗎？」

阿太笑著說：「快起來，輪到我走了，你得趕緊起床來送我。」

我醒了，我知道了。

阿太的葬禮是二舅公的妻子麗明從馬來西亞飛回來主持操辦的。她說：「你二舅公生前交代了，阿娘走的時候，必須辦得風風光光。」她還說：「你二舅公，應該已經接到你阿太了。他是那麼孝順，不會讓自己的阿娘一個人走那段路的，而且他還挺有本事的，應該能說服那邊的神給你阿太優待吧。」

大舅公的後代應該還在廣州，沒有一個人來，我外婆的小孩倒全都來了。他們見我也趕回來了，問：「是不是你記得阿太說的那句——神婆說她一輩子無子無孫無兒送終——所以你就一定要回來啊？」

我說：「當然，我家阿太必須贏啊。」

我阿母走過來，哭得難看死了，很堅定地說：「就是你阿太贏了啊。她怎麼能輸？」

然後還說：「我都可以想像得到，她對來接她的神明和祖先，那副得意洋洋的表情。」

說完，我們一起笑了。旁邊同樣也在辦葬禮的人白了我們一眼，他們估計覺得，我們是特別不合格的子孫吧。

回北京後，我想：我得把阿太告訴我的故事寫成一本書。我想：這樣即使她不來看我，我也可以把她留在書裡——這樣，我就可以隨時找到她了。

有一天晚上，我提起筆開始寫了。那篇文章叫做《皮囊》。

我那個活到九十九歲的阿太——我外婆的母親——是個很牛的人。外婆五十多歲突然撒手，阿太白髮人送黑髮人。親戚怕她想不開，輪流看著，她卻不知道哪裡來的一股憤怒，嘴裡罵罵咧咧，一個人跑來跑去，一會兒掀開棺材看看外婆的樣子，一會兒到廚房看看那祭祀的供品做得如何。走到大廳聽見有人殺一隻雞沒割中動脈，那隻雞灑著血到處跳，阿太小跑出來，一把抓住那隻雞，狠狠往地上一摔。雞的腳掙扎了一下，終於停歇。「這不結了?別讓這肉體再折騰它的靈魂。」阿太不是個文化人，但是個神婆，講話偶爾文縐縐。眾人皆噎啞。

那場葬禮，阿太一聲都沒哭。即使看著外婆的軀體即將進入焚化爐，她也只是乜斜著眼，像是對其他號哭人的不屑，又似乎是老人平靜地打盹。

那年我剛上小學一年級，很不理解阿太冰冷的無情，幾次走過去問她：「阿太妳怎麼不難過？」阿太滿是壽斑的臉，竟輕微舒展開——那是笑。「因為我很捨得。」

這句話在後來的生活中經常聽到。外婆去世後，阿太經常到我家來住，她說，外婆臨死前交代：「黑狗達沒爺爺奶奶，父母都在忙，妳要幫著照顧。」我因而更能感受她所謂的「捨得」。

阿太是個很狠的人，連切菜都要像切排骨那樣用力。有次她在廚房很冷靜地喊「哎呀」，在廳裡的我大聲問：「阿太怎麼了？」「沒事，就是把手指頭切斷了。」接下來，慌亂的是我們一家人，她自始至終，都一副事不關己的樣子。

病房裡正在幫阿太縫合手指頭，母親在病房外的長椅上和我講阿太的故事。她曾經把不會游泳、還年幼的舅公扔到海裡，讓他學游泳，舅公差點溺死，鄰居看不過去跳到水裡把他救起來。沒過幾天，鄰居看她把舅公再次扔到水裡。所有鄰居都罵她沒良心，她冷冷地說：「肉體不就是拿來用的，又不是拿來伺候的。」

等阿太出院，我終於還是沒忍住問她故事的真假。她淡淡地說：「是真的啊。如果你整天伺候你這個皮囊，不會有出息的，只有會用肉體的人才能成材。」說實話，我當時沒聽懂。

我因此總覺得阿太像塊石頭，堅硬到什麼都傷不了。她甚至成了我們小鎮出了名的硬骨頭，即使九十多歲了，依然堅持用她那纏過的小腳，自己從村裡走到鎮上我老家。每回要僱車送她回去，她總是異常生氣：「就兩個選擇，要麼你扶著我慢慢走回去，要麼我自己走回去。」於是，老家那條石板路，總可以看到一個少年扶著一個老人慢慢地往鎮外挪。

然而我還是看到阿太哭了。那是她九十二歲的時候，一次她攀到屋頂要補一個窟窿，一不小心摔了下來，躺在家裡動不了。我去探望她，她遠遠就聽到了，還沒進門，她就哭著喊：「我的乖曾孫，阿太動不了啦，阿太被困住了。」第二週她就倔強地想落地走路，但沒走幾步又摔倒了。她哭著叮囑我，要我常過來看她，從此每天依靠一把椅子支撐，慢慢挪到門口，坐在那兒，一整天等我的身影。我也時常往阿太家跑，特別是遇到事情的時候，總覺得和她坐在一起，有種說不出的安寧和踏實。

後來我上大學，再後來到外地工作，見她分外少了。然而每次遇到挫折，我總是請假往老家跑，最重要的事情，就是去和阿太坐一個下午。雖然我說的苦惱，她不一定聽得懂，甚至不一定聽得到——她已經耳背了——但每次看到她不甚明白地笑，展開那歲月雕刻出的層疊皺紋，我就莫名其妙地釋然了許多。

知道阿太去世，是在很平常的一個早上。母親打電話給我，說阿太走了，然後兩邊的人抱著電話一起哭。母親說阿太最後留了一句話給我：「黑狗達不准哭。死不就是腳一蹬的事情嘛，要是誠心想念我，我自然會去看你。因為從此之後，我已經沒有皮囊這個包袱，來去多方便。」

那一刻才明白阿太曾經對我說過的一句話，才明白阿太的生活觀：我們的生命本來多輕盈，都是被這肉體和各種欲望的汙濁給拖住。阿太，我記住了。「肉體是拿來用的，不是拿來伺候的。」請一定來看望我。

對了，我和你們說了嗎？我母親說，我阿太要死的那一刻，先是得意地笑開了，嘴裡喊著：「你看吧，誰說我無子無孫？我的孩子都來接我了，誰說我無兒送終？我孩子的孩子，都在為我送終。」

喊完之後，我阿太突然溫柔地說著什麼，像在安慰某個小孩。我母親說，她湊上前去聽，就聽到阿太用親暱的語氣說著：「不哭不哭，你這傻孩子。和我鬧了一輩子，你難道不知道嗎？其實真正是我親生的，只有你啊，我的命運。」

後記／

天上的人回天上去了

我知道的，生養我們的這個人間，一直在說話，說的，都是如何生下來、如何活下去的話。

通過不同的口腔，不同的舌頭，不同的器官，不同的生命，不同的形態，不同的故事在講述著。有時候通過鄰居老人的嘴巴，有時候是路過的一隻狗、一隻貓，有時候是天上的一朵雲、一滴雨。

比如逝去。「逝去」不是化為烏有了，「逝去」也是有「去處」的。

這件事情是通過我阿太和我說的。

八歲的時候我外婆走了，那是我認為的、這世界上最疼愛我的人。我哇哇地叫著、找著、問著：「外婆去哪兒了呢？」

阿太說：「你外婆只是回天上去了。」

阿太說：「你外婆原本是半空中的一朵花，被一陣風颳下凡間，開完花就得回去了。你抬頭看看，你外婆還在半空中開著花呢。」

八歲的我抬頭看了許久，當然看不到。問阿太：「外婆是朵什麼花？」

我阿太回答得很快很堅決：「是水仙。所以你外婆在人間的時候很白也很香。」

我再抬頭看天，就真的看到了半空中開著一朵水仙花。

就此，我在每個所愛的人離開後，都會看著半空尋找花朵。就此我知道，每個「逝去」都是有去處，每個盡頭背後都是有開始的。

比如靈魂。靈魂不是單獨的一個個，而是一個連著一個生長的。

這件事情是通過一塊薑告訴我的。

我二十四歲的時候，陪著我長大的阿太也逝去了。回到北京的我，總是一日又一日地發愣。我忘了自己究竟頹唐了多久，只記得有日終於感到餓了，走進廚房想為自己做點東西吃，看到買回來的薑乾枯了大半，而另一端，長出了翠綠的薑苗。

我摸索著這塊薑上，生與死的分界線，然後我知道自己為什麼難過了：咱們的靈魂本是連著長的，然後冒出不同的綠芽，就像薑。生命中的一個人離去，便是自己靈魂的底部被掰掉一塊。靈魂沒有肉身，看不到具體的鮮血淋漓，但傷口是在的。靈魂的鮮血流淌著，有些被寫出來，是詩；有些被唱出來，成歌；還有些，一聲不吭，卻也永遠在那裡。傷口張著，血汩汩地流著，那就是難過。

我因此知道了什麼是難過，也因此知道了，什麼是寫作。這些靈魂的血，寫成詩或者歌，是難過最好看的樣子。

我忘記自己是從什麼時候開始聽得到這人間開口說話了。我想，或許從意識到生之艱辛就開始了。

從兩歲或者三歲起，我驚奇地看著自己內心一個又一個新鮮的傷口，像花一樣盛開。後來，我開始躲進家裡神桌的底下，跑到無人的沙灘上去，鑽進海邊的甘蔗林，或是呆坐在入海口的廟宇……胡亂地找著，去試圖捕捉天上飛的、空中飄著的、地上長的話語，來治療自己。

每次我覺得痊癒了，感知到幸福後，總感恩地想：這裡真是溫柔的人間。它之所以一直孜孜不倦地說話，是因為它知道眾生艱辛，還因為，它知道這些艱難太常見，以至於顯得那麼簡單，甚至不值一提。人們就這麼披著容易的、理所當然的外殼，不容易著；好多人如此艱難而又必須沉默地蹚過一個又一個日子。

人間在說話，一代又一代人聽到了。有的人寫下來，有的人說出來，有的人活出來，用文字、用語言，用神像、用草藥，用自己的一生。代土地說話，變成土地的器官，變成生養我們的土地本身。

八年前我寫過一本書叫《皮囊》，那是青年的我，在內心的傷口盛開成即將吞噬自己的巨大花朵時，又一次試圖召喚人間的話語來療癒自己。

在那次寫作中，我召喚來了阿太的皮囊、父親的殘疾、母親的房子、神明朋友、阿小的香港、張美麗的娛樂場……也召喚來了故鄉的海、路過的山川、經過的人家、邂逅的人們……在那次寫作中，我幸運地重新見到了我的父親，見到了我的阿太，重新認識了我的母親，最終治療並重新認識了自己。

韓國的文學評論家李京格說：「《皮囊》是作者調動古代中國的智慧，來治癒當下的自己和中國。」我想，那個評論家應該也聽到他所站立的那片土地說出的話語。但關於《皮囊》，他說得不夠對；那不是古代的中國。從古代到現代，一代又一代，我們所在的人間、所站立的土地如此溫柔，一直在開口說話。

這些話從來就在萬水千山和海海人生裡。

我內心因此曾經輕盈過一段。但這些年，又再次——果然——越過越沉，越來越滯重。

這很正常，人生便是如此，人間便是如此。這很不易，普通的不易；生而為人，共同可知的不易。

我因此，覺得自己又必須寫作了。

這次，我還想，循著我靈魂裡一個個盛開過、或者正在盛開的傷口，倒過來去描摹我至今的命運的模樣，去看到它未來可能的模樣。這次，我還希冀通過我聽到過的，以及正在聽到的人間的話語，去書寫從過去到將來，這人世間的一個個人一條條命運的河流，是如何汩汩而來，又如何滔滔而去，直至匯入死亡那片終極的海洋。

我知道我說不出它們的全部，但我要指向它們，拚命地用手指指出它們。

我要說：看，從我的家鄉開始，從我們的母土開始，所有的土地，一個個人和一片片森林在如何地枯榮。我要說：看，從衣冠南渡到奔向宇宙，所有的人在如何奔流不息。

這次，我不僅想看到我的阿太，看到我的父親，看到我自己，我還希望每個人能看到每個人。我想看到從過去到將來，所有人的靈魂上所有的傷口，一起像花一樣盛開，開得漫山遍野、震古鑠今。

或許當我儘可能地努力後，依然無法說出一二。但我想，或許到那個時刻，我能真正明白，這人間從來沒有生離，沒有死別。這人間不過是，天上的人來了，天上的人回天上去了。

蔡崇達

國家圖書館出版品預行編目資料

命運 / 蔡崇達著 . -- 臺北市 ： 三采文化股份有限公司 , 2023.06
面； 公分 . -- (iREAD ; 166)
ISBN 978-626-358-087-9 (平裝)

1.CST: 生命哲學

191.91　　112006473

iREAD 166

命運

作者｜蔡崇達
編輯三部主編｜喬郁珊　責任編輯｜吳佳錡　校對｜黃薇霓
美術主編｜藍秀婷　美術編輯｜李蕙雲　封面設計｜高郁雯　內頁版型｜莊馥如　內頁排版｜顏麟驊
行銷協理｜張育珊　行銷企劃主任｜呂秝萱　版權副理｜杜曉涵

發行人｜張輝明　總編輯長｜曾雅青　發行所｜三采文化股份有限公司
地址｜台北市內湖區瑞光路 513 巷 33 號 8 樓
傳訊｜TEL:8797-1234　FAX:8797-1688　網址｜www.suncolor.com.tw
郵政劃撥｜帳號：14319060　戶名：三采文化股份有限公司
本版發行｜2023 年 6 月 30 日　定價｜NT$420